증보

동화구연의 이론과 실제

누구나 할 수 있는 이야기 들려주기

이송은·신일순·김미라·안혜련

창지사

일/러/두/기

- 이 책은 2004년 발간된, 『누구나 할 수 있는 이야기 들려주기』의 내용을 바탕으로 하였으며 2017년 판, 『누구나 할 수 있는 이야기 들려주기』의 개정 증보판입니다.
- 이 책은 '스토리텔러' 자격증(민간자격등록번호 2020-000146) 교재로 사용됩니다. 저자의 허락 없이 다른 자격증과정에서 사용할 수 없습니다.
- 이 책은 동화구연뿐 아니라 아동문학, 교수매체, 손유희 등의 교재로 사용할 수 있습니다.
- 실 수업에 사용되는 도안 자료는 현장 수업 시 배부됩니다.
-

머리말

『누구나 할 수 있는 이야기 들려주기』가 세상에 나온 지 17년이 흘렀습니다. 그동안 새로운 시각에서 동화구연을 접하고자 하는 분들께 많은 사랑을 받았던 이 책은 2009년, 『동화구연 이론과 실제』로 잠시 제목이 바뀌었다가 2017년에 원래의 이름을 되찾았고, 이제 2021년 새 단장을 하고 세상에 나아갑니다.

돌아보니, 동화구연가로 입문한 지 어언 35년이 흘렀습니다. 당시 아장아장 걸음마를 떼던 첫째는 어느새 장가가서 아비가 되었고, 거칠 것 없던 이십 대의 젊은 동화구연가는 할머니 이야기꾼이 되었습니다.

그 세월 동안 저의 이야기 꾸러미 또한 많이 바뀌었습니다. 80년대 중반까지만 해도 거의 동화책에, 전집류라서 각색해서 구연해 주거나 인형 같은 교구를 들고 가는 경우가 많았었지요. 그러다가 90년대 중반부터 단행본 그림책이 늘어나면서 책만 들고 가서 읽어 주고 오는 날이 많아지기 시작했습니다. 그런데 그림책이라는 게 워낙 장르나 형식이 다양하다 보니 새로운 읽기 방법이 필요해졌습니다. 글 없는 그림책까지 등장하고 보니 종래의 구연화술을 넘어서는 폭넓은 읽기 방법이 필요하게 된 것이지요. 바로 그 즈음에 스토리텔링이라는 말이 독서 분야에 등장했습니다.

2009년과 2011년, 국립어린이청소년도서관의 의뢰를 받아 두 차례에 걸쳐 『어린이 담당 사서를 위한 스토리텔링 운영 매뉴얼』을 집필하고 촬영한 것은 저와 저희 〈동화가있는집〉 연구소에게 참으로 귀한 전환점이 되었습니다.

전통적인 동화구연은 행위예술로서 여전히 가치가 있습니다. 기계문명이 발달할수록 사람의 육성으로 이야기를 들려주거나, 간단한 교구를 활용한 스토리텔링은 진가를 발합니다. 그러나 종래의 테크닉 위주의 구연이나, 지나치게 과장한 나머지 부자연스럽게 느껴지는 구연은 지양되어야 합니다. '자연스러우면서도, 재미있는 구연' 그것이 진짜지요. 아울러, 구연뿐만 아니라 수업 연계까지 할 수 있어야 시대가 요구하는 전문강사로 성장할 수 있습니다.

이에 전통적인 동화구연의 장점은 살리고, 단점은 보완하고, 도서환경의 변화에 따른 새로운 방법론은 보강한 것이 바로 이 책입니다.

'누구나 할 수 있는 이야기 들려주기'라는 제목에는 책 읽어주기나 이야기 들려주기가 특별히 재능 있는 사람의 전유물이 아니라는 평소 저의 신념이 담겨 있습니다. 2019년부터 몰아닥친 코로나-19로 인한 사회적 거리 두기는 '이야기를 매개로 한 소통'이 얼마나 귀하고 필요한 것인지를 역설적으로 보여 주었습니다.

이 책에는 현장 수업 경험이 오롯이 들어있습니다. 스토리텔링과 책놀이 전문연구소, 〈동화가있는집〉 연구팀이 현장에서 적용한 사례를 바탕으로 재미있게 이야기 들려주는 법, 책 읽어 주는 법, 이야기 교구 만드는 법, 수업 진행하는 방법 등등이 어렵지 않게 담겨 있습니다.

부모라면, 교사라면, 이야기나 그림책을 좋아하시는 분이라면 누구든 좋아하실 만한 내용이 빼곡합니다. 특히 도서관 자원봉사나 사회복지 분야, 아동 교육 분야의 취업을 준비하고 계신 분이라면 스토리텔링은 기본기가 될 것입니다.

이제 〈동화가있는집〉이 띄우는 또 한 척의 배가 세상으로 나아갑니다. 이 책이 도란도란 와글와글, 따뜻한 이야기 세상을 만드는 데 좋은 길라잡이가 되길 기원합니다.

2021년 2월

저자를 대표하여 이송은 올림

목차

CHAPTER 01

이야기 들려주기와 동화구연

1 왜 이야기인가?

우리는 아침에 눈을 뜨면서부터 이야기를 듣고, 이야기를 하고, 이야기를 만들면서 살아간다. 다음 예문에는 여러 종류의 이야기[1]가 등장한다.

① 하고 싶은 이야기가 무엇입니까?

② 오지 여행을 다녀온 친구와 이야기를 나누었습니다.

③ 어릴 적에 할머니가 들려주시던 구수한 이야기가 그립습니다.

④ 그의 기억력이 비상하다는 이야기가 있습니다.

첫 번째와 두 번째가 의미 있는 의사소통을 위한 기본 요소와 일상의 대화를 보여 준다면, 세 번째는 문학, 네 번째는 소문을 뜻한다.

최근, 우리 주변에서 이야기의 예를 살펴보면 특이한 점을 발견할 수 있다. 그것은 이야기에서 눈 맞춤과 소리가 사라지고 있는 현상이다. 즉, 한 테이블에 마주 앉아 있으면서도 문자나 톡으로 의사를 주고받는가 하면, 아이에게 책을 읽어

1) 사전에서는 이야기를 다음과 같이 풀이하고 있다(다음 어학사전, 2017). 1. 어떤 사물이나 사건, 현상에 대해서 일정한 내용을 가지고 하는 말. 2. 말하는 사람끼리 서로 오가는 말. 3. 어떤 사실이나 있지 않은 일을 마치 사실처럼 꾸며 하는 말. 4. 떠도는 소문이나 평판.

주는 것조차 스마트폰으로 대신하는 풍경을 심심치 않게 보게 된다. 갈수록 사람 간의 의미 있는 대화나 소리 내어 책 읽어 주기, 이야기 들려주는 풍경 등은 줄어들고, 인터넷에 떠도는 거품 같은 소문은 진위에 상관없이 빠르게 퍼져나가고 있다. 이야기에서 소리와 눈 맞춤이 사라지고 있는 것이다. 그리고 그 과정에서 필연적으로 사람들은 원하든, 원하지 않든 '나 홀로'의 공간으로 내몰린다.

자고 나면 세상 여기저기서 불거지는 '인간다움'을 망각한 것 같은 사건사고와, 이처럼 '이야기의 원형'이 사라지고 있는 현상이 서로 무관하지 않아 보인다. 마주 보고 이야기할 기회가 줄어들면서 아이도, 어른도, 서로 기대고 있는 '관계'의 울타리가 점점 허술해지고 있는 것이다.

갈수록 척박해지는 세상에 대한 이야기꾼의 해법은 이렇다. 소곤소곤, 도란도란, 와글와글, 이야기가 다시 돌아온다면 어떨까? '재미를 보장하는 이야기'라는 안전한 틀 안에서, 화자는 조리 있으면서도 흥미진진하게 내용을 전하느라 눈이 반짝일 터이고, 청자는 이야기의 끈을 놓지 않기 위해 몰입하게 될 것이다. 이 과정에서 둘은 자연스럽게 그 이야기의 공동주인이 되어 간다. 이러한 따뜻한 소통의 경험은 필연적으로 일상에서 주고받는 이야기에도 긍정적인 영향을 미쳐, 누군가를 만나 이야기하는 것에 촉매제가 될 수 있을 것이다.

빌딩숲 사이로 흐르는 푸른 하천이 도시의 들뜬 열을 가라앉히듯, 사람의 따뜻한 이야기 소리는 사람들의 상처나 분노를 잦아들게 한다. 인공지능이 발달한 시대일수록 소리 내어 이야기 들려주기가 더욱 절실해지는 이유이다.

2 이야기는 어디에 있는가?

이야기는 어디에 있을까? 오래된 사진, 손때 묻은 가구, 기차역, 동네 간판, 연인과 함께 본 영화… 아스팔트 틈에 핀 민들레에 이르기까지, 눈길 가는 모든 것에 이야기가 있다. 이 중에서도 이야기가 가장 많이 모여 있는 곳은 아마도 책, 그리고 책을 만든 사람이리라.

책의 역사를 다룬 저서에서 일리인(Ilin, 2003)은 다음의 일화를 소개하고 있다.

> 로마의 부자 이테리우스는 '살아 있는 도서관'을 가진 것으로 유명했는데, 어느 날 언제나 그랬던 것처럼 책을 외우고 있는 노예 중 한 사람을 청했다. 그러자 노예를 관리하는 하인이 사색이 되어 다음과 같이 조아렸다.
>
> "주인님, 용서해 주십시오. 〈일리아스〉는 배탈이 나서 나오지 못했습니다."

위의 예처럼 사람이 '살아 있는 책'(living books)이 되던 풍습은 문자가 생겨난 후에도 한동안 지속되었다고 한다. 일리인의 책 이야기를 조금 더 들어보자.

> "맨 처음 책은 지금 있는 책과는 형태가 달랐단다. 그 책은 팔 다리를 갖고 있었지. 책꽂이에 꽂혀 있지도 않았어. 대신 말을 하고 노래를 부를 줄 알았지. 그 책은 살아 있는 책, 곧 '사람 책'이었던 거야."
>
> – 일리인(Ilin, 2003), 『백지 위의 검은 것』, p. 13 –

이처럼 인류 최초의 책이 사람이었다는 사실은 오늘을 사는 우리에게도 큰 시사점을 준다. 바로, '책 읽어 주기'와, 이야기 들려주기'가 본질적으로 다르지 않다는 것이다.

3 책 읽어 주기 깊이 보기[2)]

"책 읽어 주기도 연습이 필요한가요?"

"글을 읽을 줄 아는데도 책을 읽어 줄 필요가 있나요?"[3)]

이 질문들은 학부모 대상 강좌에서 자주 등장하는 것들로, 책 읽어 주기를 단순히 '글→소리 변환과정' 쯤으로 여기는 태도가 밑바닥에 깔려 있다.

첫 번째 물음에 대한 답은 책 읽어 주는 상황을 자세히 들여다보면 찾을 수 있다. 예를 들어, 교사가 아이에게 'A'라는 책을 읽어 주고 있다면, 아이는 '혼자 독서할 때의 'A'가 아니라 '교사가 소화한(혹은, 해석한) A'를 감상하고 있는 것이다. 이때 책을 읽어 주는 교사는 자신도 'A'라는 책을 보는 독자이면서, 동시에 아이에게는 'A-1'이 되는 복합적인 존재이다.[4)] 책을 읽어 주는 사람이 곧 '살아 있는 책'이 되는 것이다. 이 때문에 읽어 주는 사람의 역할이 매우 중요하다. 얼마

---

2) '책 읽어 주기 깊이 보기'는 이송은·전진영·김윤경(2016)의 "세 연구자들의 스토리텔링 탐험기: 그림책으로 소통하는 할머니·할아버지 세워가기"논문에 실려 있는 내용이다.

3) "몇 살까지 읽어 줘야 하나요?"라는 질문과 같은 맥락이다.

4) 문학 활동 전문가 Sipe(2011)는 '이야기를 들려주는 사람'은 쓰여 있는 것을 단순히 읽기보다는 텍스트를 재창조하는 사람이라고 한 바 있다.

나 그 내용을 이해하고 애정을 갖고 있는지, 읽기 과정에 대해 사전 준비를 했는지, 그날의 컨디션이 어떤지에 따라 'A-1'은 하늘과 땅만큼 달라진다.

책 읽기에도 연습이 필요한가? 당연히 필요하다. 책을 제대로 읽어 주려면 내용을 파악하고, 대상에 맞는 읽어 주기 방법을 선택하고, 어떤 말을 주고받을지에 대해서도 간단히 전략을 세워야 하기 때문이다. 실제로 이 같은 준비 과정은 잠깐 훑어보는 것으로 끝날 수도 있고 장시간이 걸릴 수도 있지만, 읽어 주려는 책과 들어줄 아이에 대한 애정이 있다면 조금도 귀찮거나 복잡하게 느껴지지 않을 것이다. 마음에 드는 상대와의 데이트를 앞두고 몇 시간 넘게 옷장에서 옷을 꺼내어 입어 보는 사람의 마음과 비슷하다.

두 번째 물음에 대한 답은, 홀로 읽기에는 없고 책 읽어 주기나 이야기 들려주기에만 있는 특성에서 찾을 수 있다. 전문가[5)]들의 얘기를 들어보자.

> "그림책을 어린이에게 읽어 주는 행위는 '어른과 아이가 정신적으로 손을 잡고 떠나는 신비한 여행'입니다. … 그림책의 언어는 엄마 아빠의 목소리 언어로 바뀌어, 아이의 귀를 통해 어린이의 내면세계로 들어갑니다."
>
> – 마쓰이 다다시(2003), p. 67 –

> "아동문학은 듣는 문학의 기운이 강합니다. 아이들 몸의 기운은 비록 글은 깨우쳐서 읽는 문학 시기로 들어와 있다고 하더라도 아직 듣는 문학 시기의 말 문학 전통이 강한 이야기를 더욱 편하게 즐기는 거지요."
>
> – 이재복(2010), p. 10 –

> "그림책 읽어 주는 시간은 지금, 여기에서 부모가 아이에게 집중할 수 있는 거의 유일한 시간이 되고 있다."
>
> – 서천석(2015), p. 13 –

---

5) 마쓰이 다다시는 일본의 아동문학 평론가로 『어린이와 그림책』의 저자이며, 이재복은 아동문학 평론가로 『아이들은 이야기밥을 먹는다』를 썼다. 서천석은 소아청소년정신과 전문의로 『그림책으로 읽는 아이들 마음』의 저자이다.

전문가들은 입을 모은다. 혼자서 볼 때와는 달리, 책 읽어 주기에는 사람과 사람의 만남이 있고 듣는 독서의 특별함이 있다고. 누군가 책을 제대로 읽어 주고 있다면[6], 거기에는 필연적으로 '눈 맞춤'과 '상호 소통'이 있어서 정서적 만족감과 언어 및 사고 발달이 뒤따르게 된다.

다시 질문으로 돌아가 보자. 글을 읽을 줄 아는 아이한테도 책을 읽어 줄 필요가 있는가? 당연히 필요하다. 자꾸만 책을 읽어달라고 조르는 아이의 이면에는 '나 좀 사랑해 주세요.', '이야기가 고파요.'라는 속마음이 담겨 있는 것이다. 할머니 치맛자락을 붙들고 「호랑이과 곶감」을 들려달라고 조르던 백 년 전의 아이들이나, 그림책을 읽어달라고 졸라대는 요즘 아이들이나, 마음 속 바라는 바는 다를 게 없다. 이야기는 평면 위에 활자나 그림 등의 상징으로 저장돼 있다가, 읽어 주는 사람의 해석과 듣는 사람의 상상에 힘입어 3차원의 심상(心象, image)으로 되살아나 움직인다. 결국, 책을 읽어 준다는 것은 이야기의 원형을 복원시키는 과정이다. 책 읽어 주기의 가치(이송은, 2012)를 새롭게 정리해 보면 다음과 같다.

▣ 책 읽어 주기의 가치

- 읽어 주는 사람과 듣는 사람 간에 친밀감을 형성한다.
- 내용에 대한 이미지 형성을 돕는다.
- 듣는 사람의 구어를 활성화시켜 준다.
- 사건과 사물의 핵심에 집중하는 힘을 길러 준다.
- 글자를 모르는 유아도 문학을 즐길 수 있도록 도움으로써 책에 대한 긍정적 태도를 형성한다.
- 몰입된 읽기를 통해 읽는 사람에게도 정서적 카타르시스를 준다.
- 세대 간 문화 전수 및 삶의 지혜를 공유할 수 있도록 해 준다.
- 듣는 독서를 통해 언어에 대한 감수성과 직관을 길러 준다.

---

6) 반대의 가정도 떠올려 볼 필요가 있다. 누군가 책을 읽어 주고 있지만, 글을 읽느라 아이는 쳐다보지도 않고, 책 내용에 대한 확신이 없어서 건성으로 읽고 있다면 진정한 책 읽어 주기라 할 수 없을 것이다.

4 새 옷을 입은 이야기, 그림책

1980년대까지만 해도 아이들에게 책을 재미있게 읽어 준다고 하면, 으레 동화구연을 먼저 떠올렸다. 아동도서가 주로 동화책이다 보니 많은 양의 글을 소리 내어 읽기 좋게 다듬는 '각색'(개작)이나, 주의집중을 돕는 입체적인 '화술'이 중요했기 때문이다. 그러나 90년대 들어서 글뿐 아니라, '이야기가 담긴 그림'이 중요한 비중을 차지하는 '그림책'이 등장하면서 서서히 읽기에도 새로운 시도가 필요하게 되었다. 다음 사례를 살펴보자.

손녀(4세): (그림책 한 권을 빼 오며) 할머니, 이거, 이거.
할머니(57세): 아구구, 우리 강아지, 얼마나 똑똑해지려고 벌써부터 책을 읽어? 어디 보자. '비가 오는 날에–'. (제목을 읽은 후, 본문을 훑어보다가 당황한 표정으로) 이거 안 좋은 책이네. ㅇㅇ야, 이거 갖다 놓고 호랑이 나오는 책 갖고 오세요.

-중략-

할머니: (왜 안 좋은 책이냐고 물어보자, 웃으며) 진짜 안 좋다는 게 아니라, 읽을거리가 너무 없으니까 그렇지. 몇 줄 읽고 나면 끝나버려. 그림만 잔뜩 있더라고. 뭘 읽으라는 건지 도통 알 수가 없으니 편치가 않지.

사례에서 글보다 그림의 비중이 높은 '그림책'을 읽어야 한다는 것이 할머니에게 상당히 낯설고 불편한 일이 되고 있음을 알 수 있다. 이 같은 현상이 어디 노년층에게만 국한된 일이겠는가? 그림책을 보고 자라지 않았다면, 보았더라도 무심코 책장을 넘기는 정도였다면, 그림책의 '그림 읽기'를 해 가며 누군가에게 책을 읽어 준다는 것은 버거운 과제일 수밖에 없다. 더군다나 요즘 그림책은 운문 그림책, 정보를 담고 있는 지식그림책에 이르기까지 장르도 다양한지라, 재미있게 읽어 주려면 별도의 전략이 필요하다. 다양한 읽기의 필요성은 이처럼 시대의 필요에 의해서 생겨났다.

다양한 읽기의 필요성은 이처럼 시대적 요구에 의해서 생겨났다. 2000년대 이

후 그림책을 재미있게 읽고 참신한 활동으로 연계하는 책놀이[7]가 다양한 현장에서 펼쳐지고 있다(신일순, 2009; 이송은, 2012; 이송은 외, 2016; 이송은 외, 2017; 전진영, 2014; 한선예, 2014).

스토리텔링과 책놀이(2012)

스토리텔링과 책놀이 2(2017)

5 다양한 읽기 유형

책 읽어 주기에 관심을 가진 사람이라면 누구나 한번쯤은 '책을 어떻게 읽어 주는 게 좋은가?' 하고 고민을 해 봤을 것이다. 한쪽에서는 원작에 충실하여 그대로 읽어야 한다고 하고, 다른 쪽에서는 귀에 쏙쏙 들어오고 이해하기 좋게 각색이 필요하다고 한다. 감정을 최대한 넣지 말고 읽어야 한다는 주장이 있는가 하면, 등장인물들을 입체적으로 실감나게 묘사해야 한다는 주장도 있다. 다음 세 사람의 이야기를 들어보자.

7) 2013년부터는 '책놀이지도사'가 민간자격증으로 직업능력개발원에 등재되었다(민간자격등록번호 2013-0267 / 발급기관: 동화가있는집).

자원활동가 A(여, 45세): 2년 전에 내가 좋아서 책 읽기 자원봉사를 시작했어요. 근데, 날이 갈수록 책을 읽고 나면, 답답해지더군요. 왜냐하면 처음에 교육받을 때, "책을 그대로 다 읽어라, 감정을 넣으면 안 된다." 이렇게 들었거든요. 그렇게 쭉 하다 보니, 어떨 때는 책을 읽고 나면 가슴이 터질 거 같은 거지요. 좀 빼고 싶은데, 감정도 좀 넣고 싶은데, 그게 안 된다고 하니. … 기쁨이 없다 보니까, 이제 그만해야겠다 싶어요.

자원활동가 B(여, 68세): 작년에 자원봉사교육 받으러 왔다가 하루 나오고 안 나왔어. 오전하고 오후하고 선생들이 다른 말을 하더라고. 처음 사람은 '그대로 읽으시오.' 했거든. 그런데 다음 선생은 필요하면 고치고 실감나게 구연하래. 어느 장단에 맞추라는 건지 헷갈리잖아. 골치가 아파 그만뒀지.

사서 C(남, 40대 후반): (강의 중 휴식 시간에 심각한 표정으로 다가와서) 고민이 좀 있는데요. 저희 도서관에 동화구연 동아리랑 그림책 모임이 있는데, 서로 '저렇게 읽으면 안 된다.' 하면서 다투어요. 때로는 밖으로 불거져서 곤란한 일까지 생길 정도입니다. 도서관 입장에서는 두 팀 다 필요한데, 트러블을 줄일 방법이 없을까요?

세 사람의 이야기를 통해서, 우리 사회에 읽어 주기 방법에 대해 상당히 다른 견해들이 있음을 알 수 있다. 읽어 주기에 대한 관점이 다른 것은 다양성이라는 차원에서는 좋은 것이지만, 책 읽어 주기를 좋아하고 어린이를 사랑한다는 공통점을 가진 사람들이 서로 소통이 안 된다는 것은 불행한 일이 아닐 수 없다.

이에 어린이 독서활동을 다루는 여러 분야의 의견을 포괄적으로 수용하면서, 독자가 중심이 되는 읽기 방법을 제안한 것이 『어린이 담당 사서를 위한 스토리텔링 운영 매뉴얼』(국립어린이청소년 도서관, 2009; 2011)의 읽기 유형 분류이다. 이는 집, 도서관, 유아교육기관, 학교 등 다양한 현장에서의 책 읽어 주기 상황을 관찰한 연구(이송은, 2009)가 바탕이 되었으며, 원문의 각색 여부와 입체적 구연 여부가 분류의 기준이 되었다. 이 읽기 유형이 담고 있는 핵심은 읽기에는 다양한 방식이 있으며, 같은 책이라도 작품, 청중, 활동목적에 따라, 읽기 방법을 달리 할 수 있다는 것이다. 한마디로, 읽기의 자유로움을 보여 주고 있다.

〈표 1-1〉 읽기 유형 분류

읽기 유형	I	II	III	IV	IV-1 (기타유형)
각색 여부	원문대로 읽기		각색해서 읽기		상황에 따라 선택
구연식 읽기	적용하지 않음	적용	상황에 따라 선택	적용	상황에 따라 선택
방식	· 글자 그대로 또박또박 읽어 주기.	· 책 내용을 그대로 다 읽되, 등장인물을 입체적으로 설정하고 상황을 살려서 읽음.	· 비교육적인 부분의 삭제나 간단한 어미 교체 등 간단한 수준의 각색이 이루어짐. · 등장인물을 입체적으로 설정하고 상황을 살려서 읽거나, 담담하게 읽음.	· 줄거리를 그대로 살리되, 각색하여 구연하는 방식으로 읽어 줌. · 등장인물을 입체적으로 설정하고 상황을 살려서 읽음. · 읽어 주는 사람의 해석이 가미됨.	· 글 대신 그림 읽기, 부분 읽기, 건너뛰며 읽기 등을 한 가지 또는 여러 가지 병행함.
이 방식이 적합하거나, 요구되는 책의 유형 및 상황	· 문자해독교육 · 동시, 동요 그림책, 정보 그림책(원작이 특별한 해석이 필요 없는 경우).	· 문자해독교육. · 등장인물과 줄거리가 있는 이야기 그림책. · 등장인물과 대사가 가미된 동시, 동요, 정보그림책.	· 비속어나 비교육적인 장면이 있을 경우. · 지나치게 길거나 어법이나 문법에 맞지 않는 문장이 있을 경우. · 아동의 이해를 돕기 위해 문장 첨가가 필요한 경우.	· 대집단을 대상으로 하는 활동에서 원문의 양이 너무 많을 때. · 책 이외의 교수매체를 활용하여 들려줄 때. · 공연예술로서의 감상이 필요할 때.	**〈영아〉** · 놀이 속성이 강한 책. · 줄거리가 강조되지 않는 책. · 책을 처음 보거나 책 읽기 경험이 많지 않을 때, 일종의 과도기적 책 읽기 형태. **〈영아 외 연령〉** · 활동상 특정장면에 대한 발췌식 읽기가 요구될 때.
적용범위	수업용/ 문해 교육	수업용/ 문해 교육	수업용	수업용/ 공연용	영아 초기 책 읽기/ 책의 일부를 활용하는 수업.

[사랑방 1-1]

'책 읽어 주기 = 이야기 들려주기'

2008년 덴마크 코펜하겐에서 열린 제31회 국제아동청소년도서협의회(IBBY: International Board on Book for Young People) 세계 대회의 공식 주제는 '역사 속의 이야기, 이야기 속의 역사'였다. 대회 기간 동안 소가죽과 야크 가죽으로 만든 천막 티피(Tipi)에서 열린 스토리텔링은 연일 성황을 이루었다.

> "이 천막은 원래 덴마크 굴보르순 도서관의 두 사서가 지역 유치원을 돌며 이야기를 들려주는 이동도서관이다 … 스토리텔러 사서는 45분 동안 이야기하면서 책장을 넘기지만 실제로 책을 읽지는 않고 어린이들과 눈을 맞추며 실감나게 이야기하였다. 어린이들이 '책을 펼치면 재미있는 이야기가 쏟아져 나온다'고 느끼게 하려는 뜻이란다."
>
> —김경희(2008), 「지구촌 스토리텔러들의 잔치에 가다」, 『창비어린이』 2008 겨울호, p. 278 –

윗글을 통해 알 수 있는 게 두 가지 있다. 하나는 스토리텔러 사서가 직접 이야기를 들려주는 도서관 프로그램이 일상적으로 진행되고 있다는 것, 다른 하나는 사서가 단순히 책을 그대로 읽는 것이 아니라 책을 매개로 이야기 들려주기를 하고 있다는 점이다. 그야말로 '구연'을 하고 있는 것이다.

연구문제

- 이야기가 있는 곳을 찾아서 소개해 보자.
- 주어진 미완성 그림을 나름대로 완성하고 제목을 붙여서 소개해 보자.

CHAPTER 02

동화구연 다시 보기

앞장에서 '이야기'라는 큰 문을 열고 들어섰다면, 이제 그동안 우리 사회에 익숙하게 자리 잡고 있던 '동화구연'과 새롭게 사용되고 있는 용어들을 두루 살펴보자.

1 동화구연에 대한 몇 가지 질문

이야기 들려주기와 관련해서 제일 먼저 눈에 띄는 것은 동화구연이다. 동화구연(童話口演)[1]은 우리 사회에 오래전부터 있어왔던 익숙한 말로, 동화를 입으로, 즉 말로 재미있게 들려주는 것을 뜻한다. 기존의 동화구연에 대해 학부모나 교사, 학자들이 제기하는 여러 가지 질문을 정리해 보면 다음과 같다.

1) 동화구연은 목소리가 예쁜 사람이 하는 것 아닌가?

이 질문은 '동화구연은 예쁜 소리로 하는 것'이라는 잘못된 고정관념에서 비롯된 것이라 볼 수 있다. 미성(美聲)이 꼭 이야기의 재미를 가져다주지는 않는다.

1) 동화구연이란 '동화'와 '구연'의 합성어이다. 표준국어대사전(국립국어원, 2017)에는 동화(童話)를 '어린이를 위하여 동심(童心)을 바탕으로 지은 이야기', 구연(口演)을 '동화, 야담, 만담 따위를 여러 사람 앞에서 말로써 재미있게 이야기함.'이라고 풀이한다.

오히려 어떤 이야기는 투박한 목소리로 들려줘야 제 맛이 난다. 발음은 정확하되, 자연스럽고 친근감 있는 목소리가 좋다.

② 동화구연은 목소리를 과장하거나 성대모사를 하는 것 아닌가?

두 번째 질문은 '아무나 동화구연을 할 수 없다.'라는 편견을 만들어 동화구연을 하는 것에 거리감을 만드는 제일 큰 요인으로, '동화구연은 곧, 과장하기'라는 고정관념이 낳은 결과이다. 혹자는 동화구연을 들으면 '닭살' 돋는다고까지 한다. 이 같은 반응은 왜 생겨났을까? 그것은 아마도 일각에서 박제된 하나의 틀처럼 과장해서 동화구연을 하는 경우가 있었고, 그것을 본 청중들이 거부감을 표시했을 가능성이 크다. 들었을 때 편안하지 않은 것은 잘하는 동화구연이 아니다. 자연스러우면서도 이야기에 몰입하게 하고 감동을 주는 것, 그것이 진짜이다.

③ 시청각 매체가 발달한 시대에 굳이 사람이 애써 이야기를 들려줄 필요가 있는가?

세 번째 질문은 동화구연의 핵심적 가치에 속하는 부분이다. 오디오, 비디오, 전자책(e-book), 나아가 인터넷 동영상까지, 소리와 화면을 담는 매체는 무수히 많다. 그러나 기계문명이 발달할수록 사람과 사람이 눈을 들여다보며 이야기를 들려주고 공감하는 쌍방적 상호작용의 가치는 더욱 커질 수밖에 없다. 특히 유아를 위해서 이야기를 기계에 담는 것은 신중히 재고되어야 한다. 유아들은 발달단계상 구체적 경험을 통해서 배워 나가고 구연자의 눈을 마주치며 이야기를 '몸으로' 느껴야 할 시기이기 때문이다. 일방적 상호작용의 부작용은 아이를 수동적으로 만들고 의존적 성향을 키운다. 이에 비해, 부모나 교사의 표정을 볼 수 있고, 소리의 떨림까지 피부로 느낄 수 있는, 체온이 느껴지는 구연에는 '줄거리 전달' 그 이상이 들어 있다. 그것은 바로 '사랑받고 있다는 확신'이다.

④ 동화구연은 무조건 외우는 것 아닌가?

'동화구연' 하면 흔히, 원고를 외우는 게 떠오른다는 사람들이 있다. 이는 대회를 준비할 때 실수를 줄이기 위해 대본대로 연습하거나, 처음 동화구연을 배울 때 '글자에 사로잡혀 살아온 습관(예 종이에 쓰인 무엇인가를 보지 않고는 불안해서 남 앞에서 발표하기 어려워하는 태도)'을 벗어나 보기 위해 순수구연을 시도하는 상황을 확대 해석한 것이다.

이야기 들려주기의 본질은 '외우는' 게 아니고 '기억한' 줄거리를 바탕으로 자기 나름대로 재구성해서 들려주는 것이다. 실제로 구연가라 해도 이야기를 똑같이 반복하는 경우는 거의 없다. 그날그날 청중의 반응이 다르고, 구연하는 사람의 컨디션도 달라지기 때문이다. 진정한 동화구연은 이야기꾼의 '현장 예술'인 것이다.

5 동화구연은 꼭 어떻게 하라는 법이 있는가?

이 질문은 구연이 가져야 할 보편성과, 이와는 또 다른 한 축을 이루는 구연가의 개성과 관련된 내용이다. 동화구연에서는 어떤 규격화된 틀은 없다. 다만 이야기를 재미있게 들려주기 위해 일반적으로 강조되는 기본적 사항들은 있다. 가령, 시작과 끝을 여유 있는 속도로 한다든가, 등장인물에 맞게 소리와 표정을 실감나게 표현한다든가, 해설 부분을 변화 있게 처리하는 것 등은 구연의 기본적인 규칙에 속하지만, 5분 시연하는 동안 제스처를 몇 번 하라든가, 대사와 해설을 몇 % 정도로 하라는 식의 규약은 별로 의미가 없다. 동화의 특성에 따라, 청중에 따라, 구연 현장의 목적에 따라, 그런 사항들은 가변적일 수밖에 없기 때문이다. 게다가 '소리 연기'도 행위예술의 하나이므로 지나친 규약으로 동화구연의 본질을 왜곡시키지 않도록 유의해야 한다. 지나치면 결국 '연기 예술'의 족쇄가 되는 것이다.

6 동화구연을 많이 들으면 자기 혼자서는 책을 읽지 않으려고 하지 않을까?

'이야기를 듣거나 읽어 달라고만 하고, 혼자서 책을 읽으려 들지 않으면 어쩌나?' 하는 걱정은 대부분 어른들의 지나친 조바심에서 비롯된다. 아이들이 어른에게 조른다는 것은 이야기나 책 내용에 대한 호기심이 많다는 것을 뜻하며, 이때의 동화구연은 독립된 독서로 나아가는 입문 과정이 될 수 있다. 책이 좋아지고 궁금하게 되면, 아이는 자연스럽게 혼자 읽는 시도를 하게 마련이다.

어른들은 흔히 글자를 읽을 줄 알면 아이 혼자서 책을 봐야 하고, 더 이상 읽어 줄 필요가 없다고 생각하는 경향이 있다. 하지만, 글자는 인간이 만들어 낸 고도의 상징체계로 추상성이 강하기 때문에, 어린 연령의 아동에게는 점진적인 접근이 필요하다. 사고가 채 자라기도 전에 일찍부터 혼자 읽기를 강요받는다면, 오히려 글자의 틀 속에 갇히게 될 것이다. 다음 사례에서 이야기 들려주기와 책 읽기가 일어나는 과정을 살펴보자.

[사례]

처음에는 책 읽는 거랑 이야기하는 게 많이 다르다고 생각했어예. 이야기는 자기가 외워서 해야 하니까 더 어렵지 않겠나 싶고. 근데 꼭 그렇지만은 않더라고예.… 지난 토요일에 서울서 연수 끝나고 대구에 도착하니까 밤 10시쯤 됐더라고예. 그림책은 없고 한데, 애들 셋이 안 자고 똘망똘망 기다리고 있길래, 선생님이 그날 보여 주셨던 내용을 나도 '한번 해 보자!' 싶어 불 끄고 누웠지예. 엄마가 서울 가서 재미있는 아프리카 이야기 알아 왔는데 함 들어봐라 카고. 근데 이야기를 들려주니까는 '엄마, 한 번 더, 한 번 더' 카면서 너무 재미있어 하는 거라예. 진짜 신기한 거는 이튿날 아침에 밥상을 차리는데 여섯 살짜리 막내가 그 긴 이야기를 다 기억해 내는 거 있지예. 책 없이 이야기해 준 건 처음이었는데 엄마 생활 11년 만에 내가 그렇게 유능하다 싶었던 적은 없었어예. 그라고 "그 이야기가 책에 있다." 했더니 빨리 보고 싶다고 난리를 쳐서 바로 서점에 가서 그 책을 사서 봤지예.

– 세 명의 자녀를 둔 보육교사, 여, 40세 –

위 사례에서 '그림책 감상(모)–이야기 들려주기와 듣기(모와 자)–이야기하기(자)–그림책 읽기(자)'가 말과 글을 넘나들면서 순환적으로 일어나고 있음을 볼 수 있다.

7 동화구연대회는 필요한 것인가?

동화구연대회의 필요성 여부는 상황에 따라 다르다. 대회라는 특성상 출연자 간 비교가 불가피하다 보니 참가자들은 실수를 줄이기 위해 대본에 의존해 연습을 하게 된다. 이때 심리적 긴장이 유발되는데, 연령에 따라, 성향에 따라, 이런 경험이 교육적일 수도 있고 비교육적일 수도 있다. 특히 어린이가 대회에 참가하는 경우라면 신중해야 한다. 먼저, 본인이 '실감나게 말하기'를 즐기는지, 동화 내용은 이해할 만한 수준이고 교육적인 것인지를 살펴야 한다. 단순히 귀여운 재롱을 보겠다거나, 발표력 향상에 도움이 되겠거니 기대하는, '어른 위주의 시각'은 위험하다. 연령이 어릴수록 수업의 연장선에서 편안한 분위기로 '실감나고 재미있게 표현해 보기'를 펼치는 정도로 하는 게 좋다. 이에 비해 성인이 동화구연대회를 준비하는 것은, 작품선택부터 각색 및 화술 연습을 하게 되므로 수상 여부에 상관없이 구연능력 향상에 도움이 된다.

2 스토리텔링, 동화구연, 구연동화

책 읽어 주기와 관련해 우리 사회에 스토리텔링(storytelling)이란 말이 등장한 것은 그다지 오래 되지 않았다. 동화구연과는 어떤 관계이고, 구연동화는 어떤 개념인지 정리해 보자.

1) 스토리텔링, 동화구연, 구연동화

80년대까지만 해도 책을 재미있게 읽어 준다고 하면 동화구연을 먼저 연상하였다. 그림책이 본격적으로 보급되기 전이라 읽을거리가 주로 동화책이다 보니, 당시에는 '많은 양의 텍스트를 어떻게 잘 다듬어서 실감나게 전달할까?'가 중요하였다. 자연히 각색과 화술이 핵심인 동화구연에 대한 관심이 높을 수밖에 없었다. 그러나 90년대 중반 이후 그림책이 대거 등장하면서, 텍스트의 양도 줄고 그림이 상당부분 메시지 전달을 담당하게 되자, 종래와는 다른 양식의 소통이 요구되었다. 장르 면에서도 전처럼 서사(敍事, 사건과 상황이 시간순서대로 기술된 이야기)에 국한되지 않고, 정보그림책, 운문그림책 등으로 폭이 넓어지다 보니 구연식 읽기뿐만 아니라 담백한 낭독식 읽기, 함께 이야기 만들어 가기(예 글 없는 그림책) 등 다양한 읽기를 아우를 필요가 생겨났다. 여기에 부합한 것이 스토리텔링이다. 스토리텔링은 구연(이야기하기)뿐 아니라 큰 틀에서 이야기 만들기,

이야기 전달하기의 의미를 갖고 있는 말이기 때문이다[2]. 한마디로, 이야기 활동 전반을 아우르는 어휘라고 할 수 있다. 스토리텔링과 동화구연의 관계를 살펴보면, 스토리텔링은 동화구연보다 큰 개념으로 동화구연을 포함한다.

[사랑방 2-1]

동화구연 vs. 구연동화

이 두 가지 단어를 두고 생기는 혼란은 '활동'과 '작품 형태'에 대한 구분을 분명히 하지 않는 데서 생긴다. 동화를 들려주는 사람을 무엇이라고 부르는지를 보면 명확해진다. 즉, '동화구연가'는 자연스럽지만 '구연동화가'는 단어 자체가 엉성하다.

또 구연의 현장을 떠올려 보면, 아동을 만나는 교사는 순수하게 말로만 구연해 줄 때도 있고(구연동화), 그림책을 읽어 줄 수도 있고 인형 등 매체를 사용하기도 한다. 이 모든 활동에 공통적으로 적용할 수 있는 게 '동화구연'이다. 이야기든 책이든, 활동으로서의 측면을 살펴보면 공통적으로 동화구연에서의 화술이 기본적으로 활용된다. 따라서, 구체적인 형태의 작품보다는 폭 넓은 활동을 지칭하는 '동화구연'이 보다 적합한 용어라고 하겠다.

2) 동화구연의 요소와 속성

동화구연의 기본 요소는 화자, 이야기, 청자 세 가지를 들 수 있는데, 이는 교육의 3요소(교사, 교육 내용, 학생)와도 일치한다. 동화구연의 속성은 크게 다음과 같다.

① 동화구연은 예술이다

동화구연의 예술성은 동화구연이 문학에 근거해 있고 '구연'이 연기활동의 한 갈래인 데서 비롯된다. 문학의 관점에서 보면 동화구연은 동화라는 문학작품을 독자에게 전달하는 수단이요, 방법이다. 이 방법 여하에 따라 청중의 감동이 좌

2) 교육 분야에서 스토리텔링이란 어휘는 맥락에 따라 다양하게 해석된다. '이야기하기'로서 아동에게 이야기를 들려주거나 읽어 주는 교육행위(최예정 · 김성룡, 2005)로 보기도 하고, '이야기 짓기'로서 아이들의 상상력을 자극하고 키우는 데 밑거름이 되는 것이라 정의되기도 한다(Neuburger, 2012). 보다 미시적인 관점에서는, 책을 있는 그대로 읽는 '스토리리딩(storyreading)'과는 대조적인 읽기 방식으로서의 스토리텔링(storytelling)을 쓰는 경우도 있다(Raines & Isbell, 1994). 이때는 동화구연과 같은 뜻이 된다.

우된다면 당연히 다른 무대 예술과 마찬가지로 예술적 측면에서 연구되어야 한다(석용원, 1993). 연기라는 측면에서 보면 동화구연은 절제된 일인 연기 분야라고 할 수 있는데 이는 무대 위의 모노드라마와도 다르고, 성우들이 하는 라디오 드라마와도 다른 특성을 지닌다(p. 133 사랑방 6-1 참조).

② 동화구연은 교육 활동이다

성인 드라마에서 연기를 하는 연기자는 다양한 소재를 다룰 수 있다. 가령 마약, 동성애 등 사회적 이슈가 되는 소재라도 인간 본성의 탐구나 예술적 해석을 전제로 폭넓게 다루어진다. 그러나 동화구연은 일차적으로 어린이를 대상으로 하기 때문에 그들이 이해할 수 있고 그들에게 가치 있는 주제나 소재만을 다룬다. 권선징악적 주제를 담고 있는 것이든 재미가 강조된 것이든 교육적 가치가 있는 것을 기본 전제로 하기 때문에 구연자의 마음도 달라질 수밖에 없다. 이는 전달 방법 면에서도 적용되는데, 가령 '왕따'를 소재로 한 동화를 소개하는 데 있어 친구를 괴롭히는 장면을 지나치게 사실적 몸짓이나 말투로 묘사하는 것은 어린이들에게 모방효과를 줄 우려가 있어 바람직하지 않다. 말투 역시 마찬가지이다. 동화구연의 화자는 '연기자이면서 교육자'로서의 자세가 필요하다.

③ 동화구연의 역사

앞장에서 살펴본 것처럼 인류의 이야기 들려주기는, 최초의 책이 인간이라 할 만큼 유구한 역사를 가지고 있다. 근대에 와서 우리나라의 대중적인 동화구연 운동은 누구에 의해 어떤 의도로 시작되었는지, 현재의 동화구연은 어떤 위치에 와 있는지를 정리해 보기로 한다.

1) 노변동화(爐邊童話, fire side story)

이야기는 곧 인간 삶의 재현이기 때문에 이야기의 출현은 문자 이전 시대로 거

슬러 올라간다. 긴고 긴 겨울밤, 화롯가(혹은 벽난로)에 둘러앉은 아이들에게 할아버지, 할머니가 이야기를 들려주는 풍경은 비형식적이면서 '이야기 들려주기'의 원형(原形)에 가장 가까운 모습이다. 언제부터인지 모르지만 삶 속에서 자연스럽게 구전되어 온 이야기를 들려주던 상황을 통칭해서 '노변 동화 시대'라고 한다.

2) 주일학교 동화

우리나라에 기독교가 들어오고 제일 먼저 유년 주일학교가 시작된 것은 1890년 무렵이었다. 이때 주일학교의 프로그램은 노래와 성경 이야기가 중심이었는데 당시의 하기 아동 성경학교 프로그램 교육 내용에서도 동화를 중요시했다는 기록이 있다.

> 어린이들의 흥미를 돋구기 위해서 동화와 노래가 강조되었다. 사실 어린이들에게 가장 매력적인 것은 동화 시간과 노래 시간이다. 엄숙하게 앉아 있어야 했던 어린이들이 이 시간만은 웃기도 하고, 소리 지를 수도 있기 때문이다. 1년에 한두 차례씩 있는 동화대회도 어린이들에게는 특별한 관심의 대상이 되었다.
>
> – 『한국기독교 교육사』, p. 47. –
>
> (석용원, 『유아동화의 구연교육』 p. 16 에서 재인용)

이 글의 내용으로 보아 주일학교 교사가 어린이들에게 동화를 구연해 주었음은 물론이고 어린이들이 직접 나서는 동화구연대회가 있었음을 알 수 있다. 1934년 5월 조선 야소교 장로회 총회 종교 교육부에서 간행한 탐손 박사 강술, 강병주 목사 필기로 된 『신선동화법』은 우리나라 최초의 동화구연 이론서로 주일학교 교사 양성과의 교재로 사용되었다.

3) 유치원 동화

1910년대에 이르러 원아와 교사가 모두 한국인인 유치원들이 세워졌다. 식민지 동화 정책을 위한 조기교육을 목표로 했던 경성유치원(1913), 프뢰벨식 교육을 하면서 선교활동에 역점을 둔 이화유치원(1914), 민족의 독립정신을 교육 목표로 하는 중앙유치원(1916) 등이 차례로 설립되었다(김옥련·박찬옥, 1990). 그 외 학교와 교회 부설로 여러 유치원들이 생겨났는데 당시 유치원의 교과는 주로 은물, 수공, 도화, 동화, 조선어, 숫자, 창가, 유희 등이었다. 이를 통해 볼 때 이 시기에 이미 유치원 동화의 첫 씨를 심었고 초창기의 교사들은 선구자적 동화구연가였음을 짐작케 한다. 1924년에는 숭의 보육과가 설치되었는데 교육과정에 동화법이 들어 있는 것으로 보아 유치원 교사가 될 학생들에게 동화구연법을 강의했으며 이를 중요하게 여겼음을 알 수 있다.

4) 소파(小派) 방정환의 동화구연 활동

일제는 3·1 운동이라는 대규모 저항 운동에 부딪히자 무단정치에서 문화정책으로 식민정책을 바꾸게 된다. 이때 어린이를 위한 단행본이 처음 출간되었으니, 일본 유학 중이던 방정환(1899~1931)이 세계명작동화 10편을 번안한 『사랑의 선물』(개벽사, 1922)을 펴낸 것이다. 이 책은 학습이나 교육적 목적을 전면에 내세우지 않은 첫 책이었으며 서문에서 방정환은 다음과 같이 쓰고 있다.

> "학대받고 짓밟히고, 차고 어두운 속에서 우리처럼 또 자라는 어린 영들을 위하여 그윽히 동정하고 아끼는 사랑의 첫 선물로 나는 이 책을 짰습니다."

1923년에 방정환은 손진태, 윤극영, 진장섭 등과 함께 어린이 문화운동 단체인 '색동회'를 설립하였다. 색동회는 출판, 동극, 놀이 등 어린이 문화 전반에 관심을 가졌고, 잡지 『어린이』를 창간, '어린이'라는 명칭 사용, '어린이날' 제정 등 어린이의 사회적 지위를 높이는 데 공헌하였다. 특징적인 것은 색동회 회원 모두가 동화구연가로 활동했고 그중에서 방정환은 제1인자였다는 것이다(석용원, 1993).

소파 방정환은 1922년 9월 이래 전국 각처를 다니며 동화구연회를 열었는데 「백설공주」, 「황금거위」, 「산드룡의 유리구두」, 「한네레의 죽음」 등 번안 세계명작동화를 즐겨 구연하여 대단한 인기를 끌었다. 당시에 동화구연대회를 개최한 것은 어린이에 대한 애정과 문화운동의 일환이었다(석용원, 1993).

5) 라디오 방송 동화

1927년 2월 16일 첫 방송을 낸 경성방송국에는 어린이 시간이 마련되었다. 방정환, 고한승, 진장섭, 정홍교, 연무소, 이정호, 윤석중, 최인화, 정규환, 전상진, 김복진, 이순이, 홍은순 등이 구연가로 참여하였다. 아동문학가 윤석중은 당시의 방송 동화구연을 이렇게 회고한다.

> 방정환은 목소리가 거칠고 탁해서 방송국에서 꺼렸고, 정홍교는 강연조였으며, 이정호는 말투는 소파를 닮았으나 목소리가 간들어져서 어울리지 않았고, 최인화는 설교조인데다가 너무 수선을 떨어 탈이었다. 진장섭은 목소리가 쩡쩡하고 말 재주는 있었으나 자기가 먼저 감격해서 울어 버리는 일이 많았다. (중략) 유치원 보모 출신으로 극예술연구회 연극 공연에서 다부진 연기를 보였던 김복진과, 목소리가 방송에 적합한 정규환은 단골 동화구연가들이 되었다. 나는 너무 겁을 내어 이야기를 종이에 베껴 가지고 가서 그대로 읽은 통에 딱딱하고 재미가 없어들 했으나 원체 사람이 귀한 때라 종종 불러 주었다.
>
> – 윤석중, 『어린이와 함께 50년』 중에서 –
>
> (석용원, 『유아동화의 구연교육』 pp. 20-21 에서 재인용)

이 회고문은 우리의 개척기 동화구연에 대해 상당히 많은 것을 암시하고 있다. 당시의 동화구연가들이 상당수 아동문학과 관련이 있거나 아동문화운동을 하는 남성들이었다는 것, 현장의 생생한 감동을 전하는 구연가일지라도 방송용으로는 목소리가 거칠면 부적합하다는 것, 구연자가 감정을 오버하면 곤란하며 목소리가 간들어지거나 밋밋한 낭독체는 재미가 없다는 것 등 현재에도 적용되는 생생한 체험이 들어 있다.

6) 동화구연대회, 전문분야로의 움직임

1972년에는 기독교 방송국과 색동회 공동 주최로 제1회 어린이 동화대회가 개최되었고 1976년 11월에는 색동회 주최 제1회 전국 어머니 동화구연대회가 열렸다. 이 대회는 '동화 들려주는 어머니' 운동을 확산시키는 한편, 동화구연가의 등용문 역할도 하였다. 이 외에 반달회에서도 성인 및 어린이를 대상으로 하는 전국 대회를 열었으며, 여러 단체에서 교사, 아버지, 할머니·할아버지 대회를 꾸준히 개최하고 있다. 녹음 분야에서는 '별초롱 꿈초롱', '위대한 탄생', '엄마 엄마, 이야기해 주세요', '색동고리' 등이 책과 함께 오디오로도 출간되었는데, 2000년대 들어서는 동심 출판사에서 『뜨레풀 책놀이 1』~『뜨레풀 책놀이 6』(2009) 등 총 6편의 시리즈를 책과 함께 CD 오디오북으로 발매하였고, 2016년에는 국민서관에서 〈인성이 자라는 꿈꾸는 동화〉 시리즈를 36편의 동화구연 음원을 CD 및 QR 코드 형태로 담아 발매하였다.

최근 동화구연 분야에서는 다음과 같은 사회적 요구를 반영하고 있다.

첫째, 영유아기 독서에 대한 관심 증가와 독서활동과의 연계(책 놀이와의 연계)
둘째, 노년 인구 증가로 인한 여가 및 일자리 창출 교육(여가 활동 및 취업 교육)
셋째, 다문화 가정의 증가로 인한 한국어 교육 수요 증가(한국어 강좌)
넷째, 소리 내어 책 읽어 주기에 대한 관심 증가

20세기 후반 세계적으로는 책 읽기 운동이 곳곳에서 일어났다. 그중에서 1990년대 영국 버밍햄에서 출발한 '북스타트운동', 일본의 '아침독서운동' 등은 붐을 이루며 국내에까지 상륙했다. 이 같은 흐름은 필연적으로 유년기 독서에 대한 관심 증가로 이어졌다. 특히, 2003년 '책읽는사회만들기국민운동(www.bookreader.or.kr)'이라는 단체가 중심이 되어 시작한 북스타트 운동은 '영아기부터 책을 읽어 주자'는 슬로건을 내걸었는데, 영아기의 발달 특성상 근엄한 책 읽기가 아닌 놀이로서의 책 읽기가 필요하게 되었다. 즉, 감각에 호소하는 입체적 읽기(곧, 구연식 읽기)가 더욱 필요하게 되었다.

노년 인구의 증가 역시, 동화구연에 대한 새로운 수요층을 유발하였다. 노인복지 차원에서 점차 규모가 커지고 있는 노인을 위한 동화구연 분야는 한국국학진흥원의 '아름다운 이야기할머니', 한국출판문화산업진흥원의 '책읽어주는문화봉사단'이 대표적인 예이다. 전자가 한복을 입고 유아교육기관을 방문해서 순수구연을 하는 반면, 후자는 지역아동센터, 노인보호시설, 장애우 시설 등 독서소외계층을 찾아가 그림책을 읽어 준다.

다문화 가정을 위한 동화구연은 특히 주목할 필요가 있다. 다문화 가정을 위한 동화구연 수업은 한국어와 한국문화의 전수뿐만 아니라 이주여성의 모국 전래동화 들려주기를 통한 다문화 이해가 이루어질 수 있도록 하는 게 바람직하다(신일순, 2009; 이송은, 2007; 한선예, 2014).

2000년대 이후 부쩍 '책 함께 읽자' '낭독의 재발견' 등 소리 내어 책 읽어 주기나 낭독에 대한 관심이 높아지고 있다. 이는 첨단과학이 지향하는 효율성을 상징하는 숫자나 기호(디지털 문명) 대신, '응답하라 19××' 시리즈에서 보듯 느리게 살고, 옛것을 새롭게 보고, 아날로그적 감성을 되살리는 것이 가장 인간다울 수 있다는 사회적 복고 열풍과도 관련이 있어 보인다. 사람의 육성에 오롯이 집중해 보는 경험은 얼마나 소중한가!

7) 동화구연의 발전을 위한 과제

앞으로 동화구연의 바람직한 발전을 위해서 고려해야 할 몇 가지 과제를 나열해 보면 다음과 같다.

① 동화구연을 책 읽어 주기에 접목하고 확장할 필요가 있다

앞 장에서 살펴보았듯이 이야기 들려주기와 책 읽어 주기는 같은 뿌리를 지녔다. 교사나 부모가 동화구연을 배운다면, 현실적으로 그것을 가장 밀접하게 적용할 분야는 바로 책 읽어 주기이다. 기존에 자신이 알고 있는 동화나 읽기 방식에 안주하지 말고, 다양한 유형의 책 읽기로 확장시켜야 할 것이다.

② 정형화된 틀을 버리고 자연스러움을 추구해야 한다

사람들은 흔히, 동화구연 특유의 어조가 있다고들 하는데, 현실에서 받아들이기 어색한 어조라면 그것을 버리고 넘어서기 위해 노력해야 한다. 그래야 이야기꾼으로서 본인의 개성이 드러날 수 있고, 아동들에게도 언어모델이 될 수 있다.

③ 문학에 대해 보다 관심을 가져야 한다

동화구연가의 또 다른 사명은 문학성 있는 좋은 작품을 찾아 책에 날개를 달아주는 것이다. 글자로 누워 있던 시가 낭송을 통해 새로운 생명을 얻듯, 듣는 독서를 경험한 아이들은 그 작품에 보다 관심을 갖게 되고 그 책을 혼자서도 읽어보고 음미하게 된다. 전자책이 도입되면서 종이책의 존립이 위협받고 있다고 하나, 여전히 종이책은 가치 있는 형태의 책이다. 특히 구전의 힘으로 살아남은 전승문학 그림책에 대해서 더욱 애정을 갖고 임할 필요가 있다.

④ 동화구연을 활용한 수업진행에 관심을 가져야 한다

화술이 좋은 동화구연가가 수업을 잘하는 교사는 아니다. 이는 연기력 좋은 배우와 잘 가르치는 교사가 별개인 것과 마찬가지이다. 한 편의 동화를 잘 들려주려면 적합한 도입활동이 필요하고, 이야기를 들려준 후에는 그 내용과 연계해 어느 정도 수업을 진행할 수 있어야 한다. 앞서 동화구연의 속성에서 살펴본 것처럼 구연자는 예술가이자 교사여야 한다. 자원봉사든, 유료 수업이든 수업진행까지 할 수 있어야 진정한 이야기 활동전문가가 될 수 있다. 현장에서는 그것을 원한다.

⑤ 한국 동화구연의 뿌리와 정신을 되새길 필요가 있다

소파 방정환으로 대변되는 초기의 대중 동화구연은 세계 어느 나라에서도 유례를 찾아보기 힘들 정도로 강렬한 '어린이 사랑'에서 비롯되었다. 이는 당시가 식민지 치하였다는 특수한 사회적 환경 탓도 있겠지만, 동화구연의 가장 본질적인 특성인 어린이에 대한 사랑에 부합한다는 점에서 두고두고 자랑스러운 정신적 출발점이다. 안타깝게도 최근의 경향을 보면 그 본질이 잊혀진 것은 아닌지 돌아보게 된다. 매끄러운 화술을 가르치거나 대회에 입상하기 위한 수업보다는, 문학을 좋아하게 하고 자기 표현을 도와주는 수업이 되어야 하며, 말하는 기술을 연마해 동화구연가로 입문하겠다는 포부보다는, 어린이가 좋고 이야기가 좋아서 동화구연을 잘하고 싶다는 소망이 앞서도록 해야 할 것이다. 자격증 과정(동화구연가, 이야기 활동전문가, 스토리텔러 등 다양한 명칭이 있음)을 거쳐 일단 자격증을 갖게 된 후에도 초창기 이 땅의 동화구연 선배들이 가졌던 헌신과 봉사 자세를 잊지 않아야 진정한 동화구연가로서 오래갈 수 있다.

[사랑방 2-2]

동화구연가란 누구인가? (예술가 & 교사)

'동화구연가'란 누구인가?'

이것은 필자가 동화구연가로 입문한 이래 지금까지 수시로 되뇌이는 물음이다. 동화구연가는 절반은 연기자요 절반은 교사이다. 소리 연기를 한다는 점에서 성우나 연극 배우와 공통점이 있지만 혼자서 이야기를 통째로 이끌어가야 하고 이야기 들려주기라는 공연의 총연출도 겸해야 하기 때문에 '절제된' 화술이 요구된다. 동화구연 시 어느 한 역할에 치중하거나 과장된 표현이나 완벽한 성대모사가 그리 바람직하지 않은 이유가 바로 여기에 있으며, 역설적으로 그래서 보통 사람 누구나 이야기꾼이 될 수 있다.

또한, 동화구연가는 교사로서 수업을 계획하고 교육적인 소재와 방법론을 찾으며 아이들의 반응을 기억하며 다음 수업과의 연계를 준비한다. 그러려면 이야기와 아이들에 대한 애정이 기본이 된다. 누군가 동화구연가로서의 기본자세가 무엇이냐고 묻는다면 이렇게 대답할 수 있을 것이다.

"이야기를 좋아하고, 아이들을 좋아해야 해요. 그리고 좋은 수업에 대해 관심이 있어야 해요."

연 구 문 제

Q 2장 앞부분에 있는 동화구연에 대한 몇 가지 질문 중 가장 공감하는 부분은 무엇인지 발표하고 토론해 보자.

CHAPTER 03

아동문학의 이해

좋은 책을 고르려면 아동문학에 대한 이해가 필요하다. 세계의 아동문학과 한국의 아동문학이 어떻게 발전해 왔는지, 그림책은 어떤 과정을 거쳐 현재에 이르게 되었는지 알아보자.

1 아동문학의 개념

아동문학은 동심을 소재로 하고, 아동을 주요 대상으로 하는 특수문학이다. 형식적인 면에서는 문학적이고 예술적인 기준을 만족시키고, 내용적인 면에서는 아동의 성장 발달에 유익하면서 아동이 즐겨 읽을 수 있는 내용을 담고 있어야 한다. 단순 명쾌하면서 아동들이 이해할 수 있는 내용, 재미와 교육적 가치, 감동 등을 갖추고 있어야 우수한 아동문학이라 할 수 있다.

아동문학에 대한 정의는 학자들마다 조금씩 다르다. 서덜랜드와 아버스넛(Sutherland & Arbuthnot, 1991)은 아동문학을 "아동들이 읽고 즐기는, 아동을 위해 쓴 작품, 고도의 문학적이고 예술적인 기준을 만족시켜 주는 책"이라고 정의하였다. 석용원(1982)은 "아동문학이란 작가가 아동이나 동심의 세계로 돌아가고 싶어 하는 어른에게 읽힐 것을 목적으로 창조한 시, 동화, 소설, 희곡 등을 총칭한 것"이라 하였다.

2 아동문학의 가치

아동문학평론가 마쓰이 다다시(1996)는 그림책을 아동들에게 읽어 주는 것은 "조그만 씨앗이 어린이의 마음속에 남아 긴 세월을 거쳐 여러 가지 체험과 사색을 통해 싹트고, 발전하여 성장한다."라고 아동문학의 교육적 가치를 강조하였다. 석용원(1993)은 동화는 유아들이 최초로 만나는 문학이며 이때 얼마만큼 감동을 받았느냐에 따라 그들의 인간 형성에 큰 영향을 준다고 하였다.

어린이가 좋은 문학을 경험했을 때의 가치를 정리해 보면 다음과 같다.

1 즐거움을 준다

어린이가 이야기를 듣고, 그림책을 보며 상상의 세계에 빠져 드는 몰입의 순간은 다른 어떤 경험과도 구별되는 즐거움이다.

2 정보를 제공한다

문학을 통해 유아들은 자신을 둘러싼 세상을 이해하고 나아가 자신이 접하지 못한 사람들과 장소에 대해 알아볼 기회를 갖게 된다.

3 언어능력발달을 돕는다

어른이 들려주는 그림책이나 이야기를 통해 유아는 모국어를 이해하게 되고 일상생활에서 접하지 못한 새로운 어휘를 배운다. 또한 문학을 매개로 듣고, 말하고, 읽고, 쓰기를 풍부하게 경험할 수 있다. 어렸을 때부터 이야기책을 많이 접한 어린이는 이야기 스키마(schema)를 형성하는 데 도움을 받아 이야기에 대한 감각을 키우게 된다.

4 긍정적 독서태도를 길러 준다

어려서 독서의 기쁨을 맛 본 유아는 읽을거리를 스스로 찾게 되고 독서를 사랑하는 사람으로 자라나게 된다.

5 정서적 안정을 얻을 수 있다

문학을 통하여 어린이는 자신이 직면한 정서적 문제에 대한 해결의 실마리를 얻거나 카타르시스를 경험한다. 이는 문학이 갖는 치유기능과 관계가 있다.

6 환상과 실재에 대한 직관을 기르게 된다

사실동화를 통해서는 실제 세계에 대한 이해를, 환상동화를 통해서는 일상적인 한계를 넘어 상상력을 풍부하게 키울 수 있다.

7 도덕적 기준과 태도를 발견하고 계발할 수 있다

잘 구성된 문학작품은 책을 감상하면서 자연스럽게 도덕적 가치를 내면화하도록 안내한다. 권선징악의 주제가 살아 있는 전래동화가 좋은 예이다.

8 심미적 감상능력을 기를 수 있다

정선된 언어와 우수한 그림으로 된 그림책을 만나면서, 유아는 문학에 대한 감수성과 미술에 대한 심미안을 키울 수 있다.

3 아동문학의 역사

1) 세계의 아동문학

1 19세기 이전의 아동문학

동서양을 막론하고 아동문학이 처음부터 일반 문학과 구별되는, 별도의 독자적인 영역으로 존재하지는 않았다. 문자가 발명되고 나서도 오랫동안 어린이를 위한 문학이 따로 존재했다는 기록은 없다. '아동'에 대한 별도의 개념이 없었기 때문이다. 중세기 유럽에서 아동이 접할 수 있었던 문학이란 성인을 위한 문학

중, 비교적 쉽고 아동이 이해할 만한 내용의 이야기와 노래를 즐기는 정도였다. 15세기에는 영국의 인쇄업자 캑스톤(Caxton)이 『이솝우화』, 『아서왕의 죽음』 등을 출판했는데 어린이들이 좋아했다는 기록이 있다.

① 17세기

1658년 모라비아의 주교이자 교육자였던 코메니우스(John Amos Comenius)가 어린이를 위한 최초의 그림책 『세계도회』(*Orbis Sensualium Pictus*)를 펴냈다. 이 책은 150가지의 주제를 그림과 글로 설명하고 있다. 이전의 책들과는 달리 그림과 본문 내용이 서로 연관되어 있고 아동을 대상으로 했다는 점에서 근대적 의미의 최초의 그림책이라고 본다.

② 18세기

18세기 들어와서 챕북(chapbook)이 유럽전역에 퍼졌다. 챕북이란 싸구려 행상 챕맨들이 들고 다녔던 작은 크기의 값싼 책으로, 이야기가 짧고 내용이 단순했으며, 접혀 있을 뿐 제본은 되지 않았다. 일반서민들까지 즐겨 읽은 최초의 대중 인쇄물이었다. 영국의 기업가 뉴베리(Newbery)는 약 200여 종의 챕북을 만듦으로써 서민층 어린이도 책을 읽을 수 있게 되었다. 청교도들이 신대륙으로 이주하면서 챕북은 북미의 어린이에게까지 퍼져나갔다.

※ 프랑스에서는 샤를 페로(Charles Perrault)가 구전하는 민화를 재화하여 『페로 동화집』(1697)을 펴냈다. 여기에는 「잠자는 숲속의 공주」, 「빨간 모자」, 「장화 신은 고양이」, 「신데렐라」 등이 포함되어 있다.

2 19세기 아동문학

근대 아동문학이 꽃을 피운 시기이다. 낭만주의 문학과 로크(John Locke)와 루소(Rousseau) 등 사상가의 영향으로 아동중심사상이 전파되면서 '어른의 축소판'이 아닌 '독자적 인격을 가진 존재'로서의 어린이를 위한 문학이 등장한 시기이기도 하다.

- 독일에서는 그림 형제(Jacob Grimm & Wilhelm Grimm)가 독일의 민담들을 수집하여 재구성한 『어린이와 가정을 위한 동화집』(1812)을 펴냈다. 「백설공주」, 「헨젤과 그레텔」, 「브레멘의 음악대」, 「늑대와 일곱 마리 염소」 등 흥미진진한 이야기가 들어 있었다.
- 덴마크의 안데르센(Hans Christian Andersen)은 근대 아동문학의 아버지로 불린다. 전래문학이 현대의 환상문학으로 발전하는 데 교량적 역할을 하였다. 「인어 공주」, 「미운 오리새끼」, 「벌거숭이 임금님」, 「눈의 여왕」, 「성냥팔이 소녀」 등 수많은 걸작을 남겼으며 「미운 오리새끼」는 자전적 작품으로 알려져 있다. 동화, 시, 희곡, 기행문, 전기 등 수많은 작품을 남겼다.
- 영국의 루이스 캐럴(Lewis Carrol)이 1865년 『이상한 나라의 앨리스』를 펴냈는데 이는 교훈을 목적으로 하지 않고 순전히 기쁨과 즐거움만을 주기 위한 내용도 아동문학이 될 수 있다는 점을 보여 주었다.
- 이탈리아에서는 콜로디(Collodi)가 『피노키오』(1882)를 발표하였고 프랑스에서는 공상 과학 소설의 선구자라고 할 수 있는 쥘 베른(Jules Verne)이 『해저 이만 마일』(1870), 『80일간의 세계일주』(1875) 등을 발표하였다.
- 미국에서는 미국적 사회상을 배경으로 한 스토(Harriet Beecher Stowe)의 『톰 아저씨의 오두막』(1852), 올컷(Louisa May Alcott)의 『작은 아씨들』(1868), 마크 트웨인(Mark Twain)의 『톰소여의 모험』(1876), 『허클베리핀의 모험』(1884)이 출간되었다.
- 19세기는 20세기의 그림책 황금기를 열게 한 기반이 된 시대로서 영국에서 산업혁명과 인쇄술의 발달로 인프라가 구축되고 유능한 작가들이 발굴되었다. 19세기 영국의 3대 그림책 작가로는 월터 크레인(Walter Crane), 케이트 그린어웨이(Kate Greenaway), 랜돌프 칼데콧(Randolph Caldecott)을 들 수 있다. 그중 랜돌프 칼데콧은 동적인 움직임을 특히 잘 그렸으며 그림을 그리는 시선이 위치에 변화를 주는 방법으로 원근감을 주었다. 그는 훗날 모리스 샌닥(Maurice Sendak) 등 20세기 작가들에게 큰 영향을 미쳤다.

③ 20세기 아동문학과 그림책

① 환상동화의 발전

제임스 배리(James Matthew Barrie)의 『피터 팬』(1904)과 파멜라 트래버스(Pamela Lyndon Travers)의 『메리 포핀스』(1934) 등으로 이어진 환상동화의 붐은 1997년에 발간된 조앤 롤링(Joan K. Rowling)의 '해리 포터 시리즈'에서 절정을 이루었다. 2011년까지 67개 언어, 200여 나라에서 4억 부가 판매되었다.

② 그림책의 황금기

- 그림책의 황금기는 아동중심사상의 대두, 심리학의 발달로 인한 유아기의 중요성에 대한 인식, 인쇄술과 조판술의 발달, 역량 있는 작가의 등장과 양성, 도서관을 통한 그림책 소비와 독서 인구의 확대 등이 배경요인으로 작용하였다.
- 베아트릭스 포터(Beatrix Potter)의 『피터 래빗 이야기』(1902)는 작품성과 대중성 면에서 모두 높은 평가를 받음으로써 그림책 전성기, 20세기를 연 작품으로 꼽힌다. 영국이 자랑하는 동물 환상 그림책의 고전으로 백 년이 넘은 지금도 사랑받고 있다. 원래는 포터가 가정교사의 자녀에게 그림을 곁들인 병문안 편지로 보냈던 것인데, 주위에서 큰 호응을 얻자 몇 년 후 컬러판으로 제작하여 펴낸 것이다. 갤더와 컬리넌(Galda & Cullinan, 2002)은 『피터 래빗 이야기』를 다음과 같이 평한다.

> "훌륭한 그림책의 예를 제시한 작품으로 등장인물은 생생하고 동일시할 만큼 매력적이고 주제는 중요하다. 줄거리와 등장인물, 주제, 그림, 글이 인상적으로 조합되었다."
>
> – Galda & Cullinan, 2002, pp. 93–96

③ 20세기 그림책의 흐름

▣ 20세기 초~1960년

베아트릭스 포터(Beatrix Potter)의 『피터 래빗 이야기』(1902)를 시작으로 완다 가그(Wanda gag)의 『백만 마리 고양이』(1928), 제임스 도허티(James Daugherty)의

『앤디와 사자』(1938), 버지니아 리 버튼(Virginia Lee Burton)의 『장난꾸러기 기관차 치치』(1937), 닥터 수스(Dr. Seuss)의 『멀버리 거리에 보았던 것을 생각하다』(1937), 마리 홀 엣츠(Marie Hall Ets)의 『나무 숲 속』(1945) 등으로 이어졌다. 이 시기 루드비히 베멀먼즈(Ludwig Bemelmans)의 『마들린느』(1939), 로버트 머클로스키(Robert McCloskey)의 『아기 오리들한테 길을 비켜주세요』(1941) 등 주요작품들이 출간되었다. 1930년대부터 1960년대까지는 이야기가 있는 그림책에 대한 새로운 전통이 생겨난 시기이기도 하다. 즉, 그림책이란 단순히 그림과 글의 조합이 아닌, 서로 상호의존적 역할을 해야 한다는 것인데 본문이 그림에 대한 설명 이상의 것이 되도록 하고, 그림이 본문의 의미를 확장시킴으로써 그림과 본문이 통합되어 하나가 되는 것을 말한다(김세희, 2000).

▣ 1960년대~현재

1960년대 이후 현대 환상그림책의 특징을 요약하면 어린이의 내면적 심리 표출에 환상의 초점을 두는 것(예 『괴물들이 사는 나라』), 소재와 내용의 다양성[예 앤서니 브라운(Anthony Browne), 토미 웅거러(Tomi Ungerer), 크리스 반 알스버그(Chris Van Allsburg) 등의 작품], 그림의 비중이 점차 더 커지는 것, 포스트모더니즘의 영향을 받아 다양한 결론의 가능성을 열어놓는 경우가 증가하는 것(예 『지각대장 존』, 『이상한 화요일』) 등이다. 1963년 발간된 『괴물들이 사는 나라』는 환상그림책 역사의 획을 그은 작품으로서, 그림으로 어린이의 내면적 심리를 강하게 표출할 수 있음을 보여 주었다.

최초로 흑인을 주인공으로 했던 에즈라 잭 키츠(Ezra Jack Keats), 섬세한 묘사가 뛰어났던 바바라 쿠니(Barbara Cooney), 환상그림책의 달인 레오 리오니(Leo Lionni), 창의적인 그림책을 만드는 에릭 칼(Eric Carle), 뱀이나 강도 등 독특한 주인공을 내세운 토미 웅거러, 카툰 스타일의 화풍에 풍자와 유머, 다양한 철학을 담은 윌리엄 스타이그(William Steig) 등 수많은 작가들이 책을 출간하며 활발한 활동을 벌였다. 영국에서는 색채의 마술사라 불리는 브라이언 와일드스미스(Brian Wildsmith), 서머힐 출신의 의식 있는 작가 존 버닝햄(John Burningham), 이미지 전달에 주력하는 찰스 키핑(Charles Keeping), 절제와 유머가 있는 팻 허친스(Pat Hutchins), 그림책에 최초로 만화식 구성을 삽입한 레이먼드 브릭스(Raymond Briggs), 고릴라와 돼지 등을 통해 우화적이면서 사회 현실에 대한 풍자를 다루는 앤서니 브라운(Anthony Browne) 등 중요한 작가들이 많이 배출되었다.

한편 일본, 유럽 및 제3세계 출신으로 세계적으로 주목을 받은 경우도 꽤 있다. 일본 작가로는 아카바 수에키치(『수호의 하얀 말』), 안노 미츠마사(『함께 세어 보아요』), 야시마 타로(『까마귀 소년』), 중국 출신의 에드 영(Ed Young, 『론포포』), 독일 출신의 한스 아우구스토 레이(Hans Augusto Rey, 『아프리카여 안녕』), 헬메 하이네(Helme Heine, 『세 친구』, 『세상에서 가장 아름다운 달걀』) 등이 있다.

지식그림책(정보그림책) 분야는 20세기 그림책에서 꾸준히 그 영역을 확보하면서 그림책 시장에서 갈수록 비중을 늘려가고 있는데 영국의 달링 킨더슬리(DK)사와 프랑스의 갈리마르(Edition Gallimard) 출판사가 대표적이다.

▣ 아동문학의 현재와 미래, 그리고 독자

20세기 후반부터 현대 아동문학은 다양성 증가, 장르와 연령의 파괴, 첨단 매체와 기술의 발달 등 세 가지의 특징이 나타나고 있다(Galda & Cullinan, 2002, pp. 21-23).

◆ 세계의 어린이 문학상

❀ 안데르센 상(Hans Christian Andersen Awards)

1956년 국제아동청소년도서협의회(IBBY: International Board on Books for Young People)가 만들었으며 아동문학의 발전에 크게 공헌한 것으로 인정되는 전 세계 아동문학 작가와 일러스트레이터에게 각각 수여한다. 2년에 한 번씩 짝수년에 수여하며— 한 작품을 대상으로 평가하지 않고 그 작가가 평생 동안 작업한 모든 작품들을 대상으로 하기 때문에 '작은 노벨상'이라고 불리기도 한다.

❀ 칼데콧 상(The Caldecott Medal)

19세기 작가 영국의 그림책 작가 랜돌프 칼데콧을 기념하여 이름을 붙였으며, 미국 도서관협회 산하 어린이도서관협회가 1938년부터 미국에서 그 전 해에 가장 뛰어난 그림책을 펴낸 그림 작가에게 수여한다. 수상작(Medal) 외에 주목을 끄는 작품들은 영예 도서(The Honor Books)가 된다.

❀ 케이트 그린어웨이 상(Kate Greenaway Medal)

19세기에 활동한 영국의 그림책 작가인 케이트 그린어웨이의 이름을 딴 것으로 영국 도서관협회가 1956년부터 그 전 해에 영국에서 가장 뛰어난 그림책을 펴낸 그림 작가에게 매년 여름에 수여한다.

❀ 뉴베리 상(The Newbery Medal)

미국 도서관협회 산하의 어린이도서관협회에서 그 전 해 미국에서 출판된 아동문학 작품 가운데서 가장 훌륭한 작품을 쓴 글 작가에게 수여하는 상이다. 18세기 영국의 서적상인 존 뉴베리의 이름을 땄으며 1922년부터 수상하고 있다.

❀ 에즈라 잭 키츠 상(Ezra Jack Keats New Writer and New Illustrator Awards For Children's Books)

미국의 에즈라 잭 키츠 재단에서 다른 문화나 인종에 대한 어린이들의 인식과 이해를 확장시켜 주는 데 도움이 되는 책을 쓴 신인 글 작가(1985~)와 그림작가(2001~)에게 수여한다.

❀ 볼로냐 국제아동도서전(Bologna Children's Book Fair)

볼로냐 국제아동도서전은 1966년에 시작되었고, 매해 픽션, 논픽션, 뉴호라이즌 세 부문으로 나누어 해당 분야의 우수작을 선정하여 '볼로냐 라가치 상'을 시상한다.

2) 한국아동문학 및 그림책의 역사

한국 아동문학의 역사는 구비문학 시대, 아동문화 운동시대(1908~1945), 아동문학 운동시대(1945~1976), 아동문학시대(1976~현재)로 나뉜다(이재철, 1995).

1 아동문화 운동시대

① 태동, 초창기(1908~1923)

1908년에 최남선이 『소년』지에 최초의 신시 「해에게서 소년에게」를 발표하였다. 『소년』은 우리나라 최초의 근대적 종합 교육지이자 내용과 취지 면에서 아동문학 잡지의 효시였다. 당시의 잡지들은 어린이 종합교양지의 성격을 띠어 한국 및 세계역사, 국내외 위인, 세계 고전문학, 모험 소설, 백과사전적 지식 등 현대 어린이 출판물에 종류를 한데 모아 놓은 듯 했다.

한편 1922년에는 일본 유학 중이던 방정환이 세계명작동화 10편을 번역하여

『사랑의 선물』이라는 동화집을 펴냈다(p. 26 참조).

② 발흥, 성장기(1923~1940)

1923년 마해송이 쓴 최초의 창작동화,「바위나리와 아기별」이『샛별』지에 발표되었다. 또한 같은 해에, 방정환이 주축이 되어 어린이문화운동 단체인 색동회를 설립하고 잡지『어린이』를 창간하였다. 색동회는 출판, 동극, 놀이 등 어린이문화 전반에 관심을 가졌었고, 특징적인 것은 색동회 회원 모두가 동화구연가로 활동했다는 점이다.『어린이』지 3호(1923년 5월호)에는 방정환이 동화구연을 시작한 날을 이렇게 기록하고 있다.

> 최초의 동화회(童話會)
>
> 9월(1922년)의 첫 시일에 방정환을 청하여 동화회를 열었는데, 불쌍한 난파선 이야기에 어린이 어른 할 것 없이 울지 않는 이가 없었다.

이 외에도 방정환은 아동문학가로서 동요「형제별」을 비롯해『만년샤쓰』,『칠칠단의 비밀』등 여러 작품을 남겼다. 이 무렵 20여 종의 잡지가 생겨나 어린이 잡지 황금기를 이루었으며, 1927년에 경성 방송국 개국과 함께 동요 프로그램이 활발해짐에 따라 동요선집이 많이 발표되었다. 1933년에는 최초의 동시집인 윤석중의『잃어버린 댕기』가 발간되었다.

③ 암흑, 수난기(1940~1945)

1937년 중일 전쟁 이후 우리말과 우리글 사용 금지, 창씨개명 강요 등 일제의 압박이 심해져 아동문학계도 진공계에 접어든다.

2 아동문학 운동시대

광복 전 아동문학이 우리말과 우리글을 통한 민족주의적 아동문화운동이었다면 광복 후의 아동문학은 문학으로서의 본격적인 출발을 의미한다.

① 광복 혼미기(1945~1950)

광복 후 정치, 경제, 사회 등 모든 분야에 걸친 혼란 상태는 아동문학계에도 영향을 미쳤다. 이 시대는 좌·우익의 대립에 의한 혼미, 전 시대 아동문학의 정리와 결산, 운율중심의 문학에서 산문 우위로의 교체 등 '아동문화운동 시대'에서 본격 '아동문학운동 시대'로 가는 과도기적 현상이 특징적으로 나타났다.

② 통속 팽창기(1950~1960)

6·25 전쟁이후 정신적 공황을 반영하듯 통속, 대중적인 작품이 양산되었다. 『쌍무지개 뜨는 언덕』(1952) 등 '소년 소녀 소설'이라 불리던 작품들, 반공 이념을 반영한 어용적 교훈소설, 악성 만화 등이 그 예이다. 휴전 협정 체결 후 출판이 다시 안정기에 접어들자 세계 명작선집 출간이 줄을 이었다(한국출판마케팅연구소, 2002). 이런 가운데 마해송, 이원수, 강소천, 이주홍, 김요섭 등을 중심으로 순수아동문학을 지향하고자 하는 움직임이 일었다. 1956년에는 윤석중 등을 중심으로 '새싹회'가 만들어지고 각종 아동문학 단체 활동이 활발해지기 시작했다.

③ 정리 형성기(1960~1976)

1950년대 말부터 뚜렷한 변모를 보이기 시작한 문단은 4·19 의거를 맞으면서 새로운 운동이 일게 되었다. 이러한 움직임의 배경에는 신인의 등장과 문단 풍토의 개선, 동인 중심의 문학 단체 결성, 출판물에 의한 정리 작업, 문학상 제정과 발표무대의 확장 등이 작용했으며 이 무렵 소천아동문학상(1965), 해송동화상(1967), 세종아동문학상(1969), 한정동아동문학상(1969) 등이 제정되었다(김현희·박상희, 2008). 『새벗』, 『새소년』, 『소년세계』, 『어깨동무』, 『소년중앙』 등의 아동잡지가 창간되어 작가들이 발표할 공간을 넓히는 데 도움이 되었다.

동시작가로는 1960년대에 신현득, 박경용, 유경환, 조유로, 최계락, 이종기, 김사림, 석용원, 김종상 등이 활약하였으며 동화 작가로는 이원수, 마해송, 김요섭, 박홍근 등의 기성작가와 이현주, 조대현, 이준연 등의 신인이 활동하였다. 1971년에는 '한국아동문학가협회'와 '한국아동문학회'가 창립되었다. 1970년대 들어 동시 분야에서는 엄기원, 최일한, 이진호 등이 대중성을 넓혔고, 오순택, 권오삼, 김완기, 김녹촌 등이 감각적인 시를 선보였다. 이 중 서민적 정서를 바탕으로 문학의 본질을 추구한 권정생의 출현(1969)은 특히 기념할 만하다.

3 아동문학 시대

① 전환 발전기(1976~1988)

1976년에 창간된 『아동문학평론』과 『아동문예』를 통해 신인들이 대거 등장하고 1978년에는 '한국현대아동문학가협회'가 창립되었다. 또한 이 시기는 출판사들이 국내 전문 아동문학가들의 창작집을 발간하기 시작한 때이다. 이 시기의 주요 사항들은 다음과 같다.

- 1970년대부터 발간을 시작한 '창비아동문고'시리즈는 여러 가지 점에서 아동문학사에 획을 그은 기획물이다. 출간 당시 전집 판매가 성행하던 관행을 거부하고 낱권 서점 판매 원칙을 고수했고, 1977년 이원수의 『꼬마옥이』를 필두로 2002년 200호를 넘기는 동안 그 이전까지의 소위 '어린이책=19세기 이전의 세계 명작'이라는 도식에서 탈피해 『몽실 언니』(1984), 『너하고 안 놀아』(1995), 『괭이부리말 아이들』(2000) 등 한국적 정서를 담은 작품과 잘 알려지지 않은 외국 동화와 민담, 생태 이야기 등 다양한 내용을 담았다.
- 1983년 출간되기 시작해서 1984년에 완간된 웅진출판의 『어린이 마을』은 글과 그림, 사진을 모두 창작품으로 구성함으로써 그 이전까지의 '아동문학 출판=저예산, 베끼기, 외국물의 졸속 번역' 등으로 얼룩져 있던 아동문학 및 그림책 시장에 획기적인 바람을 몰고 와 향후 어린이 출판의 풍토를 바꾸는 데 공헌한 책으로 꼽힌다(한국출판마케팅연구소, 2002).
- 1980년에 창립된 '어린이도서연구회'는 회원들의 자발적 참여로 꾸려온 시민단체로서 전신은 '서울양서협동조합'이다. 초기에는 우리 겨레의 역사와 문화가 담긴 창작 동화 읽기, 낱권 책 사 보기, 새로운 명작 찾아 읽기 등의 운동을 펴다가 1992년부터 회보 『동화 읽는 어른』을 창간하면서 해외 어린

이 책도 비평과 분석의 대상에 넣었다. 어린이 책 연구와 비평 활동, 권장 도서 목록 발간, 회보 발간, 책 보내기 운동 등을 꾸준히 하고 있다.

- 세계 어린이의 해이기도 했던 1979년 문을 연 서울 사직동의 서울시립어린이도서관은 최초의 공공 어린이 전문 도서관이라는 점에서 의의가 크다. 어린이 도서관은 그 후 2003년 노원 어린이 도서관(최초의 지방자치단체 설립 도서관)이 개관되기까지 24년 동안 국내 유일한 공공 어린이 도서관으로 명맥을 유지했다.
- 이 시기의 또 하나 특기할 만한 사항은 대형 서점의 출현이다. 1963년 '종로서적'을 필두로 1981년 '교보문고' 등이 문을 열었는데 이는 베스트셀러나 학습 참고서 위주의 군소 서점과는 달리 분야별로 책을 전시해 상점 개념에서 도서관과 같은 문화 공간의 개념으로 획기적인 변신을 가져 왔다. 대형 자본의 부각과 소형 서점의 몰락 등 부정적 면이 없지 않았으나 독자의 시야를 넓혀 주고 독서 시장의 확대를 가시적으로 보여 주는 효과가 있었다.
- 80년대 후반까지도 여전히 아동문학 출판계는 전집이 주를 이루었다.

② 확장 발전기 (1988~현재)

1988년은 서울올림픽이 열린 해이자, 류재수의 『백두산 이야기』가 발간된 해이다. 올림픽 이후 문화계와 사회 전반에 걸쳐 '세계화'가 중심 화두가 되면서 아동문학을 둘러싼 환경도 바뀌게 된다. 즉, 세계와 교류하기 위해서 저작권법에 대한 인식을 새로이 하고, 국제적인 도서전에 참가하게 되며, 다른 나라의 성공적인 영아 책 읽기 운동 사례를 받아들이게 된다. 아울러, 외국에서 먼저 시작한 인터넷 서점과 전자책(e-book) 등 통신을 기반으로 한 도서보급이 국내에도 보급되었다. 이 시기의 주요한 변화는 다음과 같다.

■ 출판 환경의 변화: 저작권 관련 법 제정과 아동출판사의 증가

1991년, 「방문판매법」의 제정으로 전집물 출판이 위축되고, 상대적으로 단행본 창작 그림책에 대한 관심이 높아졌다. 또 1987년 「국내저작권법」이 「세계저작권법」을 수용한 이래, 세 차례(1989년, 1994년, 1995년)에 걸쳐 개정됨으로써 국내외 저작물의 무단복제 출판 관행이 근절되는 계기가 마련되었다(서정숙·남규, 2010). 또 1997년 IMF 구제 금융 사태 이후 인문, 사회, 과학 분야 출판사들이 어린이 출판에 대거 진출한 것도 그림책을 비롯한 아동 도서 시장이 급신장하는 데 영향을 끼쳤다.

▣ 세계와의 교류: 우수 그림책의 본격 도입과 국제아동청소년도서협의회 한국지부(KBBY)의 설립

1993년에 버지니아 리 버튼(Virginia Lee Burton)의 『작은 집 이야기』로 시작된 시공주니어의 '네버랜드 픽처북' 시리즈는 우수 해외 그림책의 본격적인 도입의 신호탄이 되었다. 이 시리즈는 그간의 '졸속 번역, 무단 복제'라는 번역 그림책 출판의 관행을 바꿔놓았다. 철저한 저작권 계약과 원본의 형태를 살리기 위한 다양한 판형의 유지, 전문 번역가의 번역, 원판 필름 도입에 의한 선명한 일러스트, 작가 및 작품에 대한 안내 페이지 등 기존의 번안 그림책과는 큰 차이가 있었다(한국출판마케팅연구소, 2002). 이는 곧 독자의 신뢰로 이어졌고 브랜드 이미지로 굳혀졌다. 이보다 앞서 한림출판사를 중심으로 『달님 안녕』(1988), 『구두구두 걸어라』(1990), 『이슬이의 첫 심부름』(1991), 『구리와 구라의 빵 만들기』(1994) 등 다수의 일본 그림책이 국내에 소개되었다.

1995년은 한국 그림책이 세계 속으로 한 걸음 나아간 해로 기억될 만하다. 국제아동청소년도서협의회(IBBY: International Board on Books for Young People)의 한국지부인 KBBY가 조직되고 삼성어린이박물관이 주최하고 KBBY와 IBBY 프랑스 지부가 후원하는 가운데 1995년 파리 퐁피두센터에서 한국 어린이 그림책 전시회가 열렸다. 한국은 IBBY 총회에 1996년부터 참가하고, 매년 4월 이탈리아 볼로냐에서 열리는 국제 어린이 도서전에 1997년부터 부스를 설치하고 참가하기 시작했다.

▣ 전문가 집단의 등장

90년대 들어 다양한 연령을 대상으로 하는 수준 높은 그림책이 들어오면서, 그림책 제작과 관련한 전문가 집단의 필요성이 높아졌다. 외국 그림책을 선별하고 번역하고 알리는 일, 우리 그림책을 그리고 쓰고 만들고 디자인하는 일, 연령에 적합한 그림책을 선별하여 유아교육 현장에 적용하는 방법론 등을 고민하는 전문가 집단이 등장하게 된 것이다. 유아문학은 성인 문학과는 달리 발달심리학, 문학, 올바른 가치관을 지닌 작가와 뛰어난 일러스트레이터 등 집단 작업을 필요로 하는 경우가 많아 본격적인 기획집단도 생겨나게 되었다. 1988년 출범한 보리기획은 『올챙이 그림책』(전 60권, 웅진출판), 『달팽이 과학동화』(전 50권, 웅진출판)를 펴낸 본격 기획 집단으로 손꼽힌다. 1990년대 초반부터 어린이책 기획 집단은 꾸준히 늘어나 햇살과 나무꾼(1992)은 좋은 외국 어린이책을 찾아내 번역하는 일, 우리누리(1993)는 지식 정보책, 보물섬은 영유아 그림책, 재미마주(1996)는 상상력과 독특한 그림으로, 도토리(1996)는 세밀화 시리즈 등 각각 고유한 특성을 보여 주었다(한국출판마케팅연구소, 2002).

그림책의 일러스트를 대상으로 하는 상도 생겨났는데 대한출판문화협회가 주는 한국어린이도서상(1980~), 비룡소 출판사의 황금도깨비상(1992~), 보림창작그림책 공모전(2000~) 등이 대표적이다.

▣ 창작 그림책의 보급: 역량 있는 전문 작가군의 등장

그림책 작가 1세대라 불리는 이우경, 홍성찬에 이어 90년대를 전후해 류재수, 정승각, 이억배, 유애로, 한병호, 이영경, 이호백 등 독특한 개성을 지닌 그림책 작가들이 두각을 나타내기 시작했다(김세희, 2000). 류재수는 『백두산 이야기』(1988)로 한국 그림책의 새 지평을 열었다는 평을 받고 있으며 『자장자장 엄마품에』(1994), 『노란 우산』(2001) 등 연이어 개성이 강한 독특한 화풍을 보였다. 정승각은 『까막나라에서 온 삽사리』(1994), 『강아지똥』(1996), 『오소리네 집 꽃밭』(1997), 『황소 아저씨』(2001) 등을 통해 한국적 정서를 그림으로 잘 나타낸 작가로 꼽힌다. 특히 『강아지똥』은 원래 아동용 동화로 발표되었던 것을 1996년 유아도 볼 수 있는 그림책으로 펴내면서 국내 창작 그림책의 스테디셀러로 자리 잡았다. 이같은 과정은 유아용 그림책에 대한 시대적 요구를 반영한 것이라 볼 수 있다(p. 50 사랑방 3-1 참조).

이억배는 목판화로 출발하여 90년대 이후 그림책에 몰두하였다. 『반쪽이』(1997), 『솔이의 추석 이야기』(1995), 『세상에서 가장 힘센 수탉』(1997), 『손 큰 할머니의 만두 만들기』(2001) 등 한국의 민화를 떠올리게 하는 기법과 색감으로 해외에서도 한국적인 일러스트의 예가 되고 있다.

유애로는 『갯벌이 좋아요』(1995), 『쪽빛을 찾아서』(1996), 『개구리네 한 솥밥』(2001) 등을 그렸으며 도깨비의 작가 한병호는 『무엇이 무엇이 똑같을까?』(1998), 『꼬꼬댁 꼬꼬는 무서워』(2001), 『새가 되고 싶어』(2005), 『수달이 오던 날』(2012) 등에서 일러스트레이터로서의 넓은 스펙트럼을 보여 준 대표적인 현역 작가이다. 이영경은 『아씨방 일곱 동무』(1998), 『넉점 반』(2004) 등으로 한국적인 색채와 회화를 선보이고 있으며, 이호백은 『도대체 그 동안 무슨 일이 일어났을까?』(2001)를 그렸다.

2000년대 들어서는 창의적인 시도를 하는 신진작가들의 활동이 두드러졌다. 이혜리는 『비가 오는 날에…』(2001), 『달려』(2009), 『여름휴가』(2010) 등에서 흑백 드로잉으로 창의적인 아이디어를 극대화하고 있다. 최숙희는 『팥죽할머니와 호랑이』(1997)와 같이 민화풍의 그림으로 동물들을 친근하게 표현하였으며, 『누구 그림자일까?』(2000), 『괜찮아』(2005)처럼 간결하지만 강한 흡인력이 있는 주제와 문체, 개성 있는 그림 스타일을 보여 준다. 백희나는 히트작 『구름빵』(2005)과 『분홍줄』(2007), 『달샤베트』(2010), 『장수탕 선녀님』(2012), 『꿈에서 맛본 똥파리』(2014), 『알사탕』(2017) 등 일련의 작품에서 따뜻한 가족애를 창의적인 일러스트로 다양하게 구사하였다.

4 21세기 한국 그림책의 현재와 미래

급변하는 21세기에 한국 그림책의 미래는 어떠할까? '다양성의 증가, 장르와 연령의 파괴, 첨단 매체와 기술의 발달, 상업주의의 확산' 등 세계적 추세는 마찬가지지만, 본격 그림책의 역사가 이십 여 년 정도에 불과한 우리나라는 서양에 비해 더 많은 역동성과 가능성을 갖고 있다.

① 도서관의 증가

2003년에는 두 번째 공공 어린이 전문 도서관인 '노원어린이도서관'이 문을 열었다. 또 지방자치제가 확대·실시되면서 주민센터나 새마을금고 등 다양한 공간에 작은 도서관들이 생겨나 지역주민들의 문화적 공간으로 거듭나게 되었다.

특히 2003년은 도서관운동 역사에서 기념할 만한 해이다. '책읽는사회만들기국민운동'이라는 시민단체와 방송사, 대형서점이 공동으로 사업을 벌여 그 결과로 1호관, '순천 기적의 도서관'이 문을 열었다. 순천을 비롯해 여러 곳에 세워진 '기적의 도서관'[1]은 기존의 네모난 콘크리트 건물에서 벗어나 독특한 외관, 실내와 실외의 소통, 아기자기하고 정감 있는 내부 구조 등 도서관 건축의 새로운 모델을 제시하였다. 뿐만 아니라 운영 면에서도 민·관 협조체제로 새로운 도서관 시스템을 선보였고, 내용면에서도 새로운 시도를 많이 하였다. 북스타트, 지역특성을 살린 참신한 프로그램, 찾아가는 이동도서관 그림책 버스인 '파란 달구지'[2], 자원봉사자의 장기적 육성과 적극적 활동 등이 그 예이다. 특히 2008년 개관한 순천 기적의 도서관 별관, '그림책 박물관'에는 희귀본과 함께 해외에 판권이 팔린 한국 책들이 한데 전시돼 있어 한국 그림책의 발전상을 한눈에 볼 수 있다.

② 세계 속의 한국 그림책

90년대 이전까지 한국 그림책이 외국에 알려지는 경우는 해외 동포가 모국을 알기 위해서 갖고 나가거나 한국 전래동화의 외국어 번역판 정도였다. 그러나 류재수의 『백두산 이야기』((1988)가 『산이 된 거인』(1990)이란 제목으로 일본에서 출간된 것을 기점으로 한국의 그림책도 세계 속으로 나아가기 시작했다.

---

1) 2017년 3월 현재, 전국에 12개 기적의 도서관이 있다(홈페이지: www.bookreader.or.kr).
2) 순천 기적의 도서관 이동도서관 버스 '파란달구지'는 한병호 등 유명작가가 외관을 그렸다.

- 세계적인 그림책 상을 받는 경우도 증가하고 있다. BIB(브라티슬라바 국제 일러스트레이션 비엔날레)에 선정된 그림책으로는 『세상에서 가장 힘센 수탉』(1997), 『새가 되고 싶어』(2005) 등이 있고, 뉴욕 타임스지 선정 우수 그림책에는 『노란 우산』(2002)을 필두로, 『도대체 그 동안 무슨 일이 일어났을까?』(2003), 『마녀만이 날 수 있어요(*Only a witch can fly*)』(2009), 『그림자놀이』(2010) 등이 있다. 이 중 『노란 우산』은 국제아동청소년도서협의회(IBBY) 통산 50년 '세계의 우수 그림책 40권'에 뽑히기까지 했다.
- 볼로냐아동도서전에서 수상한 작품으로는 『팥죽할멈과 호랑이』(웅진), 『지하철은 달려온다』, 『구름빵』을 비롯해 다수 작품이 있으며, 2011년과 2013년에는 논픽션 부문과 픽션 부문에서 각각 『마음의 집』, 『눈』이 대상을 받기도 했다. 폴란드 작가 이보나 흐미엘레프스카(Iwona Chmielewska)가 두 책의 일러스트를 맡았는데 한 출판사(창비)에서 같은 작가가 2회 수상하는 진기록을 수립하였다. 이 외에도 2015년 픽션 부문 우수상으로 『담』, 『나의 작은 인형 상자』, 논픽션 부문 우수상 『민들레는 민들레』, 뉴 호라이즌 부문 우수상 『떼루떼루』, 오페라 프리마 부문 우수상 『위를 봐요!』, 책과 씨앗들 부문 우수상 『세상에서 가장 큰 케이크』로 한꺼번에 여섯 개가 동시에 수상하는 쾌거를 이뤘다. 2017년에는 조원희가 『이빨 사냥꾼』으로 픽션부문 우수상을 수상, 보림 출판사가 2017년 올해 최고의 아동 출판사 상을 받았다.

③ 그림책에 대한 다양한 시도

21세기 들어 읽기 방법과 문학 활동방법면에서 다양한 시도가 확산되고 있다. 즉 아동도서에서 그림책이 차지하는 비중이 늘고 북스타트 운동의 영향으로 영유아독자층이 증가함에 따라 다양한 읽기유형의 필요성과 책놀이가 등장한 것이다. 책놀이란 책을 재미있게 읽고 책으로 참신하고 다양한 놀이활동을 하는 것을 말하며, 최근 책놀이에 대한 연구가 활발히 이루어지고 있다(신일순, 2014; 이송은, 2006; 이송은, 2012; 이송은 외, 2016; 이송은 외, 2017; 전진영, 2014; 한국출판문화산업진흥원, 2015; 한선예, 2014).

[사랑방 3-1]

『강아지똥』은 원래 아동용 동화로 세상에 나온 작품이다. 1969년 당시 경북 안동군 일직면에 있던 일직교회 주일학교 교사였던 권정생이 『기독교 교육』 주최 제1회 기독교아동문학상 동화 부문에 응모하였던 작품으로 80년대까지는 아동용 단편동화 묶음집의 일부로만 발표되었다(세종문화사, 1974; 『똘배가 보고 온 달나라』(1977, 창비문고); 『오물덩이처럼 뒹굴면서』, 1986, 종로서적). 1984년에는 판화 삽화와 함께 간결한 문체로 개작되어 『어린이마을』 12월호에 실리기도 했다. 『강아지똥』이 작품성과 대중성면에서 명실상부하게 한국을 대표하는 아동문학작품이 된 것은 1996년 단행본 그림책(길벗어린이)으로 출간되면서부터라 할 수 있다. 정승각의 그림과 간결한 구어체로 거듭난 이 책은, 초등학교 1학년 읽기 교과서 수록(2000)에 이어, 연극, 비디오, 클레이애니메이션(2002) 등 다매체로 만들어졌고, 일본, 대만, 중국, 스위스 등으로 저작권이 수출되었다. 문학사적으로도 이 작품이 갖는 위치는 매우 의미가 있다. 문학평론가 이재복은 한국의 아동문학을 『강아지똥』 이전과 이후로 나누기까지 했는데, 아동문학이 『강아지똥』에 이르러 비로소 전 시대의 '서양의 왕자, 공주에 대한 환상 위주의 번역물'에서 벗어나 소재와 주제 면에서 한국적 아동문학의 가능성을 모색하기 시작했다고 보았다. 또한, 『강아지똥』이라는 작품의 변천사를 통해서 한국 아동문학의 주요한 흐름을 읽을 수 있다. 즉, 한 작품이 아동용 동화에 머물지 않고 그림책으로 출간됨으로써 본격 유아문학의 출현을 알렸고, 문학작품의 다매체화, 글로벌화 등을 보여준 대표적 예이다.

4 아동발달과 아동문학

아동이 이해하고 즐길 만한 책을 고르려면, 아동이 몰입하여 참여할 수 있는 문학 활동을 설계하려면 아동발달에 대한 지식이 필요하다. 대표적인 발달 이론과 그에 따른 그림책 선택 및 활용을 위한 시사점을 정리해 보면 다음과 같다.

1) 인지 발달과 아동문학

대표적인 인지 발달 이론가 피아제(Piaget)의 발달 단계를 중심으로 문학과의 관계성을 살펴보기로 한다. 피아제는 유아가 자신을 둘러싼 환경에 대해 수동적으로 정보를 받아들이기보다는 능동적 주체가 되어 환경을 탐색하고 재구성함으로써 사고가 발달해 간다고 보았으며 다음과 같은 발달단계를 거친다고 보았다.

① 감각 운동기(0~2세)

감각기관과 운동능력을 통해 세계를 탐색하고 대상영속성(object permanence)이 생겨나는 시기이다. 이 시기의 도서는 영아가 물고 빨고 만지고 냄새 맡을 수 있는, 그 자체가 장난감의 역할을 할 수 있도록 안전성과 감각적 요소를 갖춘 책이 적합하다. 안전성 면에서는 인쇄 잉크의 유해성 여부, 책 제본, 모서리, 무게 등을 고려해야 하고 감각적 요소 면에서는 촉감, 소리, 그림 등이 영아의 호기심을 끌고 자극을 충분히 끌 만큼 매력적인지, 물리적 상호작용 면에서는 쥐고, 펴고, 올라타고, 세우는 등의 조작이 가능한지 살펴보아야 한다.

시각 발달 면에서 출생 후 3~4개월이 되어야 응시가 가능하므로 신생아기에는 큰 그림이나 대조적 색상의 패턴이 소개된 초점 그림책(예『시각훈련 그림책－패턴』)이 적당하다. 영아의 지각에 관한 연구에서 가장 많이 다루어지는 소재는 인간의 얼굴이다. 연구에 의하면 영아는 1개월에는 턱과 머리 위 두 지점 등 윤곽을 보다가, 2개월이 되면 입과 눈 등 얼굴의 세밀한 부분을 오랫동안 바라본다. 또한 청각적인 면에서 신생아는 소음보다는 인간의 소리에 민감하고 낯선 여성의 목소리보다는 어머니의 소리를 선호한다(Santrock, 2006). 이러한 사실은 영아가 사회적 상호작용의 중요한 신호로서 사람의 얼굴과 눈의 의미를 인식한다는 것, 생존과 관련해 거의 반사적으로 어머니를 기억하고 있음을 시사한다. 이는 책을 보여 주거나 이야기를 들려주는 영아기 문학 활동에 있어서 어머니나 주 양육자의 '체온이 느껴지는 온정적 참여'가 필수적임을 알 수 있다. 그리고 아기 때는 그림책을 그냥 보여 주기보다 엄마나 교사가 안고 리듬 있게 읽어 주는 것이 중요한데 이는 안정적 애착 형성과 더불어 '책은 재미있고 행복하게 해 주는 것'이라는 인식을 심어주기 때문이다.

10~12개월경에는 눈앞에서 사라진 물건을 찾아내는 대상영속성 개념이 형성되기 시작하는데, 이때는 까꿍놀이를 소재로 한 그림책(예『달님 안녕』)이 어울린다. 또한, 촉각을 발달시켜 주는 촉감책(예『보들보들까끌까끌』), 뚜껑을 들춰 보는 재미가 있는 플랩북(예『친구를 보내 주세요』), 신체부위나 일상생활을 소재로 한

반복이 많은 짧은 동화(예 『어떻게 하면 좋지?』, 『구두구두 걸어라』, 『달님 안녕』, 『싹싹싹』, 『손이 나왔네』)가 적절하다.

2 전조작기(2~7세)

이 시기는 눈에 보이는 지각적 속성에 의해 판단하고 자기중심적, 물활론적, 실재론적 사고가 특징이며 상징적 사고기능이 발달하여 가상놀이를 즐긴다. 또한 언어가 급속도로 발달하는 시기이기도 하다. 이때는 탐색을 격려할 수 있는 개념 정보책, 반복과 운율이 있는 책, 단순한 구조의 환상그림책이 이야기 감각을 발달시키고 상상력을 키워준다. 가치관이 형성되고 도덕 개념 발달이 시작되는 만 5세 무렵에는 전래동화가 도움이 된다.

전조작기는 두 단계로 나뉘는데 첫 번째는 2세부터 4세까지의 전 개념적 사고기이다. 이때는 외적 기준에 의해서만 판단하려 하고 물활론적 사고가 강하다. 물활론적 사고는 주위의 모든 사물에게 생명과 감정을 부여하는 것을 말하며 유아들이 동물이나 장난감이 의인화된 환상동화나 전래동화에 심취하고 좋아하는 이유가 되기도 한다. 전개념적 사고란 어떤 대상이나 사물에 대한 개념이 형성되기 전 사고단계로 유아에게 '토끼가 무엇이냐?'고 물으면 대답이 '토끼는 동물이다….' 등의 개념적인 규정보다는 '토끼는 털이 하얗다.'는 식으로 설명하거나 뛰는 모습을 흉내 낸다(고문숙·임영심, 1999). 따라서 이 시기의 유아들은 그림책을 읽고 여러 가지 표상 방법을 사용하여 반응할 수 있도록 도와주는 게 좋을 것이다.

피아제(Piaget)는 4~5세경이 되면 유아들은 초보적인 수세기와 일대일 대응, 분류, 서열화가 가능하지만 반응에 일관성은 없다고 보았다. 그러나 최근의 연구에서는 유아들의 수학적 능력이 피아제가 제시했던 것보다는 높은 것으로 보고되고 있다. 수와 관련해서는 기호로서의 숫자보다는 수 개념을 흥미 있게 익힐 수 있는 책이 좋다(예 『아기 양 울리의 산책』, 『앵무새 열 마리』).

4세 이후부터는 직관적 사고 단계에 접어드는데 이 시기의 유아들은 논리적이거나 이성적인 사고가 아닌, 직관적인 판단을 한다. 이 시기에 꿈을 꾼 것이 실제라고 생각하는 실재론적 사고도 직관적 사고에 근거하기 때문이다. 직관적 사고를 하는 유아들은 자기중심적 특성으로 인해 더욱 한정된 사고를 하는데 자신의 관점에서만 세상을 인식하게 된다. 이러한 사고는 다른 사람과 부딪히고 사건을 경험하면서 탈중심화의 과정을 거치는데 이때 나와 다른 상대의 관점이 드러나는 동화, 다른 가치관, 다양한 문화적 배경과 인물들이 그려져 있는 동화가 적합하다(예 『도깨비 귀』, 『타잔 오빠』, 『수호의 하얀 말』). 이 시기 유아들은 보다 복잡한 이야기에 흥미를 가지며 환상동화와 더불어 사실동화, 정보책 등을 다양하게 접하면 탈중심화, 타인의 감정 이해, 환상과 실재를 구별하는 데 도움이 될 것이다. 가령, 모리스 샌닥(Maurice Sendak)의 『괴물들이 사는 나라』는 실생활과 환상이 적절히 배합되어 있는데 엄마에게 혼나는 장면이나 따뜻한 스프는 실제를, 괴물나라로의 여행은 주인공 맥스와 동일시되어 환상 속에서 억압당한 내면의 심리를 분출할 수 있게 도와준다.

[사랑방 3-2]

물활론(animism)과 유아기

자기중심적 사고, 실재론적 사고와 더불어 물활론(animism)적 사고는 전조작기 사고의 대표적 특징으로 알려져 있다. 물활론은 말 그대로 무생물도 살아 있으며 자신처럼 감정과 의도를 가지고 있다고 보는 것인데 물활론적 사고에도 발달단계가 있다. 첫 단계는 유아초기로 사람에게 영향을 주는 것은 무엇이든 살아 있다고 보는 것이고, 다음 단계인 4~6세 유아들의 경우는 움직이는 모든 것들은 살아 있다고 보는 것이다. 가령, 나무는 장소를 바꿔가며 움직일 수 없으므로 물활론적 사고의 대상이 되지 않는다. 세 번째 단계인 6~8세경에는 스스로 움직이는 것, 즉, 해, 구름, 강물, 바람 등은 살아 있다고 보지만 자동차는 스스로 움직일 수 없으므로 생명이 없다고 본다는 것이다. 최근의 연구들은 유아가 모든 대상물에 대해 물활론적 사고를 하는 것은 아니라는 연구결과들도 있다. 블록(Bullock, 1985)은 유아가 관찰할 기회가 없었던 대상은 살아 있다고 생각하지만 만 3세 유아도 친숙한 로봇이나 동물인형은 살아 있지 않다는 것을 안다고 보고했다.

3 구체적 조작기(7~11세)

탈중심화가 이루어지고 가역적 사고, 보존개념이 생겨서 논리적 문제 해결이 가능하고 도덕적 양심이 발달하는 시기이다. 이 시기에는 사회적 문제를 다룬 사실동화, 전기문으로부터 다양한 정보책과 환상동화에 이르기까지 폭넓은 독서가 이루어진다. 어린이들은 가상과 현실을 구분할 수 있고 자신의 지각으로부터 벗어나 본인의 관점에 모순되는 사실들을 받아들이고 타인의 관점을 수용할 수 있게 된다. 과거와 미래에 대한 시간 개념을 이해할 수 있게 되어 역사동화나 전기를 이해할 수 있게 된다. 이 시기에는 그림책 중에서도 삶에 대한 철학이 스며들어 있는 그림책과 다양한 문화와 정보가 담겨 있는 책이 적절하다(예 『인디언 붓꽃의 전설』, 『쿠키 한 입의 인생수업』, 『오소리네 집 꽃밭』, 『오른발 왼발』, 『아모스와 보리스』, 『나무를 심은 사람』, 『새미 리: 다이빙을 사랑한 한국인 소년』, 『까만 나라 노란 추장』, 『온세상 국기가 펄럭펄럭』, 『사라, 버스를 타다』, 『1964년 여름』 등).

2) 사회 · 정서적 발달과 유아문학

① 사회 · 정서 발달과 유아문학

영아기에는 부모와의 접촉과 따뜻한 관계를 통해서 기본적인 신뢰감을 형성해 가는 시기이다. 영아는 감각 경험 단계(0~4개월), 대상 경험 단계(5~8개월), 공간 경험 단계(8~12개월)를 지나면서 대상과 세상으로부터 신체적 자아를 인식하게 된다(Bailey & Burton, 1989). 15개월이 되면 영아 자신의 몸을 알게 되고 두 돌이 되기 전에 자신의 이름을 알게 되며 '싫어', '아니'라는 말을 할 수 있게 되고 '나', '내 것'을 주장하기 시작한다.

정서면에서 보면 생후 3개월이 된 아기도 엄마를 보고 미소지을 수 있다. 이때쯤 즐거움과 불쾌함이 분화되며 불쾌 정서가 약간 빨리 나타난다. 5~6개월경에는 기저귀가 젖었거나 배가 고프거나 몸이 아플 때 우는 울음이 달라지는데 불쾌 정서가 분노, 공포, 혐오 등으로 분화된다. 18개월쯤에는 질투가 관찰되는데 경쟁자에게 애정 대상을 뺏길 것을 두려워하는 공포심이다. 이 정서의 원형은 동생을 볼 때 전형적으로 나타나며 실제로 경쟁자에게 공격적인 형태로 나타나는 것이 보통이다. 사회성 발달과 관련해서 낯선 사람에 대한 불안(stranger anxiety) 현상은 흔히 낯가림이라 불리는데 영아가 선택적인 애착 형성을 한 결과로 나타나며 8개월경에 나타나고 12개월 전후해서 절정에 이르렀다가 차츰 사라진다. 이와 연장선상에서 나타나는 것이 격리 불안(seperation anxiety)인데 12개월부터 나타나며 30개월까지 가장 많이 나타난다. 영아기 정서발달에서는 '애착 형성'이 가장 중요하므로, 정서적 안정을 주는 만족한 결말이 들어 있는 그림책이 좋다(예 『안아 줘!』, 『딱 붙었네』, 『우리 엄마인가요?』).

영아가 정서를 표현하는 방법은 울음과 찡그림, 미소와 웃음과 소리 지르기, 뒤로 숨기 등 다양하다. 문학 활동과 관련해서 주목해야 할 것은 성장과 더불어 자연스럽게 경험하는 불안, 공포, 질투 등의 감정을 건강하게 체험하도록 돕고 기쁨과 의기양양함, 애정 등을 어떻게 다양하게 느끼게 해주느냐이다.

3세 이후가 되면 이 시기는 프로이트(Freud)의 남근기(phallic stage)에 속하는 시기로 유아들은 성기의 차이에 대해 관심을 가지며 아기가 어떻게 생기는지 관심을 갖기 시작한다. 건강한 성교육을 시킬 수 있는 시기로 『아가야, 안녕』, 『내 동생이 태어났어』 등의 그림책이 있다. 유아기에 동생을 보게 되는 경우 동생에 대한 질투심, 소외감으로 공격적이 되거나 퇴행적 행동을 보이는 경우가 많다. 이럴 때 『피터의 의자』, 『순이와 어린 동생』, 『몽글몽글 따끔따끔』, 『재재 콩알』 등이 도움이 될 것이다.

또한, 자립심이 발달하는 시기이기도 하다. 에릭슨(Erikson)이 말하는 주도성 대 죄의식의 시기이다. 자기 주도적 활동이 적절한 비율로 성공하게 되면 아동은 주도성을 확립하게 되지만 실패의 경험이 많을 경우 유아의 주도성은 위축되고 자기주장에 대해 죄의식을 갖게 된다. 자립심과 관계된 동화로는 『이슬이의 첫 심부름』, 『혼자 집을 보았어요』 등이 있다.

이 시기는 자존감(sense of self-esteem)이 발달되는 시기인데 유아의 자존감은 부모의 양육 태도 및 성격 특징에 영향을 받는다. 즉, 자존감이 높은 유아의 부모는 일정한 한계 내에서 자녀에게 자유를 허용하고 따뜻하게 수용하는 경향이 있다. 자존감을 위한 그림책으로는 『티치』, 『강아지똥』, 『통통 무슨 통』 등이 있다.

유아기는 도덕적 행동에 대한 초보적 개념이 형성되고 4~6세경부터는 이타적 행동이 증가하기 시작한다. 이때 권선징악을 다루는 전래동화가 도움이 된다. 약속과 규칙 등이 자연스럽게 녹아든 작품, 약속을 어긴 데 대한 도덕적 토의 등이 가능한 작품이 좋다. 가령, 『수호의 하얀 말』에서는 원님이 약속을 어기고 수호에게 상을 주기는커녕 매질을 한다. 이야기를 다 들은 후 만 4~5세 유아는 원작에는 없지만 '나쁜 원님은 어떻게 됐느냐?'고 묻는데, 이는 그 시기가 도덕적 규칙에 민감한 시기임을 나타낸다. 나아가 『마들린느와 쥬네비브』는 '개를 기숙사에 들여놓지 못한다.'는 규칙과 물에 빠진 마들린느를 구해 준 개에 대한 아이들의 사랑과 감사하는 마음에 대해 토론할 수 있을 것이다. 이 같은 과정은 도덕성 발달이 유아기의 외부적 통제에 의한 타율적 단계에서 점차 자율적 단계로 발달해 가는 데에 도움을 준다.

② 문학이 정서에 미치는 영향

위에서 사회화의 과정 속에서 유아의 정서는 어떻게 발달되는지 또 그것이 문학에 어떻게 반영되고 있는지를 살펴보았다. 최근 정서와 관련해서 아동문학에서 나타나는 주목할 만한 현상은 '아이들의 정서를 있는 그대로 표출하고 건강하게 조절하는' 내용이 증가하고 있는 것이다. 대표적인 작품으로는 『쏘피가 화나면- 정말, 정말 화나면…』, 문삼석의 동시 '개구쟁이' 등을 들 수 있다. 이는 어른들이 바라는 '착한 어린이'에 대한 환상이 결코 '건강한 어린이'가 될 수 없음을 사회적으로 인식했음을 의미한다. 그런 의미에서 문학은 날로 늘어가는 소아 병리 현상을 완화할 수 있을 것이다. 아이들의 마음을 읽어 주고 건강하게 드러내 표출해 주는 심리적 방출구, 그림책 활동 프로그램을 거치면서 정서의 인식과 조절, 타인의 감정에 대한 조망을 획득하고 문제 해결의 실마리를 제공할 수 있다면 문학은 그 자체가 정서적 치유를 위한 매개체가 될 수 있다(김현희 외, 2003).

아동의 사회 정서 발달과 관련이 깊은 에릭슨(Erikson)과 매슬로우(Maslow)의 이론을 좀더 살펴보기로 한다.

① 에릭슨의 심리사회적 발달과 아동문학

에릭슨은 인간이 발달 단계별로 달라지는 욕구를 충족시키고자 할 때 환경과 접촉하는 과정에서 어린이의 자아가 경험하는 위기가 어떻게 극복되는가가 성격을 좌우한다고 보았다. 따라서 유아문학과 관계된 부분과 간략히 소개하고자 한다.

▣ 제1단계: 신뢰성 대 불신감(출생~18개월)

이 시기에 부모로부터 적절한 보살핌을 받은 영아들은 사람과 세상에 대한 신뢰감을 형성하게 된다. 반대로 욕구 좌절로 인한 부정적 경험이 많은 영아는 근원적 불신감을 갖게 되는데 에릭슨에 의하면 이 시기에 형성된 기본적 신뢰감이나 불신감은 일생을 통해 지속된다. 리듬감 있는 동요나 자장가 그림책(예 『잘 자요 달님』)에서 따 온 노래 한 소절, 어머니와 함께 그림책을 갖고 놀아본 행복한 경험이 평생의 기반이 될 수도 있는 것이다.

▣제2단계: 자율성 대 수치감(18개월~3세)

이 시기의 유아는 신체적 성숙에 의하여 최초로 대소변 가리기와 같은 자기 통제가 가능하게 된다. 이때에 유아는 실패와 성공의 양극적 위기를 극복함으로써 기본적 자율성을 얻게 되는데 과도한 외부의 통제로 인해 위기 극복에 실패할 때 자신에 대한 수치심에 빠져들게 된다. 이러한 자율성 대 수치감의 극복 양상은 일생 동안 지속되는 자기 통제력의 기초가 된다. 배변과 관련된 유머가 있는 책(예 『누구나 눈다』), 똥이 친근하게 묘사된 책(예 『누가 내 머리에 똥 쌌어?』)이 배변 훈련에 대한 긴장을 풀어줄 수 있으며 자조 기술(self-help skill)을 다룬 책도 도움이 된다.

▣ 제3단계: 주도성 대 죄의식(3~6세)

이 시기에 유아는 자신의 활동을 계획하고 목표를 세우며 이를 달성하고자 노력한다. 또래 집단과 놀이활동에 참여하면서 주도성에 의한 자기주장이 나타나고 좌절도 하는 시기이다. 이때 자기 주도적 활동이 적절히 성공하면 유아는 주도성을 확립하게 되지만 실패의 경험이 많을 경우 유아의 주도성은 위축되고 자기 주장에 대해 죄의식을 갖게 된다. 이호백의 『도대체 그 동안 무슨 일이 일어났을까?』는 토끼를 통하여 유아가 평소에 주도적으로 하고 싶은 바를 마음껏 발산하게 해 주는 모험담을 담고 있다. 레오 리오니(Leo Lionni)의 『새앙쥐와 태엽쥐』는 비록 좌절할 때도 있지만 주도적으로 사는 삶이 얼마나 가치 있는가를 보여준다.

▣ 제4단계: 근면성 대 열등감(6~11세)

아동들은 학교나 가정으로부터 여러 과제를 부여받는데 그 작업에 성실히 임하는 과정에서 전생애에 중요성을 갖는 과업 성실성을 갖게 된다. 이 시기의 어린이들이 학교나 가정에서 자신에게 주어진 일에 적절한 성취를 느끼지 못하면 열등감에 빠져들게 된다. 이런 점에서 아동을 격려하며, 재능을 발견하고 북돋워 주는 교사나 부모의 태도는 매우 중요하다. 열등감에 빠질 위험이 있는 어린이와 그들을 도와주는 교사의 이야기가 재미있게 감동적으로 그려져 있는 그림책으로 유아용으로는 『우리 선생님이 최고야』, 초등용으로는 『선생님, 우리 선생님』과 『고맙습니다, 선생님』이 있다.

② 매슬로우(Maslow)의 욕구 발달 이론과 유아문학

매슬로우는 인간의 욕구는 성장과 함께 발달하며 욕구들 간에는 강도와 중요성에 따라 위계적 배열이 있다고 보았다. 그중 유아문학과 관계가 있는 부분을 소개하면 다음과 같다.

제1단계는 생리적 욕구로 먹고, 자고, 배설하는 것 등이다. 『잠이 안 오니 작은 곰아?』, 『아기코끼리의 똥』, 『응가하자, 끙끙』 등이 여기에 속한다.

제2단계는 안전의 욕구로 확실성, 안전을 보장받고 싶은 욕구이다. 『이솝 우화』에 나타나는 「도시 쥐와 시골 쥐」를 들 수 있다.

제3단계는 사랑하고 사랑받고 싶은 욕구와 소속의 욕구로 이는 유아문학에서 가장 보편적으로 다루는 욕구이다. 『내가 아빠를 얼마나 사랑하는지 아세요?』, 『집 나가자 꿀꿀꿀』, 『나도 아프고 싶어!』, 『씩씩한 마들린느』, 『고릴라』 등이 그 예이다.

제4단계는 자아 존중의 욕구로 타인으로부터 가치 있는 존재로 인정받고 싶은 욕구로 역시 유아문학에 많이 등장한다. 『티치』, 『으뜸 헤엄이』, 『강아지똥』이 그 예라고 할 수 있다. 그 외에 지식 및 이해의 욕구(여러 가지 정보책), 심미적 욕구(예 『프레드릭』, 『코를 킁킁』) 등이 있다.

연구문제

- 세계적인 그림책 상을 받은 그림책 중 한 권을 골라서 특징을 분석해 보자.
- 『강아지똥』의 변천과정을 통하여 발견할 수 있는 것은 무엇인가?
- 가까운 도서관을 찾아 어린이 열람실에서 하고 있는 프로그램을 조사해 보자.
- 매슬로우의 욕구이론 중 하나씩을 골라 그에 해당하는 그림책을 팀별로 발표해 보자.

CHAPTER 04

아동문학 장르와 그림책

문학의 장르를 나누는 기준은 여러 가지가 있다. 이야기(인물과 갈등과 문제해결이 있는 구성을 가진)가 있느냐에 따라 서사(narrative) 문학과 비서사적(non-narrative) 문학, 또 허구적인 것이냐 사실적인 것이냐에 따라 픽션(fiction)과 논픽션(nonfiction), 길이와 음률에 따라 산문이냐 운문, 시대와 저자 유무에 따라 전승문학과 창작문학으로 나눌 수도 있다.

1 아동문학의 장르

사람들이 책을 읽는 데에는 여러가지 목적이 있다. 구수한 옛 이야기 속에 빠지고 싶을 때도 있고, 궁금한 것에 대해 알아보고 싶을 때도 있다. 흥미진진한 환상의 나라로 떠나거나, 실존했던 인물의 삶을 생생하게 만날 수도 있다. 때로는 시인처럼 운율을 살려 시를 읊어 볼 수도 한다. 장르는 인간이 문학을 필요로 하는 다양한 이유를 보여 준다.

장르별 중복이 없으면서 유아문학에 가까운 분류는 다음 표와 같다(김현희 · 박상희, 1999).

〈표 4-1〉 유아문학의 종류

<table>
<tr><th colspan="3">산문(prose)</th><th>운문(verse)</th><th></th></tr>
<tr><td>전승문학</td><td colspan="2">· 민담(folklore)
· 신화 및 전설(myths, legend)
· 우화(fable)
· 서사시</td><td>전래동요</td><td rowspan="3">그
림
책</td></tr>
<tr><td rowspan="2">창작문학</td><td>환상문학</td><td>· 환상동화(fantasy)
· 공상과학동화(science fiction)</td><td rowspan="2">동요
동시</td></tr>
<tr><td>사실문학</td><td>· 생활동화(contemporary realistic fiction)
· 역사동화(historical fiction)
· 전기(biography)
· 정보책(informational book)</td></tr>
<tr><td colspan="5">그림책</td></tr>
</table>

그림책은 20세기 초에는 장르라기보다 글과 그림이 함께하는 내용 구성의 형태적 성격이 강하였으나 20세기 후반부터는 영상과 감성을 중시하는 포스트모더니즘의 영향으로 글과 그림의 유기적 관계로부터 새로운 의미가 발현되므로 고유한 문학 장르로 보는 관점이 대두되고 있다. 위에서 소개된 여러 장르 중 유아교육과 관련이 높은 장르를 중심으로 살펴보기로 한다.

1) 동시

동시란 동심을 소재로 하여 인간과 사물에 대한 사고와 경험을 함축된 언어로 표현한 것으로 리듬감과 이미지를 특징으로 한다. 동시의 구성 요소는 심상(image), 리듬(rhythm), 언어(words)를 들 수 있다(구인환, 1990). 유아를 위한 동시선택 기준으로는, 유아들이 이해할 수 있는 시, 생활 체험이 녹아 있는 시, 리듬과 운율이 살아 있는 시, 독창적인 아이디어가 들어 있는 시, 움직임이 들어 있는 시, 감각적이고 심상이 뚜렷한 시, 유머가 있는 시를 들 수 있다. 동시는 낭송기법만 달리 해도 그 자체로 풍성한 활동이 될 수 있다.

동시낭송 기법에는 후렴 읽기, 행별 읽기, 대화식 읽기, 누적식 읽기, 전체 읽기 등 여러 가지가 있다(김금희,2003). 이송은(2001a)은 동시 감상과 동시 짓기를 아우르는 통합적인 동시활동프로그램을 제시하였는데, 기본원리와 방법론은 다음의 표와 같다(이송은, 2013).

기본 원리	방법론
• 유아는 감각을 통한 직접 체험을 통해 잘 배울 수 있다. • 자연 친화적 체험은 유아의 정서적 안정을 주고 감각의 활성화를 돕는다. • 유의미한 학습이 이루어지려면 유아 중심의 통합적 활동이 구성되어야 한다. • 활동 전개에 있어 부분이나 시작보다는 전체와 이해를 선행한다. 즉, 유의미한 맥락 속에서의 의미 발견, 분석적인 지식보다는 감동을 느끼는 것이 우선이다(전체 → 부분, 느낌 → 해석). • 언어 능력에 대한 유아의 개인차를 인정한다. • 유아에게 발달에 적합한 동시 짓기는 말로 느낌을 표현하는 것으로 출발해야 한다.	• 감각에 의한 직접 체험과 자연 친화적 경험을 바탕으로 한 활동을 구성한다. • 동시 짓기는 동시 감상으로부터 시작한다. • 문해를 전제로 하지 않는다. • 동시 짓기를 강요하지 않으며 그리기 등 다른 형태의 참여도 허용한다. • 동시 짓기에 있어 교사 개입 정도는 수업 전개에 따라 점차 줄여 나간다. • 감각이나 동시에 대한 감수성 키우기 단계는 점진적이고 장기적이다. • 동시 관련 활동을 대체적으로 ① 동시 감상을 통한 동시 개념 익히기 ② 언어·문학적 감수성 키우기 ③ 동시 짓기 등 3단계의 과정을 거치며 주제에 따른 통합활동의 부분이 된다. 초기일수록 ①, ②의 비중이 높으나 세부적 기법 적용은 반드시 순차적으로 행해야 함을 뜻하는 것은 아니다.

2) 전래동요

전래동요는 다음과 같은 교육적 가치를 지니고 있다(김세희, 2000).

- 자연스럽게 민족 정체감을 형성하는 것을 도와준다.
- 모국어의 특징을 알게 하고 언어 발달을 돕는다.
- 유아의 사회성 발달을 돕는다.
- 음악적 경험을 제공한다.

전래동요의 유형으로는 언어놀이 노래('나무타령', '성풀이'), 동작놀이 노래('꼬마야 꼬마야', '어디까지 왔나'), 대상놀이 노래('비야 비야 오지 마라') 등이 있다(김세희, 1994).

3) 전래동화

전래동화란 인간의 문화적 유산이며 작가 없이 구전되어 온 전래 이야기이다. 정서 장애 아동을 치료하였던 브루노 베틀하임(Bruno Bettelheim, 1977)은 옛이야기의 분석을 통해 환상적 요소가 유아의 상상력을 격려할 뿐만 아니라 공포를 극복하고 위로를 받고 희망을 준다고 하였다. 그는 또 유아가 현실을 바르게 이해하기 위해서는 이러한 환상적 작품을 많이 접하도록 해주어야 하며, 그럼으로써 현실과 환상의 차이를 더 잘 이해할 수 있다고 보았다(김현희 · 박상희, 1999).

- 문학적으로 풍성한 경험을 제공하는 가치가 있다.
- 환상성에 기반을 둔 단순 명쾌한 구성이 주는 재미가 있다.
- 권선징악, 친절, 정직 등의 미덕을 장려하는 도덕적 가치가 있다.
- 현실의 불만족을 상상적으로 보상해 주는 욕구 만족의 가치가 있다.
- 옛날이야기를 통해 오늘날의 세계를 이해하는 것을 돕고 어린이에게 삶의 의미를 제공해 주는 가치가 있다.

4) 환상동화

창작 환상동화는 현실과 다른 초자연적인 소재나 대상, 사건이 중심이 되는 이야기이며 유아문학에서 높은 비중을 차지하는 장르이다. 환상동화는 그 뿌리를 전래동화의 환상성에 두고 있으나 배경, 등장인물, 주제 등에서 전래동화와 뚜렷하게 구별된다. 우선, 배경을 보면 전래동화는 '옛날 옛날 어느 산골에~'처럼 불특정적이고 모호한 공간과 시간적 배경인 반면, 환상동화는 아주 구체적이면서도 믿을 만한 공간적, 시간적 묘사를 전제로 한다. 등장인물의 경우 전래동화는 선과 악이 분명하게 드러나는 전형적인 성격인 반면, 환상동화는 다양한 성격을 지닌 인물들이 등장하고 또 이야기가 진행됨에 따라 성장과 변화를 보여 준다. 주제 면에서는 전래동화가 권선징악, 해학과 유머 등 주제가 한정적인 반면, 환상동화는 인간 내면의 문제들에 대한 통찰과 관련한 다양한 주제를 다루고 있다.

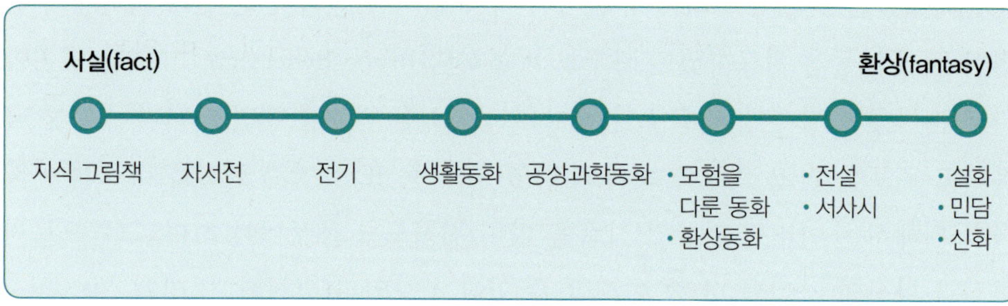

[그림 4-1] 사실과 환상의 정도에서 본 유아문학 장르(김현희·박상희, 1999)

5) 사실동화

사실동화란 실제로 일어날 수 있는 가능성의 범위 안에서 설정된 이야기이다. 동시대의 또래 유아나 어린이들의 생활 이야기를 다루므로 생활동화라고 부르기도 한다. 갤더와 컬리넌(Galda & Cullinan, 2002)은 사실동화의 특징을 '유아가 그것을 통해 세계를 보는 창문 같은, 그 안에서 자신의 모습을 비춰 볼 수 있는 거울 같은 기능을 하는 동화'라고 설명하였다. 즉 잘 쓰인 사실그림책은 그림책을 읽는 동안 '이건 내 얘기다. 나도 그렇게 느꼈어.'라는 동일시가 이루어진다는 것이다.

사실동화의 일반적인 교육적인 가치는 다음과 같다.

- 주인공에 대한 동일시가 쉽고 작품에 대한 이해가 쉽다.
- 유아가 현실에서 당면하는 많은 문제를 해결하는 데 도움을 준다.
- 이야기의 주제나 소재가 다양하여 유아들에게 다양한 경험을 제공한다.

6) 정보책

정보책이란 유아들에게 자신을 포함하여 이 세계에서 흥미 있어 하는 것에 대해 정보와 지식을 주는 책으로 지식그림책이라고도 한다. 정보책은 흔히 논픽션이라고 하는데 그 이유는 사실(fact)과 개념(concept)을 최우선으로 여기기 때문이다. 정보책에서 이야기가 쓰이기도 하지만 그것은 핵심적 개념을 설명하기 위한 기법으로 쓰일 뿐이다. 정보책의 평가 준거는 정확성과 최신성, 주제 및 전개 방식의 연령 적합성, 정보의 논리적 조직, 매력적인 디자인과 흥미 있는 글 등을 들 수 있다(Galda & Cullinan 2002). 정보 그림책의 소재 중 유아와 관련이 높은 분야를 주제별로 알아보면, 글자, 수, 색과 모양, 교통기관, 동·식물, 우리 몸과 성, 전통 문화, 세계 여러 나라, 환경 등을 들 수 있다.

2 그림책

그림책이 생겨나면서, 유아문학도 가능해졌다. 갈수록 유아뿐만 아니라 초등 및 성인으로까지 그림책의 독자층은 확장되고 있다. 또한 오늘날의 대부분의 책 읽어 주기 현장에서는 그림책을 읽어 주고 있다. 그림책의 특징과 요소들을 알아보자.

1) 그림책의 정의

그림책(picture book)은 그림과 글이 유기적으로 결합된 책이다. 그림책의 그림은 '이야기가 담긴 그림'으로서 이야기를 이끌고 가는 시각적 언어이다. 본문 내용에 단순한 부가적인 기능을 하는 '삽화'와는 구별되며, 일반적으로 이야기에 삽화가 더해지는 경우는 그림책과 구별해 그림 이야기책(illustrated book)이라고 한다. 20세기 초『피터 래빗 이야기』(1902)를 펴낼 때만 해도 이야기는 이미 글 안에 충분히 담겨 있었다. 그러나 진정한 의미의 그림책은 그림 없이는 이야기의 의미전달이 불충분하다. 그림에는 글에 담겨 있지 않은 추가 정보가 있을 뿐 아니라 글과 그림의 상호작용으로 그림책의 전체 의미가 생성되기 때문이다(현은자 외, 2004). 현대 그림책에서는 글이 점차 줄어들고 있고, 때로는 글 없이 그림으로만 이야기를 전하기도 한다. 글과 그림이 양립하며 대위적인 관계를 이루는 경우도 있는데, 일반적으로 대칭, 대위 관계보다는 그림이 본문을 확장, 부연하는 경우가 많다.

2) 글과 그림의 관계

문학과 미술이라는 두 예술 장르가 만난 것이 그림책이다. 그림책에서는 때로 문학적 요소가 그림으로 대체되며 생략되기도 한다. 장소가 어디인지, 시각이 언제인지, 주인공의 안타까운 심정도 글이 아닌 그림으로 나타낸다.

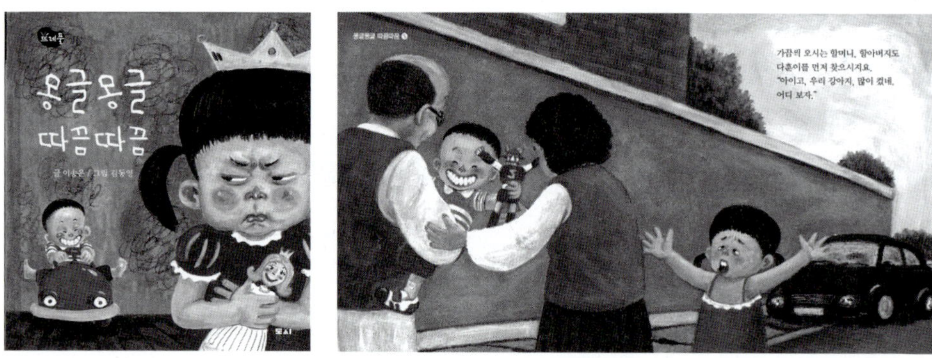

『몽글몽글 따끔따끔』 중의 한 장면

위 장면에서, 남동생을 안고 있는 조부모 뒤로 보이는 주인공 얼굴에는 "할아버지, 할머니, 나도 안아 주세요!"라는 절절한 메시지가 담겨 있다. 물론 글에는 나타나 있지 않다. 이럴 때, 글로 된 텍스트만 읽어 주고 등장인물의 표정을 간과해 버린다면 그 그림책을 충분히 읽어 줬다고 하기는 어렵다. 그림책을 읽어 준다는 것은 곧 글과 더불어 그림도 읽어 준다는 것임을 상기해야 할 것이다.

3) 그림책의 문학적 요소

이야기가 있는 서사적 그림책은 배경, 등장인물, 구성, 주제, 문체 등의 문학적 요소로 평가된다. 유아를 위해 좋은 도서를 선정하기 위해서는 문학의 요소를 이해할 필요가 있다.

① 배경

배경(setting)이란 이야기의 시간과 공간을 말하며 그림책의 맨 앞에 종종 그림으로 제시되기도 한다. 배경에 관해 길게 말로 묘사하는 것을 유아는 지루해하며 전래동화는 전형적인 형태의 배경을 지니며 이야기와 관련된 민속적, 문화적 전통을 반영한다. 가령, '옛날옛날 깊은 산골에~'로 시작하는 한국의 옛이야기는 산이 많은 지형적 특성과 그로 인한 동물, 나무꾼 등 등장인물과 사건의 발생을 암시하고 있다. 창작동화에서는 시간과 공간이 구체적으로 명시되어야만 이야기가 설득력이 있고 갈등 상황이 명료해진다.

배경 구성에 있어서 독특한 복합적 기제로 사용한 경우는 앨런 세이(Allen Say)의 『할아버지의 긴 여행』을 들 수 있다. "그런데 이상한 것은, 이 나라에 있으면 저 나라가 그립고, 저 나라에 있으면 이 나라가 그리워진다는 것입니다."에서 보듯이 작품의 공간적 배경이면서 동시에 암시를 내포하고 있다.

② 등장인물

전래동화의 등장인물은 전형적이며 현대 사실동화, 환상동화의 등장인물은 이야기에 걸쳐 성장과 변화를 보여 주고 유아의 정서와 행동, 사고를 반영한다. 전래 동화에서는 '착한 공주, 용감한 왕자, 사악한 계모' 등 선악이 분명하고 처음부터 끝까지 변화가 없는 게 특징이나 창작동화에서는 줄거리가 전개됨에 따라 성장, 변화하며 다양한 성격의 등장인물이 등장한다. 유아가 얼마나 동일시할 수 있는 인물인가가 중요하다.

3 구성

구성(plot)이란 이야기 속에서 사건이 전개되는 순서를 말하며 유아를 위한 그림책은 발단-전개-절정-결말에 이르는 과정이 명확하고 만족스러워야 하며 유머가 있어야 한다. 구성에는 크게 단선적 형식, 일화적 형식, 누적적 형식, 연쇄적 형식, 순환적 형식이 있는데, 유아 그림책에 가장 많이 사용되는 것은 단선적 형식으로 시간의 흐름에 따라 순서적으로 이야기가 전개되는 것이다(예 『심심해서 그랬어』). 누적적 형식이란 문장이나 사건이 반복되면서 시간이 지날수록 새로운 요소가 첨가되는 형식이다(예 『검피아저씨의 뱃놀이』). 연쇄적 형식은 하나의 행위가 원인이 되어 다음 행위가 생기는 결과로 이야기가 진행되는 형식이며(예 『좁쌀 한 톨로 장가든 총각』), 순환적 형식은 이야기 속의 사건의 결말이 다시 원점으로 돌아오는 형식을 말한다(예 『사윗감 찾아 나선 두더지』, 『통통 무슨 통』).

4 주제

주제(theme)란 한 작품에 전반적으로 흐르는 사고를 말하며 유아의 세계를 잘 반영하고 있는가가 중요하다. 어린이를 위한 그림책은 종종 성장이라는 주제를 중심으로 조직되어 있다. 즉 유아들이 너무 어려서, 너무 작아서, 너무 겁이 많아서, 새로운 경험에 직면하여 겪게 되는 문제를 해결해 가는 과정에서 독립심과 자율성의 증가, 유아의 기본 욕구(가령, 사랑받고 싶은 욕구)의 충족을 이루어 가는 주제가 자주 등장한다. 이런 주제는 동일시가 쉽게 이루어져 기억에 오래 남는데 갤더와 컬리넌(Galda & Cullinan, 2002)은 기억할 만한 주제는 "구성과 등장인물들로부터 뽑어져 나와 쉽게 알아낼 수 있고 그림과 구성에 두루 스며 있어야 한다."고 하였다.

5 문체

그림책의 언어는 소리 내어 읽기 적합하고 대상 독자가 대부분 이해할 수 있는 수준이 바람직하다. 그림책은 대부분 성인이 소리 내어 읽어 주어야 하므로 내적 리듬감과 말 자체가 가지는 생동감이 요구된다. 문체(style)는 또한 작품의 분위기를 대변하기도 하는데 제인 욜런(Jane Yolen)의 『부엉이와 보름달』은 대화체 없이 차분한 해설로 이어지며 눈 내린 밤의 정적과 주인공이 느끼는 긴박감이 작가의 시적 표현을 통해 잘 나타나고 있다. 유리 슐레비츠(Uri Shulevitz)의 『새벽』 역시 고요하고 명상적인 분위기를 절제된 문체로 대변하고 있다. 반면에 다수의 영아 그림책이나 『데굴데굴 금방울』 같은 책들은 구어의 반복을 통해 유쾌한 말놀이로 이어진다. 어휘의 난이도는 맥락적 이해가 이루어지되 유아의 언어 경험을 확장시키는 측면에서 익숙하지 않은 단어가 약간 포함된 정도가 적당하다.

3) 그림책의 미술적 요소

그림책의 그림은 일반 그림과 마찬가지로 높은 미술적 품질을 지녀야 하며 보다 중요한 것은 '미술적 요소가 본문의 내용과 얼마나 통합성을 이루며 주제를 잘 나타내고 있는가?'이다. 그림책에서의 미술 역시 매체(media)와 기법(technique), 양식(style) 모두와 관련이 있다. 작가는 배경을 재현하고 등장인물을 부각시키며 주제를 전달하고 그림책에 나타난 분위기를 만들어 내기 위해 스타일, 매체, 테크닉 등을 결합시키는데 기본적인 미술적 요소를 살펴보면 다음과 같은 것이 있다(Galda & Cullinan, 2002).

① 선

선(line)이란 방향과 움직임을 보여 주며 굵기와 길이, 각도 등을 통해 정서적 반응과 의미를 표현한다. 수직선은 냉정하고 차가운 느낌, 수평선은 안정감, 곡선은 따뜻함과 자유로움, 날카롭거나 Z자형의 직선은 흥분과 빠른 운동성, 물결 모양의 선은 동적 에너지를 표현한다. 『고릴라』에서 앤서니 브라운(Anthony Browne)은 직선을 통해 냉랭한 가족 분위기와 갇힌 듯한 한나의 심리를 반영하고, 『쏘피가 화나면- 정말, 정말 화나면…』에서 몰리 뱅(Molly Garrett Bang)은 쏘

피의 윤곽선 변화와 맥박이 뛰는 듯한 선을 통해 폭발할 듯한 심리 상태를 담고 있다. 『훨훨 간다』의 구불구불하고 동적인 선은 소박하고 흥겨운 분위기를 담고 있다.

② 모양

모양(shape)은 선에 의해 둘러싸인 영역으로 보는 사람의 관점과 사고를 나타낸다. 크게 기하학적(geometric), 추상적(abstract), 재현적(representational) 형태로 나눌 수 있다. 모양은 또 크게 봐서 공간(space)도 포함하는데 에드 영(Ed Young)은 『일곱 마리 눈 먼 쥐』에서 검고 넓은 배경을 '또 다른 의미의 형태'로 사용했고, 에즈라 잭 키츠(Ezra Jack Keats)는 흰 여백을 통해 눈 온 날의 평화로운 세계를 보여 준다. 신용준의 『지하철은 달려온다』는 사각형을 역동적으로 사용한 예이다.

③ 색

작가는 색(color)을 통해 등장인물의 성격과 분위기, 정서를 표현한다. 색은 따뜻함, 시원함, 성격적 특질, 무관심, 감정을 담고 있다. 가령, 『고릴라』의 경우 초반의 희고 푸른색과 후반부의 노랗고 붉은 색조는 각각 한나의 심리적 위축과 소외, 따뜻하고 다정한 감정의 교류를 나타낸다.

④ 질감

질감(texture)은 그림에서 나타나는 표면의 느낌으로 화면 속에서 대비를 통해 실제감과 운동, 거칠음과 부드러움을 나타낸다. 질감을 통해 그림책의 실제감이 살아나고 보고 싶고 만져 보고 싶은 호기심을 유발한다. 『나는요』의 경우, 등장인물이 타올지로 만든 봉제인형 사진이어서 보드랍고 따뜻한 질감을 연상시킨다.

⑤ 디자인

디자인(design)은 작가가 의미 있는 전체로서의 통합성을 전달하기 위해 미술적 요소를 어떻게 배열하느냐의 문제이다. 여기에는 구도(composition), 배치(placement), 원근법 또는 조망(perspective) 등의 요소와 관련이 있다.

⑥ 매체와 기법

오늘날 그림책의 가장 큰 특징 중의 하나가 매체와 기법의 다양성과 혼합이다. 기법에는 크게 채색기법과 드로잉, 판화, 콜라주, 스크래치 보드, 사진, 컴퓨터 그래픽, 점토 조각 등 다양하다. 『비가 오는 날에…』는 연필, 『나들이 가요』는 수채물감, 『말랑말랑물렁물렁』은 점토를 사용하고 있다. 백희나 작가는 점토로 만든 인형, 사진, 콜라주 등 다양한 매체와 기법을 쓰는 대표적인 작가이다.

⑦ 양식

양식(style)은 화가의 예술적인 개성을 반영하는데 다양한 그림책 양식을 통해 유아들은 폭넓은 예술양식을 경험한다. 여기에는 재현주의, 표현주의, 인상주의, 초현실주의 등 다양한 양식이 있다.

4) 그림책 선택과 평가

그림책의 선택조건에는 어떤 것이 있을까? 가장 포괄적인 조건 두 가지는 보편성과 개별성이다. 보편성이라 함은 그 연령대의 아이들이 이해할 수 있는 일반적인 권장도서를 말한다. 이 조건에 적합한 도서들은 독서운동단체나 도서관협회, 인터넷 서점, 출판사 등에서 발행하는 권장도서목록을 예로 들 수 있다. 이에 반해 개별성이란, 맞춤독서로 그 아이만의 특수성을 고려한 것이다. 가령, 호랑이 이야기를 많이 들어 본 아이는 만 3세가 채 안 되었더라도 호랑이가 나오는 전래동화는 웬만큼 긴 것도 곧잘 몰입해서 듣고 혼자서도 즐겨 찾는다. 또 자동차를 좋아하는 아이는 『배달 대소동』 같은 유쾌한 환상동화뿐만 아니라 교통기관에 관한 정보 책도 즐겨 본다. 여러 이론가의 의견을 종합한 그림책 선정기준은 다음과 같다.

- 유아에게 즐거움을 주는 책인가?
- 유아가 이해할 만한 수준인가?
- 주제는 가치 있고 새겨볼 만한 것인가?
- 그림은 개성이 있으면서 글과 조화를 이루는가?
- 글은 즐겁고 새로운 언어 체험을 제공하는가? (반복과 예측, 어휘)
- 그림과 글은 유아의 상상력과 호기심을 자극하고 창의적인 사고를 하도록 격려하는가?
- 인종이나 성, 연령에 대한 편견을 탈피하는가?
- 적은 비용으로 쉽게 구할 수 있는 책인가?

영아 그림책은 이에 덧붙여 다음과 같은 항목이 추가된다.

- 그림은 선명한 색상이며 매력적인가?
- 제본, 인쇄, 종이 재질면에서 안전한가?
- 글은 쉽게 따라 말할 수 있는 리듬과 길이인가?

☆ 소리내어 읽어주거나 들려주기에 적합한 작품 선정 기준(그림책, 또는 동화책)

1) 구성이 단순하면서 내용이 유아가 이해할 만한 동화(단순 명쾌성)
2) 점진적이면서 활동적이고 변화가 많은 동화(활동성)
3) 구연자가 봐도 재미있는 동화(흥미성)
4) 교육적으로 유익한 동화(교육성)
5) 유아들이 호기심을 가질 만한 참신한 동화(참신성)

5) 반응 중심 문학 활동

독자 반응 이론(reader-response theory)을 처음으로 구체화한 학자는 로젠블랫(Rosenblatt, 1978)이다. 반응 중심(response-centered) 문학 활동이란 독자반응이론과 발달심리학을 문학 교육에 적용한 것으로, 전통적인 문학 활동이 텍스트 중심, 작가 중심, 교사 중심, 내용 분석 중심으로 이루어지던 것에 반발해, 독자의 반응 중심, 독자중심, 어린이 중심, 심미적 읽기와 경험으로서의 문학을 강조한다. 반응 중심 문학 활동에서 강조하는 바는 크게 세 가지 측면에서 고찰할 수 있다.

먼저, 독자의 위치이다. 반응 중심 문학 활동에서 독자는 문학 작품에서 '하나의 정확한 의미'를 습득하는 게 아니라 자신의 배경 지식에 의존해 자기만의 고유한 의미를 만들어 낸다. 과거에는 작가가 심어 놓은 한 가지 의미를 알아내기 위해 작품을 분석하는 게 독자의 할 일이었으나, 이제 독자는 작품을 읽고 자신의 경험과 연계하여 의미를 만들어 내고 그 의미를 또 다른 독자와 교류하면서 새로운 의미들을 형성해 나간다. 타운젠드(Townsend, J. R., 1996)는 "책은 열려 있고 끝나지 않으며, 어린이는 자신의 생각을 더해서 이야기를 완성한다. 읽힌 책은 작가와 독자의 합작품인 것이다."라고 말한 바 있다. 의미를 해석하는 존재로서 아동 독자는 더 이상 수동적인 위치에 있지 않는 것이다. 아동중심 교육철학이 문학 활동에 반영된 것이라고도 볼 수 있다.

다음은 무엇을 문학 활동으로 보는가 하는 점이다. 반응 중심 문학 활동에서는 심화된 감상방법으로서 소리 내어 읽기, 작품내용 몸으로 표현하기 등 다양한 방법으로 문학작품에 반응하기를 격려한다. 또한 자신의 삶과의 연계와 체험적 활동을 강조한다. 과거, 전형적인 독후활동으로 으레 몇 가지 언어활동이나 조형 활동 등을 떠올렸다면 이제는 언어, 조형, 음률, 동작, 수·과학, 극놀이 등 다양한 영역으로 풀어낸다. 이는 통합적 문학 활동을 격려하는 총체적 언어교육(whole language approach)의 입장과도 닿아 있다.

마지막으로, 왜 문학 활동을 하는가 하는 점이다. 위에서도 언급한 것처럼, 반응 중심 문학 활동에서는 독자가 문학을 접하면서 자신의 삶과 연계하여 의미를 만들어 내는 것을 중요시한다. 그러기 위해서는 다양한 감상활동뿐만 아니라 자신이 음미할 충분한 시간을 주고, 언어를 발견하고 미술적 요소를 발견해 가는 심미적 감상의 기회를 제공해야 한다. 따라서 다독의 중요성 못지않게, 질적으로 심화된 감상과 이에 따른 표현을 격려해야 할 것이다.

반응적 문학 활동에서는 독자와 텍스트, 사회적 맥락이 세 축을 이루며 특히 사회적 맥락 가운데 상호작용, 경험, 문학적 반응에 대한 성인의 영향을 강조한다(Galda & Cullinan, 2002). 이를 현장에 적용해 보면, 아동이 반응적 독서가로 자라나는 데는 부모, 교사, 사서의 문학에 대한 태도와 효과적인 상호작용 여부가 매우 중요함을 알 수 있다. 다음은 책을 읽은 뒤 독후활동에 있을 수 있는 질문 유형이다. '예, 아니요'나 정해진 답이 아닌, 여러 가지 답이 나올 수 있는 개방형 질문이 보다 바람직하다.

〈표 4-2〉 상호 작용 시 교사의 발문 수준

낮은 수준의 질문	높은 수준의 질문
• 이야기 재미있었니?	• 이야기 어디가 재미있었니? 그 이유는 무엇이니?
• 이야기 속 아이가 어떻게 했니?	• 만약 네가 그 아이라면 어떻게 하겠니?

출처: Jeffrey Trawick-Smith(1994).

연구문제

- 장르별로 대표적인 그림책 1권을 선정해 보자.
- 매체와 기법 면에서 특색 있는 그림책을 골라서 소개해 보자.
- 『팥죽 할머니와 호랑이』라는 동일한 소재의 그림책들을 모아서 문체를 비교해 보자.
- 영아 그림책과 유아 그림책을 나란히 놓고 특징을 비교해 보자.

CHAPTER 05

각색

매체 사용 여부에 따라 구연은 크게 순수구연과 매체를 이용하는 구연으로 나뉜다. 이때 그림책이나 교구 등 아무런 보조 자료 없이 순전히 구연자의 화술과 표정, 몸짓에 의존하는 것을 순수구연이라 한다. 순수구연에는 화술이 보다 강조되므로 원작을 말하기 좋게 다듬는 각색(개작)과정이 상대적으로 더욱 중요하다.

글로 쓰인 문장을 소리로 구연하기 좋게 다듬는 과정은 각색에 해당한다. 표준국어대사전(국립국어원, 2017)에 의하면, 각색(脚色)의 정의는 '서사시나 소설 따위의 문학 작품을 희곡이나 시나리오로 고쳐 쓰는 일', '흥미나 강한 인상을 주기 위하여 실제로 없었던 것을 보태어 사실인 것처럼 꾸밈'이다. 이에 비해 개작(改作)은 '작품이나 원고 따위를 고쳐 다시 지음. 또는 그렇게 한 작품'을 뜻한다.

두 어휘는 작품을 고친다는 점에서는 공통적이나, 대상과 의미의 폭에 있어서 차이가 있다. 위에서 살펴본 대로 '각색'이 연기를 위한 희곡을 만들기 위해 원작을 고쳐 쓰는 것이라면, 원작을 모티브로 새롭게 다시 짓는 것까지를 포함하는 '개작'은 이보다 큰 범위이다. 동화구연이 대사와 해설, 지문(표정과 몸짓)을 포함하는 것을 감안한다면, 구연용 대본을 만드는 과정은 각색에 가깝다고 볼

수 있다.[1)]

1 각색의 필요성

책을 읽어 주거나 이야기를 들려줄 때 원작에 대한 각색의 필요성 여부는 작품, 청중, 활동의 목적, 이 세 가지 측면을 고려해 결정한다.

1) 각색이 필요한 경우

① 원문 텍스트의 양이 많은 그림책을 다수의 청중에게 읽어 줄 때

그림 한 장면에 대해 읽어야 할 분량이 많다면 청중의 주의가 쉽게 산만해질 우려가 있다. 특히 대집단일 경우 청중은 작게 보이는 그림과 소리로만 감상하게 된다. 이때는 줄거리 위주로, 등장인물의 대사를 넣어 생동감 있게 읽어 주는 게 효과적이다.

② 원작 내용이 청중에게 적합하지 않을 때

어떤 책은 아동이 이해하기 어려운 어휘나 비속어, 정서적으로 바람직하지 않은 표현을 담고 있는 경우가 있다. 이때는 교육적 측면을 고려하여 걸러주는 과정이 필요하다. 예를 들어, "아버지는 곰이랑 맞붙어 싸우다 머리가 쩍 갈라져 죽었지"(『모치모치 나무』)라는 문장의 경우, 그대로 읽어 주면 지나치게 사실적인 묘사로 인해 공포심을 유발할 우려가 있다. 전체적인 내용이 좋아 그 책을 읽어 주고자 할 때는 해당 문장을 각색해서 들려주는 것이 바람직할 것이다.

---

1) 전통적으로 '개작'과 '각색'이 혼용되어 왔으나, 갈수록 창작동화의 비중이 높아짐에 따라, 최근에는 원작에 충실하되, 흥미롭게 전달하고자 하는 목적에 가까운, '각색'을 쓰는 경우가 늘어나고 있다. '개작'이라는 어휘와 전래동화의 경우, '재화(再話)'라는 표현도 여전히 동화구연 분야에서 사용되고 있다.

③ 활동의 목적에 따라서

긴 내용을 줄여서 그 줄거리를 파악한 후 그에 따른 독후활동을 하거나, 화자의 고유한 구어체를 살려 순수구연처럼 들려주는 게 목적이라면, 책의 내용을 각색해야 할 것이다. 반대로, 글자 깨치기(문해) 교육이 주요한 목적이 될 때에는, 같은 작품이라도 각색하지 말고 원문 그대로 읽어 줘야 할 것이다.

2) 각색하지 않고 원문 그대로 읽어 줘야 할 경우

① 동시, 동요 등 운문 그림책

동시, 동요는 글자 하나하나가 작가의 의도를 담고 있으므로 그대로 읽는다.

예 『석수장이 아들』(창비), 『원숭이 엉덩이는 빨개』동심)

② 원문 자체가 구어체로 리듬을 타게 되어 있거나 시적 운율을 지닌 책

영아용 책들은 대부분의 구어로 읽기 좋게 되어 있고 번역 책 가운데서도 반복이 많고 운율이 살아 있다.

예 『덜컹덜컹 기차』(한림), 『데굴데굴 금방울』(국민서관), 『강이와 산이의 소풍』(국민서관), 『모두모두 의여차』(국민서관), 『곰 사냥을 떠나자』(시공주니어), 『북쪽 나라 자장가』(보림), 『달님은 밤에 무얼 할까요?』(베틀북), 『맛있는 동그라미』(동심)

2 각색(개작)의 원리

각색의 기본 원리는 '삭제', '보존', '첨가'이며 각색의 기준은 청중에 따라 달라진다.

- 이야기 전달에 불필요한 내용이나 등장인물은 삭제한다. (삭제)
- 원작이 지닌 기본적인 주제와 줄거리를 보존한다. (보존)

• 구연 형태의 필요에 따라 전달을 돕는 데 필요한 부분을 보완한다. (첨가)

아동을 대상으로 구연하는 경우 각색의 기준은 청중이 될 '현시대를 살고 있는 어린이'이다. 이는 이야기 주제가 현대의 시대정신에 맞아야 하고 발달적으로도 적합해야 함을 뜻한다.

각색과정에서 특히 원작의 주요 내용을 함부로 바꾸거나 훼손하지 않도록 유의한다.[2)] 작가가 그 작품에서 전달하려고 하는 내용의 본질이나 예술성은 보존하면서 대상에 따라 적합하게 각색해야 할 것이다.

3 각색 방법

각색과 화술은 동전의 양면처럼 불가분의 관계이므로 반드시 소리 내어 읽어 보면서 한다.

경험이 많은 경우에는 작품을 한 번 보기만 해도 적절한 각색이 가능하지만, 초보자는 각색 연습을 할 필요가 있다. 각색은 형태적인 면과 내용적인 면을 포함하는데 그 내용은 다음과 같다.

1) 읽는 동화를 듣는 동화로 바꾼다

① 해설의 종결 어미를 문어체에서 구어체로 바꾼다

바탕글 문장의 끝 어미를, 이야기하듯이 다양하게 바꾸어 구사한다. 이런 과정을 통해서 3인칭 관찰자시점의 이야기도 생동감 있게 들린다.

문어체 '~습니다', '-다' 등을 구어체 '-어요', '-지요', '-뭐예요', '대요' 등으로 바꾸는 과정이다. 책으로 읽어 줄 때에는 굳이 해설부분의 종결어미를 고칠

2) 예를 들어 행복한 결말로 바뀐 디즈니 판 '인어공주'는 어린이들이 당장은 좋아할지 모르지만, 원작의 예술성과 비장한 아름다움을 감상할 기회를 어린이들로부터 앗아가 버렸다.

필요가 없으며, 구연 원고의 마지막 문장은 구어체뿐만 아니라 '–습니다', '–답니다'도 사용할 수 있다.

② 해설이 길게 이어질 경우 대사로 바꾼다

일반적으로 해설보다 대사가 생동감 있고 청중의 주의를 끈다. 해설이 서너 줄 이상 길게 지속되면 지루한 감을 주므로 대사로 바꾸는 게 좋다.

③ 긴 문장은 말하기 쉽도록 짧게 고친다

구연자가 말하기 쉽고 청중이 이해하기 쉽게 간결하게 고친다. 화자의 호흡조절과 의미전달의 효율성을 동시에 고려한다.

④ 접속사와 인용격 조사를 가능한 줄여 긴장감 있고 매력적인 어투가 되게 한다

'그런데', '그리고' 등 접속사가 너무 많이 등장하거나, '~라고 말했어요' 에서의 '~라고'나 '~하고' 등 인용격 조사는 각색 과정에서 정리하여 줄인다.

⑤ 점층법, 과장법을 사용하여 흥미 있고 활동적인 언어로 바꾼다

글과 말은 평면과 입체로 비유할 수 있다. 청중을 몰입시키고 연상을 도와주기 위해서는 점층법, 과장법 등의 수사법과 적절한 수식어가 필요하다. 점층법과 과장법은 특히 전래동화에서 많이 사용된다.

⑥ 어휘의 반복, 사건의 반복, 의성어, 의태어 등을 넣어 리듬감을 살린다

순수구연용 원고는 기억하기 좋고 생동감 있는 내용이어야 한다. 반복된 어휘, 의성어와 의태어가 들어 있으면 신명나게 구연할 수 있다.

2) 내용을 어린이가 이해할 수 있는 수준으로 고친다

① 어린이(유아)가 이해하기 어렵거나 복잡한 내용은 단순화한다

대사가 있는 등장인물의 수는 2~5명 이내로 줄이는 게 좋다. 원작의 구성이 복잡하거나 어려운 내용일 경우, 쉬운 어휘와 단순한 줄거리로 바꾼다.

옛날 어느 산골에 혼자 사는 할머니가 있었습니다. 할머니는 밭에다 팥을 너무 많이 심었습니다. 어느 날 할머니가 밭에 나가 부지런히 김을 매고 있는데, 갑자기 이상한 소리가 나서 뒤를 돌아다보니 호랑이가 입맛을 다시고 있었습니다. 할머니는 무서웠지만 호랑이에게 사정을 했습니다. "당장은 허기가 져도 가을이 될 때까지 기다려다오." 하고 두 손을 빌었습니다.	→	옛날 어느 산골에 한 할머니가 살고 있었어요.1) 어느 날 할머니가 부지런히 팥 밭을 매고 있는데, 갑자기 이상한 소리가 들렸어요.3) "어흥, 할멈 잡아먹으러 왔다."2) "아이고, 호랑아. 제발 좀 살려다오." 할머니는 집채만 한 호랑이를 보고 부들부들 떨었지요.1)5)6) "지금은 배가 고프겠지만 제발 기다려다오."4)7)

3) 청중의 수준과 원문의 길이에 따라 이야기 길이를 조정한다

긴 이야기는 짧게, 짧은 이야기는 길게 하여 길이를 조정한다. 일반적으로, 순수구연일 경우 작품당 3~5분 이내를 기준으로 한다. 매체를 이용하면 시간은 보다 늘어날 수 있다. 구연 상황에 따라 짧게 이야기해야 할 때는 과감한 삭제와 부분적 취사선택이 필요하다. 반대로 우화와 같이 짧은 줄거리만 있는 이야기에 살을 붙일 때는 창작하듯이 많은 첨가가 요구된다.

4) 비교육적인 내용은 교육적으로 고친다

시대마다 '교육적인 것'과 '비교육적인 것'의 기준은 달라질 수 있지만 내용의 주제부터 묘사에 이르기까지 아동에게 미치는 교육적 영향은 고려해야 한다.

크게 보아 비속어나 은어, 교훈이 노골적으로 드러나는 내용, 지나치게 잔인

하거나 폭력적인 묘사, 편견을 조장하는 내용, 악한 행동의 자세한 묘사, 악령같이 공포심을 유발하는 내용 등이 비교육적인 범주에 들어간다. 인간의 희로애락을 '이야기'라는 안전한 구도 속에서 체험할 수 있도록 배려하는 것이 필요하다.

4 각색의 실례

Q 다음의 원문과 각색된 원고를 비교하면서 각색의 원리와 방법이 적용된 예를 찾아보자.

바람과 해님

각색 전

이솝 우화

하루는 바람과 해가 만나서 말다툼을 벌였습니다.

서로 자기가 힘이 세다고 고집을 부렸습니다.

"힘이야 내가 더 세지."

먼저 바람이 말했습니다.

"그럴 리가 있나? 자네보다는 내가 더 세지."

해도 지려고 하지 않았습니다.

둘이서 아무리 입씨름을 해도 끝이 나질 않았습니다.

그때 마침 한 나그네가 길을 걸어가고 있는 게 보였습니다.

"우리 이럴 게 아니고, 저 나그네의 옷을 먼저 벗기는 쪽이 힘이 더 센 걸로 하면 어떨까?"

해가 말했습니다. 그 말에 바람은,

"그거 재미있군. 정말 자신이 있어서 하는 말이렷다? 그럼 내가 먼저 힘을 써 보지. 내 입김 한 번에 저 사람의 옷이 날아가는 꼴을 똑똑히 보라고."

하며 바람주머니를 열어서 무섭게 내뿜었습니다.

"아이, 추워! 도대체 날씨가 어찌된 일이지? 갑자기 추워지니 잘못하다가는 감기 걸리겠는 걸."

별안간 센 바람이 불어 닥치자, 나그네는 몸이 공중으로 날아갈 것만 같았습니다.

너무나 추워 견딜 수가 없었으므로 옷깃을 여미기에 바빴습니다.

바람은 예상이 어긋났으므로 점점 더 세차게 불어 보냈습니다.

그러면 그럴수록 나그네도 점점 더 옷으로 몸을 꽁꽁 감쌌습니다.

마침내 바람은 어쩔 수 없어 해에게 말했습니다.

"저 나그네는 내 힘으로 못 당할 지독한 인간이군. 자네가 해 보게. 하지만 내가 못 벗긴 옷을 자네라고 벗길 수 있겠나?"

해는 자기 차례가 오기를 기다렸다는 듯이,

"자, 잘 봐 두게. 저 사람이 옷을 벗기 시작하면 자네가 지는 걸세."

하면서 조용히 따뜻한 볕을 내리쬐기 시작했습니다.

그제야 나그네는 즐거운 듯 하늘을 쳐다보았습니다.

햇볕이 점점 더 세게 내리쬐자 나그네는 이윽고,

"아유, 더워. 웬 날씨가 이렇게 덥담."

하며 한 겹 두 겹 옷을 벗어들고 걷기 시작했습니다.

각색된 원고

각색: 이송은

어느 날 바람과 해님이 만났어요.

둘이는 서로 자기가 힘이 세다고 우겼지요.

"누가 뭐래도 내가 힘이 세."

"정말 그럴까?"

"그럼, 당연히 내가 더 세지."

그때 마침 한 나그네가 지나가는 게 보였어요.

"그럼, 우리 저 나그네의 옷을 누가 먼저 벗기나 내기해 볼까?"

"좋아, 그런 내기라면 문제없어."

해님은 환히 웃고만 있었어요.

"똑똑히 봐. 저 외투를 휙 날려 버리고 말 테니."

바람은 온 힘을 다 해 입김을 세게 내뿜었어요.

땅 위엔 갑자기 거센 바람이 휘몰아쳤지요.

"아이쿠, 갑자기 웬 바람이람? 날려갈 것 같구만."

나그네는 옷깃을 꼭꼭 여미는 것이었어요.

"잘 봐. 이번엔 내 차례야."

해님은 싱글벙글 웃으며 뜨거운 볕을 비추었어요.

그러자 이게 웬일인가요?

"아이쿠, 이젠 또 더워지기 시작하네."

나그네는 글쎄 옷을 하나 둘, 훌렁훌렁 벗어 던지기 시작했대요.

통통 무슨 통

각색 전 초안

원작: 이송은

민정이네 동네 구석진 곳에 오래된 우체통이 있었습니다.

비가 몹시 내리는 어느 날, 한나절이 지나도록 비는 계속 쏟아져 내리고, 우체통을 찾는 이는 아무도 없었습니다.

모두들 우산을 든 채 바삐 지나갈 뿐, 때마침 자동차가 물보라까지 뿌리고 지나갑니다.

우체통은 울적해져서 언덕 너머에 사는 마법사할머니를 불렀습니다.

"통의 마법사님, 저를 다른 통으로 만들어 주실 수 있는지요?"

"무슨 이유인지 설명을 먼저 들어보자꾸나."

우체통은 변함없이 한 자리에서 비나 눈을 맞는 게 얼마나 힘든지, 여름에는 또 얼마나 더운지 자세히 설명했습니다.

마음 약한 마법사는 우체통의 소원을 들어주기로 하고, 어떤 통을 원하는지 물어보았습니다.

"기왕 소원을 들어주실 거면 움직이기 쉽고, 바깥이 아닌 실내에 있는 통이면 좋겠습니다."

마법사는 통들의 이름을 훑어보다가 마침내 한 가지 통을 찾았습니다.

그리고는 지팡이를 들고 주문을 걸었습니다.

'펑!' 연기가 걷히자 노란 필통이 모습을 드러냈습니다.

필통은 이제 소원대로 바깥이 아닌, '윤소희'라는 아이의 가방에서 살게 되었습니다.

'앞으로 밖에서 고생할 일은 없을 거야.'라고 안도한 필통은 편안히 잠을 청했습니다.

그런데, 그날 밤, 또다시 문제가 생겼습니다.

소희 오빠가 만들기를 하면서 필통을 망치 대신 쓴 것입니다.

필통은 할 수 없이 우글쭈글 찌그러진 채 마법사를 다시 찾았습니다.

그리고 아이들이 만지지 않는 통으로 만들어 달라고 애원을 했습니다.

마법사가 고심 끝에 찾아낸 것은 바로 주방에서 쓰는 쌀통이었습니다.

"이제 정말 아이들이 괴롭힐 일은 없겠군!"

쌀통이 간 집은 갓 결혼한 새댁이 사는 곳으로 정말 조용했습니다.

게다가 밥도 잘 안 해 먹어서 집안은 간간히 시계소리만 들렸습니다.

그러던 어느 날, 쌀통은 온 몸이 가려워서 잠을 깼습니다.

잠시 후, 쌀통 안을 들여다보던 쌀통은 깜짝 놀라 비명을 질렀습니다.

수없이 많은 쌀벌레들이 쌀통 속에서 진을 치고 있는 게 보였습니다.

"마법사님, 벌레가 들어오지 못하는 꽉 막힌 통으로 만들어 주세요, 벌레를 안고 살 수는 없어요."

마음 약한 마법사는 이번에도 통 이름들을 뒤적여 그럴듯한 통을 찾았습니다.

그것은 바로 복숭아 통조림 깡통이었습니다.

복숭아 옷을 입고 진열대에 선 깡통에게서는 반짝반짝 윤까지 났습니다.

그동안 여러 통을 해 봤지만 깡통이 단연 최고인 듯 했습니다.

다음날 한 청년이 등산을 가면서 복숭아 깡통을 배낭 속에 넣었습니다.

'어디로 가는 것일까?' 하고 깡통이 궁금해하고 있는데, 갑자기 배낭이 확 열렸습니다.

그리고 눈이 부신 깡통이 정신을 차리기도 전에 빈 깡통인 채로 휙 내던져졌습니다.

"으악, 깡통 살려주세요!"

깡통의 비명소리가 들릴 리 없습니다.

무심한 등산객의 발에 이리저리 밟히고, 서리가 며칠 내리자, 결국 벌겋게 녹까지 슬고 말았습니다.

깡통은 마지막으로 마법사에게 매달렸습니다.

"제발 녹슬지 않고 마구 버리지 않는 통으로 만들어 주세요, 마지막 부탁입니다."

한숨을 쉬던 마법사는 마지막으로 다시 한 번 지팡이를 들었습니다.

"펑!"

연기가 걷히자 깡통은 다시 우체통이 되어 있었습니다.

처음 민정이네 동네에 서 있던 그 모습 그대로였습니다.

'그래, 알고 보면 우체통이 참 좋은 통이야. 페인트가 칠해져서 녹슬지도 않고, 종이만 들어오니까 벌레들이 꼬일 일도 없고….'

그리고 우체통은 이 세상 여러 가지 통들은 저마다 어려움이 있다는 것을 그제야 깨달았습니다.

각색된 원고

각색: 이송은 · 신일순 · 김미라 · 안혜련

민정이네 동네에 오래된 우체통이 하나 있었어요.

비가 주룩주룩 내리던 어느 날이었어요.

'난 왜 꼼짝없이 서서 비나 맞아야 하는 거지?'

너무 속상한 우체통은 마법사 할머니를 불렀어요.

"할머니~ 할머니~"

잠시 후, 마법사 할머니가 허둥지둥 날아왔어요.

"할머니, 어디든지 갈 수 있고 사람들이 좋아하는 통으로 만들어 주세요, 네?"

"글쎄, 뭐가 좋을까? 옳거니! 변해라, 변해라, 통통통!"

주문을 외치자 우체통은 파란 필통으로 변했어요.

"와, 조그맣고 날씬해졌다."

필통은 '윤소희'라고 적힌 가방 속으로 들어가 잠이 들었어요.

그런데, 갑자기 온몸이 아파왔어요.

눈을 떠 보니 글쎄 소희 오빠가 망치 대신 필통을 쓰고 있는 게 아니겠어요?

"아야, 아얏!"

필통은 찌그러진 채 다시 마법사 할머니를 불렀지요.

"할머니~ 할머니~ 아이들이 만지지 않는 통으로 만들어 주세요, 네?"

"아이들이 만지지 않는 통이라? 옳거니! 변해라, 변해라, 통통통!"

필통은 쌀통으로 변했어요.

"와! 이젠 아이들이 만질 염려는 없겠다."

쌀통이 간 곳은 밥을 잘 해 먹지 않는 신혼부부의 집이었어요.

한참이 지난 어느 날이었어요.

"왜 이렇게 옆구리가 가렵지? 어! 이게 뭐야?"

순간, 쌀통은 깜짝 놀랐어요.

꼬물꼬물 벌레들이 쌀통에 가득했거든요.

"아으, 가려워! 할머니~ 벌레가 생기지 않게 꽉 막힌 통으로 만들어주세요"

"꽉 막힌 통이라, 옳거니! 변해라, 변해라, 통통통!"

이번엔 쌀통이 통조림 깡통으로 변했어요.

"와! 벌레 걱정도 없고, 복숭아 그림도 있어서 좋다~ ♪통 통 통자로 끝나는 말은 우체통, 필통, 쌀통, 깡통, 깡통이 최고야. 깡! 통!"

다음날, 한 청년이 배낭 속에 깡통을 넣고 등산을 갔어요.

'아이, 깜깜해. 어디로 가는 걸까?'

갑자기 배낭이 열렸어요.

쏟아지는 햇살에 깡통이 눈도 못 뜨고 있는데, 갑자기 빈 깡통인 채로 휙 버려졌어요.

청년이 복숭아만 꺼내먹고 아무데나 던져 버린 거지요.

깡통은 며칠 동안 이리저리 밟히다 녹까지 슬었어요.

"할머니~ 할머니~ 절 녹슬지 않고 사람들이 버리지 않는 통으로 만들어 주세요. 제발요."

"녹슬지 않고 버려지지 않는 통이라~, 그런 통이라면 딱 하나 있긴 한데, 마음에 들지 모르겠구나. 변해라, 변해라, 통통통!"

깡통은 다시 원래의 모습으로 돌아갔어요.

"와! 다시 우체통이 되었네. 빨갛게 칠해져 녹슬지 않고, 종이만 들어오니 벌레 걱정 없고, 사람들이 기다리는 소식을 전해 주고, 맞아! 우체통인 내가 제일 좋아!"

그 후로 우체통은 늘 웃는 모습으로 그 자리에 서 있었답니다.

창작 및 각색 메모

'통통 무슨 통' 동화의 초안은 1994년, 비 오는 날 하염없이 비를 맞고 서 있는 우체통을 보면서 필자가 글로 스케치하듯 써 본 것이었다. 그 후 유아들이 볼 수 있도록 다듬어서 출품하여 창작동화 공모전에 입선하였는데, 20년이 지난 지금, 동료들과 함께 생생한 입말로 들려주기 좋게 바꾸어 보았다. 오래된 옷을 리폼해서 입듯, 이처럼 작가 본인이 각색을 하는 경우도 종종 있다.

[사랑방 5-1]

'-어요','-지요','-대요' 종결어미 3형제 이야기

동화구연을 위한 각색 과정에서 종결어미 처리는 늘 고심거리이다. 어떻게 하면 지루하지 않으면서도 맛깔스러운 이야기가 될까? 동화구연에 입문하여 오랜 세월 동안 각색과 구연을 하면서 터득한 게 있다. 그것은 세 가지 종결어미가 지닌 이야기 내용에 대한 '거리'이다. '-어요'는 부드럽고 가벼우며 마치 구연자가 겪은 일을 이야기하는 듯 가까운 느낌을 준다. '-지요'는 야무진 소리 특성을 지니면서 앞서 벌어졌던 일들로 인해 귀결되는 뉘앙스를 풍긴다.

'-어요'보다 이야기 속 사건이나 인물에 대해 거리를 두고 있다. '-대요'는 소리 자체도 강력하고 단호한 느낌이 든다. 게다가, '이야기 내용에 대해서는 잘은 모르지만 전해 듣기로는 그렇다.'는 식의 거리감 있는 전달 태도가 느껴진다.

세 어미를 한 이야기 속에 대입해 보면 쉽게 알 수 있다. 보통 동화구연용으로 각색된 원고에는 해설의 종결어미가 '-어요', '-지요', '-대요'의 순으로 많이 등장한다. '-어요'로만 일관하면 이야기가 너무 가벼워지고, '-지요'가 계속되면 내용의 연결이 자연스럽지 않고 듣기에도 불편하다. 그리고 '-대요'가 많아지면 구연자가 이야기에 대해 책임지지 않는 느낌을 주며 이야기의 연결 자체가 어렵다. 여리고 부드러운 '-어요'가 이야기를 풀어 가면, '-지요'는 빨랫줄을 받쳐 주는 바지랑대처럼 한 번씩 힘을 실어 주고, '-대요'는 힘 있는 말뚝처럼 이야기를 든든하게 마무리해 준다.

[사랑방 5-2]

『강아지똥』(길벗어린이)

구어체의 위력을 볼 수 있는 그림책

「강아지똥」이 세상에 처음 나온 것은 1969년 제1회 기독교 아동문학상 동화 부문에 이 작품이 당선되면서였다. 발표 당시 초등학생을 위한 동화여서 상당한 분량과 예스러운 문체로 되어 있었다. 그 후 동화 모음집 몇 권에 소개되었으나 별로 알려지지 않다가 1996년 길벗어린이 출판사에서 그림책(정승각 그림)으로 출간되면서 널리 알려졌다. 그림책은 원작동화에 비해 원문의 길이가 상당히 줄고 대사가 대폭 늘어났으며, 문장도 간결하게 바뀌었다. 이로써 「강아지똥」은 입말(구어)이 생생히 살아 있는, 유아도 쉽게 이해할 수 있는 작품이 된 것이다(p. 50 사랑방 3-1 참조).

연구문제

Q 다음의 작품 중 하나를 골라 각색을 해 보자.

『숨 쉬는 항아리』 정병락 글, 보림

『황소아저씨』 권정생 글, 길벗어린이

『아씨 방 일곱 동무』 이영경 글, 비룡소

『아모스와 보리스』 윌리엄 스타이그 글, 시공주니어

『새앙쥐와 태엽쥐』 레오 리오니 글, 마루벌

각색 메모

『아씨방 일곱 동무』는 등장인물이 8명이나 된다. 이 경우에는 각색과정에서 목소리를 변별할 대사가 있는 등장인물을 4명 정도로 줄이고, 나머지는 해설로 처리하는 게 바람직하다. 『아씨방 일곱동무』처럼 등장인물 수가 많으면서, 떠오르는 이미지가 어느 한 쪽 성(性, 여성이나 남성)으로 쏠리는 경우가 각색 및 화술에서 가장 어려운 유형이다. 순수구연용 원고가 아니라 그림책 읽기인 경우에는 그림에 나타난 성을 고려하여 읽는다.

CHAPTER 06

화술

1 화술의 개념과 교육적 가치

1) 화술(話術)의 개념

화술의 사전적 의미는 '말재주', 즉 말을 잘하는 슬기와 능력을 말한다(네이버 국어사전, 2017). 이에 비해 동화구연에서의 화술은, '동화를 입체적이고 맛깔스럽게 말로 전달하는 능력'을 뜻한다.

2) 화술의 교육적 가치

동화를 구연하기 전 각색 과정에서 '보고 읽는 동화'를 '소리 내어 말하고 듣는 동화'로 바꾸었다면, 그 후에는 상황과 역할에 맞는 화술이 필요하다. 동화구연의 화술에는 화자가 본인 아닌 다른 인물이나 사물이 되어 보는 과정이 포함되어 있다. 이를 교육적 측면에서 살펴보면 아동은 입체적인 동화 감상을 통해 상상 속에서 타인에 대한 정서적 이해와 배려를 배울 수 있다. 유아 및 초등저학년이 발달적으로 자기중심성이 강한 시기임을 고려할 때, 동화구연이 정서적, 인지적으로 가치 있는 경험을 제공한다고 볼 수 있다.

또한, 표현적 측면에서 아동들은 자신이 평소에 쓰는 소리 외에 다른 소리(할아버지, 할머니, 엄마, 아빠, 곰, 토끼, 아기, 민들레 등)도 시도해 봄으로써 소리와 동작에 대한 민감성을 키우고, 자신이 표현할 수 있는 범위에 대해 성찰할 기회를 갖게 된다.

2 화술의 기초

1) 호흡과 발성

호흡은 생명체가 살아 있다는 증거이다. 들숨과 날숨은 소리를 내는 데 기본 수단이 되며 들숨에서 머금은 공기는 소리를 낼 때 날숨과 함께 배출된다. 복식 호흡이 뒷받침된 소리가 '영글은' 소리로 청중에게 잘 전달될 수 있으며 장시간 구연을 해도 성대가 상하는 것을 막을 수 있다.

호흡은 크게 복식 호흡과 흉식 호흡 두 가지로 나눌 수 있다. 복식 호흡이란 배를 이용한 호흡으로 깊이 들이마시고 내뿜는 것을 말한다. 흉식 호흡이란 호흡 시 가슴을 움직이는 것인데 몸 안에 충분히 공기를 담을 수 없어서 깊이 있는 감정표현이나 '영글은' 소리를 내기가 힘들다. 다음은 연기의 기초로 하게 되는 호흡법이다. 호흡 훈련에는 다음과 같은 방법이 있다(홍유진 외, 1993).

호흡강화 훈련법

① 먼저 양발을 자신의 어깨 넓이로 벌리고 서서 마치 평면에 등을 대고 누웠을 때와 같이 편안히 온몸을 이완시킨다.

② 마음속으로 자신의 겨드랑이에 고무풍선이 있다고 가정하고 그 빈 고무풍선에 공기가 조금씩 들어가고 있다고 연상하여 숨을 천천히 들이마신다. 자동적으로 양팔이 겨드랑이로부터 벌어질 것이다.

③ 숨을 최대한 깊게 들이마시게 되면 배 근육이 늑골 위쪽과 바깥쪽으로 확

장되는 것을 느낄 것이다. 이때 약 5초간 숨을 참아 호흡을 정지시킨다.

④ 다음은 겨드랑이에 최대한 부풀려진 고무풍선에 공기가 서서히 빠져 나가고 있다고 연상하며 숨을 내쉰다. 이때 자동적으로 양팔이 겨드랑이 쪽으로 다가오게 되며, 늑골의 공기가 빠지는 것을 인지할 수 있다. 마지막 숨의 한 조각도 남기지 말고 온몸에 자연스러운 떨림이 느껴질 때까지 내뿜는다.

⑤ 호흡 연습 시 주의할 것은 숨을 들이마실 때 주위의 모든 신선한 에너지를 흡수한다는 생각으로 행하고, 내쉴 때는 몸의 나쁜 기운 내지는 불쾌한 감정과 생각을 배설하는 기분으로 행하면 감정 정화에도 좋다(몸과 마음을 이완시킨 상태에서 아래턱을 자연스럽게 내리고 호흡을 내뱉으면 공기에 의해서 '아' 하는 자연음이 생산된다).

단계별 소리 크기 연습

좋은 소리로 연기를 하기 위해서는 목소리라는 재료가 풍성할수록 좋다. 발성 연습을 하면 좋은 목소리로 말할 수 있는데 이는 듣기 편하고 힘이 있는 소리를 뜻한다. 발성 연습을 통하여 자신의 음성의 높낮이, 음성의 폭 등을 감지하고 음색과 성량을 조절하는 능력을 계발할 수 있다. 이런 과정을 통해서 음역의 폭을 넓힐 수 있다.

1 3단계 발성

소리 크기를 세 단계로 나누어 연습하되 역순으로도 해 본다. 음 높이와 비례해서 연습할 수도 있다.

[예문 1]

3단계: 행진곡은 힘차게 불러!

2단계: 동요는 즐겁게 불러.

1단계: 자장가는 조용히 불러.

[예문 2]

강아지똥은

3단계: 꽃잎까지 올라갔어요.

2단계: 줄기를 타고

1단계: 민들레 뿌리를 잡고

② 5단계 발성

3단계 소리 사이사이에 한 음을 더 넣고 1단계는 아주 약하게, 5단계는 최고로 강하고 큰 소리를 낸다(가능하면 턱을 당기고 한다).

[예문]

5단계: 폭풍 치는 바다

4단계: 파도치는 바다

3단계: 물결치는 바다

2단계: 잔잔한 바다

1단계: 고요한 바다

※ 음성의 강도는 문장의 의미 속에 내재된 감정의 힘으로, 강도는 말하는 이의 정서적 긴장 상태를 말한다. 문장 첫 단어에서 마지막 어절까지 점진적으로 강도를 더해 가면서 연습한다.

③ 10단계 발성

발성을 돕기 위해서는 구호식 외치기만으로는 지루하므로 챈트, 구호, 손유희, 노래 등을 통해 즐기듯이 하는 게 효과적이다. 잘 알려진 전래동요를 통해 소리 크기를 세분하여 연습해 보는 것도 좋은 방법이다.

[예문]

10단계: 열 하면 열무장수 열무를 판다고 잘잘잘

9단계: 아홉 하면 아버지가 장보러 간다고 잘잘잘

8단계: 여덟 하면 엿장수가 깨엿을 판다고 잘잘잘

7단계: 일곱 하면 일꾼들이 나무를 한다고 잘잘잘

6단계: 여섯 하면 여학생이 공부를 한다고 잘잘잘

5단계: 다섯 하면 다람쥐가 알밤을 깐다고 잘잘잘

4단계: 넷 하면 냇가에서 빨래를 한다고 잘잘잘

3단계: 셋 하면 새색시가 거울을 본다고 잘잘잘

2단계: 둘 하면 두부 장수 두부를 판다고 잘잘잘

1단계: 하나 하면 할머니가 지팡이를 짚는다고 잘잘잘

2) 화술을 위한 기본 요소

① 크기(volume)

사람마다 가진 소리의 크기가 다르고, 상황에 따라 소리 크기도 달라진다. 단계를 나누어 소리의 크기를 달리하면 보다 섬세한 표현을 할 수 있다. 다음 예문들을 소리 내어 읽어 보자.

[예문]

- "엄마는 맨날 오빠, 오빠. 우리 집엔 오빠 엄마만 있어!"
  ① ②

「타잔 오빠」 중에서

- 1단계 : '아이고, 이걸 어째? 아휴~, 그래도 이제 와서 질 수는 없지. 으드득….'
- 2단계 : "도, 도둑이야!"
- 3단계 : "저 놈 잡아라!"

「요건 내 떡」 중에서

2 음조(tone)

음조는 말하는 사람의 음성에 실린 특유한 개성을 말한다. 높낮이, 강약, 빠르기 등이 연관돼 있다. 구연자가 좋은 음조를 지니고 있으면 이야기가 살아나고 감동을 준다(이규원, 2000).

다음 예문들을 처음에는 고음으로 일관되게 소리 내어 읽고, 두 번째는 저음으로, 세 번째는 고음과 저음을 적절히 섞어 조절하면서 읽어 보자.

[예문]

- 콩알이 마음속에 가득 차면, 터질 것처럼 가~득 차면, 나도 모르게 '발사!' 되는 거지.

「재재 콩알」 중에서

- 아저씨의 활짝 웃는 얼굴이 하회탈을 닮았습니다.
  "(방송 멘트처럼) 이상, '우리 동네 이야기' 행복동 주하였습니다."

「털보 아저씨의 행복 우산」 중에서

- "글쎄, 찬우랑 친구들이 버스에 탄 후에 알려 주지."
  "(안내방송 멘트처럼) 잠시 후, 이야기 버스가 출발하겠습니다. 오늘은 옛이야기 코스입니다."

「세상에서 가장 재미있는 버스」 중에서

③ 음색(timber)

음색이란, 말에 대한 감정표현이라고 할 수 있는데 희로애락 등 자기감정을 섬세하게 담은 것이다. 예를 들어 어떤 분위기에서 어떤 음색으로 표현하느냐에 따라 동일한 "여보세요"라는 말도 여러 가지로 해석될 수 있다. 다음 예문들을 음색을 달리하여 읽어 보자.

[예문]

- "아빠, 무슨 선물이 좋을까?"
  (상황 1 선물 고를 생각에 설레어 / 상황 2 작별 선물을 준비하며 서운해서)
  「쉿! 비밀이야」 중에서

- "싫어! 무서워. 안 깎을 거야. 엄마가 저번에 아프게 했잖아!"
  ① 두려움 ② 고집스럽게 ③ 화를 내며
  「또독 손톱조각」 중에서

④ 억양(intonation)

억양은 화자의 감정 상태를 반영한다. 이를 위해 이야기 속 인물의 감정 상태를 미리 연구하여 억양에 변화를 줄 필요가 있다. 다음 예문을 억양에 유의하여 상황에 맞게 읽어 보자.

[예문]

- 뭐? 주희가 아직도 안 왔다고?
  ① 직장에서 다른 일을 하며 전화를 건성으로 받을 때
  ② 유괴를 걱정하는 부모가

또한, 효과적인 억양의 변화는 상대방의 주의를 끌고 내용을 쉽게 전달하는 데 도움을 준다. 특히 여러 가지 예를 들 때나 문장들이 이어질 때, 억양에 변화를 주면 긴 이야기도 지루하지 않게 읽을 수 있다. 다음 예문들을 억양에 변화를 줄 때와 그렇지 않을 때가 어떻게 다른지 알아보자.

[예문]

- 하루하루, 비밀 창고에는 과자(⤴), 토끼인형(↗), 반지(↗), 목걸이까지(↘) 지우가 좋아하는 것들이 차곡차곡 쌓여갑니다.(⤵)

『타잔 오빠』 중에서

- "아, 겨울잠 자고 깨어난 개구리랑 뱀이 있는 곳인가 봐"
  진영이가 자신 있게 말했어요.(↘)
  아니야, 꽃이 있는 곳이야.(⤴)
  선생님~ 진달래, 개나리, 벚꽃 그런 꽃들이 있는 것 맞죠?(↗)
  민지도 지지 않고 말했지요.(⤵)
  선생님은 빙그레 웃기만 합니다.(→)

『예쁜 봄 맛있는 봄』 중에서

※ 다음은 『덕지덕지 꼬질꼬질』(이송은 글, 국민서관)이라는 동화의 일부분이다. 괄호 안에 화살표로 적절한 억양 표시를 해 보자(정해진 하나의 답은 없음).

덕지덕지 도깨비는 눈곱이 덕지덕지 쌓여갔어요.( )
시큼시큼 도깨비는 머리에서 쉰내가 폴폴 났어요.( )
꼬질꼬질 도깨비는 집과 동네를 지저분하게 어지럽혔어요.( )
구질구질 도깨비 발가락에서는 고린내가 지독했지요.( )

5 강세(accent)

강세란 특정 단어를 강하게 발음하는 것을 말하며, 화자가 전하고자 하는 주요한 내용을 명확히 하는 데 도움을 준다. 일반적으로 수식어(관형어 및 부사어), 한 음절 단어, 접두어, 수를 셀 때, 포즈(pause)의 뒤 등에 강세를 둔다(이규원, 2002). 다음 예문을 밑줄 친 부분에 강세를 두며 읽어 보자.

[예문]

- 홍이는 강아지처럼 팔짝팔짝 뛰어다니며 귀여운 발자국을 남깁니다.

「날아라 박주가리야」 중에서

- 그러고 보니 오빠는 언제나 동생 지우한테만 과자를 나눠줍니다.

「타잔 오빠」 중에서

- 준서에게는 오랜 친구가 하나 있어요. 그건 바로 할머니가 만들어 주신 커다란 분홍수건이지요.

「스무 개의 둥개 수건」 중에서

※ 다음 예문에서 특히 강조해야 할 곳에 밑줄을 긋고 소리 내어 읽어 보자.

"한 잎, 두 잎, 세 잎!"

"그런데 아주 가끔은 네 개인 것도 있단다."

「뜰에 뜰에 풀풀」 중에서

⑥ 속도(tempo)

말의 속도는 말하는 이의 ① 감정 상태의 강도와 ② 상황의 다급함을 나타내는 데 도움을 준다. 뿐만 아니라 속도는 ③ 성격 설정에도 중요한 역할을 한다(예 어린이는 빠르게, 노인은 느리게). 또한, ④ 길게 나열되는 문장도 속도에 변화를 주면 지루해지는 것을 피할 수 있다(예 처음에는 빠르게 시작해서 일시정지 후 마지막 어휘를 읽는다). 그리고 ⑤ 한 편의 동화를 들려줄 때, 처음과 끝 부분은 천천히 읽는 것이 좋다.

다음 예문들을 속도에 변화를 주며 읽어 보자.

[예문]

① [감정상태]

빠작이: 난… 원래 과자봉지인데, 그다음엔 뭐가 될지 잘 몰라. 난 말이야, 종이가 아닌데 잘못 온 거래.

「빠작이의 변신」 중에서

② [상황의 다급함]

빠작이: 위험해! 모두 내 뒤로 물러 서!

「빠작이의 변신」 중에서

해설: 갑자기 날이 흐려지고 파도가 출렁이더니 검푸른 바다 속에서 머리 셋 달린 이무기가 얼굴을 드러냈어요.

「백일홍」 중에서

③ [성격설정}

어린 풀들: 저기 좀 봐. 쟤, 또 울어.

느티나무 할아버지: 조금만 기다려 보렴. 민준이도 쑥쑥 자랄 거니까.

「뜰에 뜰에 풀풀」 중에서

④ [나열되는 문장}

놀이기구 탈것들; 부릉 치키, 부릉 치키, 부릉부릉 치키치키, 부릉부릉 치키치키

「부릉부릉 치키치키」 중에서

⑤ [동화의 처음과 끝]

해설: 그 후로 설날에는 부모님의 은혜를 기리기 위해 반저이와 반쯩을 먹는 풍습이 지금까지 지켜지고 있대요.

「베트남 설날 떡 이야기」 중에서

7 포즈(pause)

포즈에는 두 가지 종류가 있다. 하나는 호흡을 위해, 다른 하나는 뒷말을 강조하거나 분위기를 전환하고자 할 때 사용한다. 자연스러운 구연을 위해 미리 원고를 읽어 보면서 어디에서 숨을 쉴지, 어느 부분에서 포즈를 두어 의미를 강조할

지를 체크할 필요가 있다.

포즈는 이 외에도 등장인물의 성격 설정(머뭇거림), 청중의 호기심 불러일으키기, 긴장감 고조시키기 등에도 효율적이다. 또한 무엇인가를 생각하거나 살펴보는 상황을 나타내는 데에도 활용할 수 있다. 다음 예문을 '∨' 부분에서 일시 정지함으로써 어떤 효과가 있는지 읽어 보자.

[예문]

① 엄마가 울면서(∨) 뛰어가는 동생을 불렀어요.
엄마가(∨)울면서 뛰어가는 동생을 불렀어요.

② 영희(∨), 철수 사랑해요?
영희, 철수(∨), 사랑해요!

③ 여교사: 그럼, 이따가 엄마 오시면 (∨) 깜짝 선물을 드리면 어떨까?
『뜰에 뜰에 풀풀』 중에서

④ 해설: 청년은 배와 함께 이리저리 나뒹굴었어요. 그때였어요.(∨) 갑자기 이무기가 바다 위로 솟구치더니 사나운 눈을 부라리며 덤벼들었어요.
『백일홍』 중에서

⑤ 아주머니: '거참 이상하네. 우산도 꽤 좋아 보이는데(∨) 이걸 그냥 주네?'
『털보 아저씨의 행복 우산』 중에서

⑧ 리듬(rhythm)

음의 고저, 장단, 강약, 속도, 일시정지 등의 적절한 배합에 의해서 형성된다. 말의 리듬은 대화 상황에서 화자가 쉽게 말하는 것을 돕고, 청자가 내용을 잘 이해하도록 돕는다. 나아가 리듬은 말의 재미를 더하는 데 주요한 요소가 된다. 다음 예문들을 리듬을 살려 읽어 보자.

[예문]

① [고저 강약]

그러자 금방울은 '으앙으앙, 야옹야옹, 꿀꿀, 꽥꽥, 끽끽, 어흥어흥' 울면서 굴러갔어요.

『데굴데굴 금방울』 중에서

② [전래동요의 느낌으로]

나는 나는 이 줄로 풍선을 만들지
네가 네가 풍선이면
나는 나는 화살되어
뻥 뚫어 버리지.

『모두모두 의여차』 중에서

설날 떡국 가래떡
봄날 고운 진달래 화전
더운 여름 술떡
가을이라 추석 송편

『요건 내 떡』 중에서

3) 소리 연기를 도와주는 손유희

손유희는 유치원의 창시자 프뢰벨 이래, 아동의 언어 발달과 신체 표현을 돕는 분야로 지속적으로 기능해 왔다. 손유희는 자신감이 부족하거나 내성적인 아동도 손쉽게 할 수 있는 장점이 있으나 비교육적인 가사를 전달하지 않도록 유의해야 하며, 무조건 따라 하게 하는 것으로 그치지 말고 아동들로부터 표현을 이끌어 내어 다양하게 만들어 보게 하는 것이 좋다. 손유희의 교육적 기능은 여러 가지가 있으나 이 책에서는 이야기 들려주기 수업에 필요한 인사 및 주의집중, 동화구연에 도움이 되는 발성과 혀 운동, 역할 연기연습, 기타 주제관련 손유희들을 발췌해서 싣는다(p. 238 부록 손유희 참조).

4) 국어에 대한 이해

이야기를 들려주거나 책을 읽어 주는 사람은 어린이들에게 언어 모델이 될 수 있어야 한다. 부분적으로 사투리를 쓰는 경우도 있지만(예 시골에서 오신 할머니의 구수한 맛을 살리기 위해) 기본적으로 표준어와 표준 발음을 지켜야 한다. 특히 점차 확산되는 다문화사회에서 한국어 지킴이로서의 사명도 인식해야 할 것이다. 한국어 사용과 관련해 의문 나는 내용은 수시로 사전(예 국립국어원 표준어대사전[1])이나 상담 전화(가나다 전화[2])를 활용하여 확인해 볼 필요가 있다.

다음은 평소 어법에서 틀리기 쉬운 표현과 발음의 예이다.

① 혼동하기 쉬운 어휘 및 표현

가리키다 : (먼 산을) 가리키다
가르치다 : (공부를) 가르치다

마중 : (오는 것을) 마중하다
배웅 : (떠나는 것을) 배웅하다

벌리다 : (틈새를) 벌리다
벌이다 : (사업을) 벌이다

1) 국립국어원: http://www.korean.go.kr
2) 가나다 전화: 1599-9979

잃어버리다 : (지갑을) 잃어버리다
잊어버리다 : (약속을) 잊어버리다

너머 : 산 너머에는 호수가 있다.
넘어 : 자동차로 산을 넘어 갔다.

작다 : (크기가) 작다
적다 : (양이) 적다

나르다 : (짐을) 나르다
날다 : (새가) 날다

맞히다: (정답을) 맞히다
맞추다: (문짝을) 문틀에 맞추다

우레와 같은 박수를 받다(○)
우뢰와 같은 박수를 받다(×)

우리 집을 방문할 때면 으레 선물을 들고 왔다(○)
식사를 끝내면 으례히 산책을 갔다(×)

▣ 맞춤법-틀리기 쉬운 어휘의 예

혼동해서 잘못 쓰기 쉬운 어휘나 표현들을 더 찾아 적어 보자.

바른 맞춤법(○)	틀린 맞춤법(×)	바른 맞춤법(○)	틀린 맞춤법(×)
강낭콩	강남콩	살쾡이	삵괭이
구절	귀절	상추	상치
괴팍하다	괴퍅하다	생쥐	새앙쥐
깍쟁이	깍정이	설거지	설겆이
꼭두각시	꼭둑각시	수퇘지	숫돼지
끄나풀	끄나불	수평아리	숫병아리
나무라다	나무래다	신출내기	신출나기
냄비	남비	아지랑이	아지랭이
냠냠이	얌냠이	오뚝이	오똑이
대구	대귀	우두커니	우두머니
돌	돐	위층	웃층
멋쟁이	멋장이	윗니	웃니
무	무우	윗몸	웃몸
미숫가루	미싯가루	주책	주착
미장이	미쟁이	지루하다	지리하다
부조	부주	코맹맹이	코맹녕이
사글세	삭월세	허우대	허위대

※ 두 가지가 다 표준어로 쓰이는 경우도 많다. 즉, '외우다'와 '외다'가 그러한데, '외우며'와 '외며'가 동시에 쓰인다. '노을'과 '놀', '오누이'와 '오뉘', '쐬다'와 '쏘이다', '쬐다'와 '쪼이다', '거슴츠레하다'와 '게슴츠레하다'도 같은 경우이다.

② 표준 발음

표준발음은 올바른 의사소통을 위한 기본요소이다. 'ㅘ', ' ㅙ', 'ㅟ' 등 이중모음의 발음에 특히 유의해야 하며 '바람과 구름'이 [바람가 구름]이 되지 않도록 한다. 같은 글자라도 뜻에 따라 발음이 달라지는 경우도 있다. 가령, 날아다니는 잠자리는 [잠자리]로 읽고 잠을 자는 곳은 [잠짜리]라고 해야 한다. 연음과 구개음화 등의 법칙도 잘 익히고 있어야 하는데 가령, '밭을'은 [바틀]이라고 읽고 '밭이'는 [바치]라고 읽어야 한다. '장미꽃아'의 경우도 [장미꼬차]라고 연음하여 읽는다. 많은 가수들이 '꽃을'을 [꼬슬]이라고 노래하는데, [꼬츨]이 맞다.

또 구연 시 특히 문제가 되는 것이 장단음의 구별이다. '밤', '굴', '배', '말', '눈', '화장' 등은 맥락에 맞게 변별해서 정확히 발음해 주어야 한다. 그 외, '으'모음과 '어'모음의 혼동으로 '느낌'을 [너낌]으로 말하는 경우, '쌀'을 [살]로 발음하는 경우 등은 읽기와 녹음 연습을 통해 극복해야 할 것이다. 물론 방언은 그 자체로 가치가 있고 보존되어야 할 자산이지만, 특별히 공연이나 예술적 가치를 더하기 위해 쓰이는 경우 외에는, 수업에서 교사는 기본적으로 표준어를 구사하여야 한다.

▣ 혼동하기 쉬운 발음

받침과 이어지는 말 사이의 발음에 유의한다.

바른 발음(○)	틀린 발음(×)	바른 발음(○)	틀린 발음(×)
꽃이[꼬치]	꼬시	무릎을[무르플]	무르블
꽃 한 송이[꼬탄송이]	꼬단송이	밟는[밥:는 → 밤:는]	발는
낮 한때[나탄때]	나단때	밟다[밥:따]	발따
넓다[널따]	넙따	빛을[비츨]	미슬
넓죽하다[넙쭈카다]	널쭉카다	솥을[소틀]	소슬
놓고[노코]		숱하다[수타다]	수다다
늙지[늑찌]	늘찌	여덟[여덜]	여덥
닭을[달글]	다글	옷 한 벌[오탄벌]	오단벌
많고[만:코]		읊고[읍꼬]	을꼬
맑게[말께]	막께	읽다[익따]	일따
맑다[막따]	말따	잎이[이피]	이비

▣ 장단음

발음 시 장단음 여부에 따라 의미가 달라지는 경우도 있다.

① 캄캄한 밤(·)에 밤(:)을 구워 먹었다.

② 눈(·)에 눈(:)이 들어가 눈(·)물이 흘렀다.

③ 병(:)에 걸려서 약병(·)을 들고 간다.

④ 캄캄한 굴(:)을 지나 바다로 가서 굴(·)을 땄다.

⑤ 제철이 아니라서 배(·)를 값을 배(:)로 주고 샀다.

⑥ 동화를 들려주고 교훈을 덧붙이는 것은 사(·)족(蛇足)이다.

애주가는 술이라면 사(:)족(四足)을 못 쓴다.

⑦ 산(·)에 가서 산(:) 오징어를 찾으면 안 된다.

⑧ 사(:)전에 준비를 했어야지, 이제 와서 사(·)전이 없다고 하면 어떻게 하니?

▣ 음의 고저

음의 장단뿐만 아니라 고저에 따라 뜻이 달라지는 경우도 있다. 가령 '말'의 경우, 곡식의 양을 재는 단위일 경우는 낮은 예사소리로, 사람이 타는 동물인 경우는 높고 급한 소리로, 사람이 입에서 나오는 언어인 경우는 보통 높이의 긴 소리로 변별한다. '배'의 경우도 신체의 일부는 낮은 예사소리, 강을 건너는 배는 보통의 예사소리, 과일인 경우는 높고 급한 소리, 곱절이란 뜻은 긴 소리로 구별한다. 다음 문장을 음의 고저를 살려 읽어 보자.

① 쌀 한 말을 주고 말을 샀다는 말을 누가 믿겠는가?

② 배가 더부룩해서 배를 사려고 배를 타고 갔더니 값을 배로 달라고 하지 뭐예요?

※ 텔레비전이나 라디오 방송 출연자나 사회자가 발음을 틀리게 하거나 어법에 맞지 않게 말하는 경우를 찾아보자.

③ 화술의 실제

원고가 정해지면 먼저 묵독, 음독의 순서로 되풀이해서 읽어 본다. 그리고 등장인물의 수를 파악하여 성격을 설정하고, 마지막으로 상황을 분석하여 감정을 적절히 적용한다. 본격 시연을 하기 전에 연습 과정에서 녹음한 것을 들어 보고 전체적으로 밋밋하지 않은지, 너무 과장하고 있지는 않은지 점검해 본다.

1) 역할에 따른 성격(캐릭터) 설정하기

동화구연에서 등장인물의 성격설정을 하는 이유는 듣는 사람이 대사를 듣고, 그 이미지를 쉽게 떠올리게 함으로써 내용을 잘 이해하고 몰입하도록 돕기 위함이다. 동화 원고를 보고 가장 먼저 파악할 것은 대사가 있는 등장인물의 숫자이다. 각자의 역할 소화 능력에 따라 달라질 수 있지만 구연을 효과적으로 하려면 대체로 4~5명 이내로 하는 것이 좋다. 이때, 해설자의 목소리도 있으므로 구연자가 소화해야 하는 역할의 수는 실제로 '대사가 있는 등장인물 수+1'이 된다. 이는 각색 과정에서도 해당된다.

역할을 설정할 때는 성별, 노소, 높낮이, 속도, 굵기, 청탁 등을 고려해서 한다. 그중 가장 손쉬운 것이 성별, 곧 남녀로 대비시키는 것이다. 이때 작품 속 등장인물이 연령대가 뚜렷하지 않은 동물이거나 사물일 경우에는 작품에 드러난 크기나 평소의 연상 이미지와 연결하는 것이 좋다(예 토끼, 나비, 장미꽃–여성 / 악어, 독수리, 책상–남성). 노소는 작품 내용에 따라 설정하고(예 부엉이–할아버지, 할미꽃–노인 / 다람쥐–아기). 높낮이나 속도 역시 작품 중의 역할 성격에 따라 달리한다. 성미가 급하거나 날렵한 경우는 빠르게, 몸집이 크거나 둔한 이미지를 주고 싶으면(예 곰, 하마, 코끼리) 느리게 한다. 특히, 비슷한 유형의 캐릭터가 다수일 때는 속도, 높낮이 등이 변별 요소로 유용하게 쓰일 수 있다(예 사자와 곰이 함께 등장하는 경우). 심한 탁음이나 가성, 성대를 조여서 만들어 내는 조음은 특이한 가상 캐릭터(예 바람, 로봇, 유령, 요정 등)를 연기할 때 도움이 된다.

간혹 동화책이나 그림책에서 화자가 누군지 뚜렷하게 드러나지 않는 경우가 있는데 이때도 위에서 살펴본 성격설정의 원리를 적용하면 동화를 재미있게 들려줄 수 있다. 또한, 단순히 등장인물의 크기나 일상생활 속 이미지가 아니라, 작품 속 성격을 우선으로 반영하는 경우도 있다.

다음에 소개된 동화 속 등장인물들이 어떤 기준으로 성격설정이 되었는지 살펴보자.

[예문 1]

- 종이컵(가늘고 높고 경쾌하게): 안녕, 난 또르르야.
- 휴지 갑(조금 굵고 중간 빠르기): 안녕, 난 길쭉이야.
- 대형 쇼핑백(굵고 낮고 느리게): 안녕, 난 납작이야.

『빠작이의 변신』 중에서

[예문 2]

- 사다리차(도도하고 거만한 느낌의 젊은 여성): 난 말이야, 어제 20층 꼭대기에 피아노를 배달하고 왔어. 나만큼 높이 배달 가 본 차 있어?
- 화물차(우락부락한 남자, 굵고 거친 중년 남성): 어허, 목만 길다고 최고는 아니지. 난 말이야 코끼리 열 마리도 거뜬히 실을 수 있다고.
- 레미콘(정서가 불안정한, 약간 빠른 속도의 젊은 청년): 좀 더 특별하지. 배달할 상품을 만들면서 달려갈 수 있거든. 한꺼번에 두 가지 일을 하는 셈이지 하하하.
- 현금 수송차(단조로운 로봇 같은 소년): 난 경호원을 데리고 다녀. 사람들이 호위해 주는 배달차 있으면 나와 보라고.

『배달 대소동』 중에서

[예문 3]

- 동네사람 1(수다쟁이 아주머니): 김 부자의 코가 글쎄 방망이만 하대요.
- 동네사람 2(할아버지): 그 코만 낫게 해 주면 재산의 절반을 준대.

『빨강부채 파랑부채』 중에서

[예문 1]은 등장인물의 몸집이나 크기, [예문 2]는 작품 속 내용에 따른 이미지가 적용된 경우이다. [예문 3]의 경우는 불특정 인물들을 서로 성별과 나이로 구별함으로써 좀 더 입체적인 구연이 되도록 하였다.

성별과 연령에 따른 소리 연기

동화구연에 입문한 초보자들이 가장 힘들어하는 것 중의 하나가 평소에 잘 내지 않던 음색(예 할머니, 할아버지 소리나 남자)을 어떻게 내고 유지하느냐 이다. 쑥스럽기도 하거니와 하다 보면 어느새 할아버지는 할머니로 바뀌어 있고 누가 누구인지 변별이 안 될 때가 많다고 호소한다. 어떻게 음색을 내고 유지하는가는 동화구연가가 되는 과정에 어려움이자 매력이고 전문가가 되는 척도이기도 하다. 성우나 연극배우는 드라마나 극에서 한 역할에 충실하면 된다. 물론 모노드라마나 일인 다역을 하는 경우가 있지만 일반적으로는 여러 사람이 함께한 작품을 연기한다. 이에 비해 동화구연가는 한 작품의 등장인물의 대사와 해설을 모두 소화해야 하기 때문에 본인이 취약한 소리라고 해서 피해 가기란 쉽지 않다. 사람마다 목소리의 개성이 다르고 음색에 따라 보다 어울리는 장르가 있기도 하지만, 동화구연가라면 기본적으로 모든 역할을 소화할 수 있어야 한다. 남자 역할을 마냥 피하려고 든다면 몸집이 큰 동물이 나오는 동화를 포기해야 하고, 할머니 할아버지 역할을 피하려고 한다면 전래 동화의 상당수를 할 수 없어 작품선택의 폭이 좁아진다. 결국, 여성과 아이 소리만 남게 되는데 과연 여성 소리만 가지고 하는 동화는 쉬울까? 6세 여아, 10대 소녀, 20대 아가씨, 40대 주부, 60대 할머니, 80대 할머니를 한 작품에서 연기하기란 정말 힘이 든다(여러 남성 소리를 구별하는 것도 마찬가지로 어렵다).

전반적으로 여자 소리에 비해 남자 소리는 깊은 데서 끌어올리듯 소리를 낸다. 여성은 남성에 비해 굵기와 음색에 있어 가늘고 밝은 느낌이 나도록 한다. 연령별 소리의 굵기는 중년 남성이 가장 굵고 여자 유아가 가장 가늘다고 볼 수 있다(아주 어린 유아를 연기할 때라도 혀 짧은 소리는 하지 않는 게 좋다. 그릇된 언어 모델이 되기 때문이다). 할머니, 할아버지 소리는 'ㅎ' 무성음이 특징이며 '흐—' 소리 내기를 연습한 다음 배 쪽에서 끌어올려 소리에 힘을 준다.

연령과 성별에 맞는 음색을 개발하는 가장 좋은 방법은 꾸준히 연습하면서 자신의 소리를 녹음해서 들어 보는 것이다. 예를 들어, 한 동화 안에서 처음에 설정한 할머니(혹은 할아버지)의 음색과 톤이 끝까지 유지되어 듣는 사람으로 하여금 '아, 저 소리는 할머니 소리야.'라고 수긍이 가게 한다면 성공이다. 호흡법과는 달리 성별, 연령별 음색 개발하기는 정해진 정답이 없다. 왜냐하면 동화구연이 다양성을 전제로 하는 연기이기 때문이다. 동화구연 화술의 가장 기본적인 원칙인 '재미있게, 자연스럽게'를 상기하면서 자신의 목소리에 적절한 음색의 범위를 찾아보자.

화술 메모

기본적인 소리설정

동화구연가마다 나름대로의 성별과 연령에 따른 소리 내기 노하우가 있으며 이 부분은 가장 객관화하기 어려운 연기 부분이다. 따라서 문자화된 구체적인 소리 내기 방법이 도움이 될 수도 있지만 반대로 가장 개성이 있어야 할 부분을 틀에 묶는 결과가 돼 버릴 우려도 있다. 여기 소개하는 필자의 경험과 다른 동화구연가가 밝힌 예를 참조는 하되, 꼭 이런 식으로 내야 한다는 강박관념은 갖지 않았으면 한다. 바람직한 구연이란 것은 청중 입장에서는 '재미있게, 자연스럽게'이지만 구연자 입장에서 '소리 내기가 너무 무리하지 않게'라는 전제가 함께 깔려 있는 것이다.

아래의 표와 같이 신체부위와 동물 소리를 연결하여 연령과 성별 발성을 소개한 경우도 있다.

신체부위를 통한 발성법			
신체부위	동물소리로 연결	가족음성묘사	음색 표현
배 밑 (골반 밑)	어–흥 (배 밑에서 올라와 코로 공명된 소리)	할아버지	안녕하세요. 우리 손주 착하지.
배 밑 (골반 밑)	음 메헤헤– (배 밑에서 올라와 가슴부터 조음하며 목을 떨며 코로 공명된 소리	할머니	안녕하세요. 이리 오너라.
배 (배 전체)	멍 멍 멍 멍 멍 (배 전체가 힘차게 움직이며 가슴, 목, 코 등이 소리통이 된다.	아버지	안녕하십니까. 자, 모두 모이세요.
배 (배 전체)	아– (발성의 50높이 음성으로 배, 가슴, 목, 코 등에서 감싸안는 동그란 느낌으로 조음)	어머니	안녕하세요. 얘들아, 먼 곳에 가지 마라.
가슴	개굴 개굴 개굴 (가슴에서 나오는 소리를 눌렀다 위로 울림으로 젊은 느낌이 들게 한다.)	오빠	안녕하세요. 난 축구를 좋아해.
가슴	쪼로롱– 쪼로롱– (가슴에서 소리를 위로 올리며 조음 후에 굴린다.)	언니	안녕하세요. 난 노래를 좋아해요.
목	골– 골– 골 (목에서 누르면서 조음하는 소리)	남자 아기	안녕하세요. 엄마, 밥 주세요.
목	삐악 삐악 삐악 삐악 (입술에 힘을 주고 목에서 가늘게 나오는 소리)	여자 아기	안녕하세요. 아, 목말라.

출처: 이규원(2000). 『동화구연의 이론과 실제』, p. 77.

2) 상황 분석하고 반영하기

화술의 가장 중요한 전제는 '재미있게, 자연스럽게'이다. 동화구연을 할 때 지나치게 과장하면, 자칫 '개인기'나 '성대모사(聲帶模寫)'로 왜곡될 우려가 있으므로 유의해야 한다.

앞서 살펴본 성격설정이 등장인물들 간의 대비를 위한 것이라면, 상황 분석은 그 등장인물들이 만들어 나가는 이야기를 실감나게 전달하기 위해 필요하다. 분석과정에서는 무엇보다 상황에 대한 사실적 대입이 중요하다. 가령 '나라면 특정 상황에서 어떻게 느끼고, 어떻게 감정을 표현할까?'라고 먼저 생각해 보는 것이다. 그러나 분석한 내용을 구연에 반영할 때에는 다시금 '청중에게 전달하기 위한 절제'가 필요하다. 구연이란 화자가 해석한 상황의 재연(再演)일 뿐, 사건의 실황 중계가 아니기 때문이다. 이러한 '감정 이입'과 '표현의 절제'라는 요건은 동화구연의 질을 좌우하는 균형추이자 청중의 감상을 돕고 몰입을 지켜주는 안전선이 된다.

1 상황별 화술 연습

다음의 대사들은 글자는 같지만, 주어진 상황이 다르다. 소리의 높이, 길이, 거리감, 억양, 표정, 시선 등과, 필요하면 몸짓까지 곁들여 각각의 상황에 맞게 표현해 보자.

▣ 엄마 (본인의 목소리로)

① 먼 곳에 있는 엄마를 부를 때

② 어려운 부탁하려고 말을 꺼내며

③ 무엇인가를 사 달라고 졸라대며

④ 문을 열고 들어왔는데 쓰러진 엄마를 보고 깜짝 놀라서

⑤ 비가 쏟아지는 날, 기대하지 않았는데 우산을 갖고 찾아와 줘서 반가워하며

⑥ 열감기로 아파 누운 상태로 엄마를 쳐다보며

▣ 여보세요 (본인의 목소리로)

① 컴퓨터를 치며 무심코 전화를 받을 때

② 상대방의 실수로 접촉사고가 났는데도 적반하장으로 오히려 나에게 우길 때

③ 엘리베이터 안에서 휴대전화 속 상대방 소리가 계속 들렸다 말았다 할 때
④ 기차 안에서 졸다 일어나 보니 가방이 없어졌다. 당황해서 옆 사람을 깨우며
⑤ 엘리베이터 고장으로 혼자 갇힌 상태에서 문을 두들기며

▣ 이게 뭐야? (제시된 역할로 들어가서)

① 아주머니가 바닥에 놓여 있는 이상한 물체를 보고
② 자기 방을 어질러 놓고 건넌방으로 가 버린 형에게 소년이
③ 학습지를 선물이라고 내민 엄마에게 심술이 나서 실망한 아이가
④ 결혼식에 가려고 흰 옷을 갈아입혔더니 초코 아이스크림을 엎질러 엉망인 모습의 아이를 보며 엄마가 속이 상해서
⑤ 20대 여성이 연인에게 뜻밖의 선물을 받고 좋아서
⑥ 엄마가 품에 안고 있는 백일 된 아기에게 장난감을 보여 주며
⑦ 금고 안에 신문지 뭉치만 가득한 것을 보고 너무 놀라 주저앉는 아저씨

▣ 알았어요 (등장인물과 상황을 각각 설정해서 적고 시연하기)

① 신이 나서 (   )
② 겁에 질려 (   )
③ 숨 가쁘게 도착해서 (   )
④ 교만하게 다그치듯이 (   )
⑤ 마지못해 (   )

▣ 등장 인물 간의 원 거리감 표현

등장인물 간의 원 거리감을 살리는 것은 구연의 입체감을 살리는 데에 매우 중요하다. 이를 위해 평소보다 높은 톤, 문장의 끝을 길게 소리 내어 여운 남기기, 약간의 제스처(예 입가에 손바닥을 모아 갖다 대며 부르는 시늉하기) 등을 사용한다. 다음 예문을 원거리감이 느껴지게 읽어 보자.

[예문 1]

(성 위에서 대신이 백성들에게 널리 알리고자 함.)
대신: 아, 아, 모양나라 백성들께 알립니다. 여왕님의 생일잔치가 사흘 뒤에 열립니다. 모두들 정성껏 선물을 준비하시기 바랍니다.

『모양나라 여왕의 생일잔치』 중에서

[예문 2]

(사다리를 타고 하늘에서 내려오는 할아버지와 땅에서 쳐다보고 있던 아이들)
아이들: 할아버지, 그게 뭐예요?
할아버지: 이야기다, 이야기, 재미있는 이야기지."

『이야기이야기』 중에서

3) 해설로 변화주기

해설은 대사를 제외한 바탕글로, 대사와 대사를 잇고 텍스트 전체를 이끌어 이야기를 완성한다. 해설을 자연스럽고 지루하지 않게 구사하는 것이 화술의 완성으로 가는 중요한 척도가 된다. 구연자는 형태적 변화('－어요', '－지요', '－대요' 등) 외에도 억양, 강세, 속도 등 여러 가지 요소로 해설에 변화를 줄 수 있다.

[예문]

다음날 나무꾼은 욕심쟁이 김 부자 집을 찾아갔어요.①
마침 그 날은 김 부자의 생일 잔칫날이었어요.②
"영감님 생신 축하드립니다."
"가난뱅이가 웬일이야? 밥 한술이라도 얻어먹을까 해서 왔나?"
김 부자는 고개를 홱 돌리더니 춤판이 벌어진 곳으로 가 버렸어요.③
김 부자가 덩실덩실 춤을 추기 시작하자 나무꾼은 슬그머니 부채질을 시작했지요.④
늘어난다 늘어난다 죽죽 죽죽죽

『빨강부채, 파랑부채』 중에서

위 예문의 경우 ①은 편안하고 부드럽게 내려온다면 ②는 그보다 좀 더 상기

된 억양으로 할 필요가 있으며 ③과 ④도 나름대로 변화를 주어 가며 읽는다. 특히 ④는 비밀스러운 느낌으로 한다. 해설은 이야기의 밑그림으로서 전체적인 분위기와 맛을 살리는 중요한 역할을 한다. 전반적인 작품의 성격을 고려하여 (예 경쾌한 동화인지, 감동적인 동화인지) 해설의 톤과 속도를 달리할 필요가 있다.

4) 표정과 몸짓(제스처), 시선: 화술을 완성시키는 또 다른 언어

사람의 말 속에는 정서와 전후 맥락, 상황이 담겨져 있다. 예를 들어 다음의 문장을 처음엔 표정 없이 글 읽듯이, 다음엔 표정을 실어서, 그 다음엔 표정과 몸짓까지 더 해서 표현해 보자.

[예문 1]

'아휴, 저 지독한 영감 좀 보게. 웬만하면 져 줄 법도 하구만.'
'흥, 저저저 저 할멈 고집은 알아줘야 한다니까. 오늘은 꼭 버릇을 고쳐 놓고 말 테다.'

「요건 내 떡」 중에서

[예문 2]

한참을 내달리던 북극곰이 드디어 멈췄어요.
"언니, 저것 좀 봐."
밤하늘이 갑자기 환해졌어요.

「북극놀이」 중에서

[예문 3]

"아이고 잭아, 옷이 이게 뭐냐? "
"엄마가 주머니에 넣고 오랬잖아요?"
"쯧쯧, 우유병 같은 건 머리에 이고 왔어야지. 다음부터 잘 가지고 오너라"

「게으른 잭」 중에서

위 [예문 1]은 속마음을 이야기하는 혼잣말이므로 시선 처리는 정면이 아닌 사선 방향으로 내려 보는 것이 적절하다. [예문 2]는 작품 속 여동생의 대사인데, 경이로운 표정으로 하늘을 가리키며 말하는 것이 어울린다. [예문 3]은 어수룩한 아들에게 엄마가 설명해주는 장면이므로 안타까운 표정과 함께 구체적인 몸짓을 곁들이는 것이 적절하다. 표정이 있을 때와 없을 때, 몸짓까지 들어갈 때와 아닐 때는 큰 차이가 있음을 알 수 있을 것이다.

일상생활 속에서 사람은 어떠한 상황적 맥락 속에서, 의도를 가지고 말하기 때문에 표정과 몸짓이 동반될 수밖에 없다. 동화구연 역시 상황을 실감나게 전달하려면 몸짓을 곁들이게 된다. 몸짓을 어느 정도 사용할 것인가에 대한 여러 의견을 종합해 보면 다음과 같다.

① 동화구연을 하는 목적(대회용, 수업용, 무대용)에 따라 몸짓의 비중이 다르다.

순수구연으로 이루어지는 일반적인 동화구연대회에서는 몸짓을 많이 사용하지 않는 것을 선호한다. 이 같은 경향은 화술 연기에 주안점을 두기 위해 동작을 제한한 것으로 이해될 수 있으며(가령, 5분 동화의 경우 5~6회 이내), 대회 성격에 따라 달라지기도 한다(예 매체활용을 허용하는 구연대회).

최근 들어 우리 사회의 언어 표현이 몸짓을 수반한 동적인 방향으로 변하고 있다. 동화 특성에 따라, 청중의 연령과 이해도에 따라 동작의 횟수와 범위가 달라진다. 대회용에 비해 수업과 공연을 위한 동화구연은 상대적으로 보다 자유로우며 '이야기의 전달에 효과적인가?'가 몸짓 사용의 기준이 된다.

② 동화구연 시 사용하는 몸짓은 일반적인 율동과 다르다.

동화구연에서의 몸짓은 일반적인 율동과 성격이 다르다. 율동은 모든 대사와 해설을 몸으로 보여 주는 반면, 동화구연에서는 몸짓이 말 그대로 '입으로 하는 연기'에 보조 역할을 한다. 간혹 모든 대사와 해설에서 쉼 없이 몸짓을 하는 구연자를 보게 되는데, 이야기 전체를 어수선하게 만들어 내용전달을 오히려 방해한다.

③ 해설보다는 대사 부분에서 몸짓을 곁들인다.

그림으로 비유하자면 해설은 배경, 대사는 부각되는 사물이나 인물에 해당한다. 일반적으로 해설보다는 대사를 할 때 몸짓을 곁들이는 것이 생동감이 있다.

④ 동화구연 시 몸짓은 분명하게 보여 주되, 절제가 필요하다.

연극에서 배우는 뛰어다닐 수도 있고, 동선을 크게 잡을 수도 있으나 동화구연에서 구연자는 절제가 필요하다. 왜냐하면 동화구연에서는 청중과의 눈 맞춤(eye-contact)이 기본 전제가 되기 때문이다. 무대 위에서 동화구연을 할 때 두 발을 떼는 일은 별로 없으며 주로 손과 팔, 얼굴과 고개의 움직임을 사용한다. 몸짓을 할 때는 상황에 맞게, 분명하게 하는 것이 좋다.

⑤ 정형화된 몸짓을 피하고 실제 상황에 부합되도록 표현한다.

자연스러운 동화구연을 하려면 몸짓 또한 실제 상황에 부합해야 한다. 예를 들어, 누군가가 고민하는 상황을 나타내야 한다면, 그에 맞는 표정과 시선처리가 먼저 고려되어야 할 것이다. 동화구연 시 종종 보이는 동작의 하나인, 검지를 머리에 갖다 대고 고개를 좌우로 움직이며 "어떡하지?" 하는 모습은 재롱잔치 풍의 획일화된 몸짓으로 바람직하지 않다.

4 동화구연 준비-실연 방법

1) 동화구연 준비

원고를 선택하고 준비하여 연습이 마무리되면 실제로 청중 앞에서 들려준다. 실제 시연에서는 앞서 살펴보았던 화술관련 사항들이 종합적으로 적용되는데, 무대에서 순수구연할 때를 중심으로 살펴보자.

2) 동화구연 실연

① 인사를 하고 잠시 여유를 둔 후 시작한다.

인사 후 2~3초간의 포즈는 청중으로 하여금 이야기의 시작을 알리고 구연자를 쳐다보게 하는 효과가 있다(사회자가 제목을 소개하고 바로 무대에 서는 경우에는, 구연자는 제목을 따로 얘기하지 않는 것이 일반적이다).

② 편안하고 안정감 있는 자세로 구연한다

양손은 가볍게 주먹 쥔 듯 옆으로 늘어뜨리고, 양발을 어깨너비 이내로 벌려 편안한 자세로 선다. 구연 시 의도된 몸짓이 아니라면 양손을 앞으로 모아 쥐거나 뒷짐을 지지 않도록 유의한다.

③ 청중들에게 골고루 시선을 주면서 구연한다

구연자는 주로 정면을 바라보되, 좌우로도 고루 둘러본다. 이때 지나치게 빠르게 둘러보거나 자주 움직이면 청중의 주의집중을 방해하므로 유의한다.

④ 시작 부분은 천천히, 탄력 있게 처리한다

이야기의 첫머리를 천천히 시작함으로써 청중으로 하여금 이야기 속으로 들어올 여유를 준다. 이때 속도는 느리지만 밝고 자신감 있는 어조로 구연하는 게 중요하다(청자는 짧은 몇 구절을 통해 이야기에 몰입할지, 화자가 이야기에 대한 확신을 갖고 있는지 여부를 판단한다).

⑤ 적절한 호흡 조절과 정확한 발음을 통해 소리를 분명하게 전달한다

무대에서 다수의 청중에게 내용을 잘 전달하려면, 복식 호흡에 기초해 띄어 말하고, 강약을 살려 정확이 발음한다. 구연자가 긴장하게 되면 자칫 속도가 빨라지거나 발음이 불분명해지는 경향이 있으므로 유의한다. 아울러, 소리 크기도 관객이 편안하게 몰입할 수 있는 일정한 범위를 유지하는 게 필요하다.

⑥ 각 단어의 의미나 문맥 상황을 충분히 살려 구연한다

각각의 어휘는 그것이 의미하는 바에 맞는 소리 값을 지니고 있다. 가령 '여러 가지 물건'이라는 구절에서 '여러'는 '여'를 길게 발음하는 것이 적합하다. 글자로 쓰인 책을 볼 때와는 달리 소리로 동화를 구연할 때는 특히 이런 점을 살릴 필요가 있다.

⑦ 해설과 대사는 구별되게, 해설 문장들 간에 변화가 있게 구연한다

해설과 대사 사이에는 약간의 포즈가 필요하며, 흥미로운 이야기 전개를 위해 해설의 종결 어미들 간에 억양 변화를 주는 게 매우 중요하다.

⑧ 표정과 몸짓을 적절히 곁들인다

표정과 몸짓은 상황에 알맞으면서도 과장되지 않도록 한다. 엉거주춤한 몸짓은 오히려 이야기 전달에 방해가 되기 때문에 몸짓은 분명하게 보여 주어야 한다.

⑨ 불필요한 습관은 버리고 자연스럽게 한다

'어~', '음~' 등의 불필요한 언어 습관이나 무의식적인 버릇(예 손을 만지작거리는 식의 행동)은 최대한 피하고 자연스럽게 구연한다(연습과정에서 녹음이나 녹화, 시연 모니터링을 통해 불필요한 습관이 있는지 사전 점검한다).

⑩ 마지막 부분은 여유 있는 속도로 단정하게 마무리하며, 훈화를 덧붙이지 않는다

마지막 문장을 천천히 마무리함으로써 청중으로 하여금 곧 끝날 것이라는 암시와 함께 이야기 감상을 마무리할 여유를 준다. 좋은 동화는 그 자체로 교육적인 내용을 품고 있으므로, 이야기의 마지막 부분에 교육적 훈화를 덧붙이지 않도록 한다.

⑤ 실제 원고를 활용한 화술 연습

1) 화술 연습의 실제

① 1단계: 등장인물이 두 명인 원고

토끼와 호랑이

전래 동화

어느 날 산속에서 토끼와 호랑이가 딱 마주쳤어요.
"이놈, 토끼야, 배고픈데 너 잘 만났다."
"잠깐! 호랑이님, 우리 집에 맛있는 떡이 있는데 그걸 먼저 잡수시죠."
'떡? 떡도 먹고 토끼도 먹고.'
호랑이는 이렇게 생각하고는 토끼에게 말했어요.
"그거 좋지!"
호랑이는 쫄레쫄레 토끼를 따라갔어요.
잠시 후 토끼는 쟁반에 빨갛고 동그란 것을 내 왔어요.
"호랑이님, 새로 나온 떡이에요. 식기 전에 드시지요."
"어? 떡이 빨간색이네. 맛있겠는 걸. 아~ 꿀꺽!"
호랑이는 글쎄, 뜨겁게 달군 돌멩이를 삼켰지 뭐예요.
"아앗 뜨거! 호랑이 살려!"
호랑이는 너무 뜨거워 눈알이 빨개지고 말았대요.

[역할설정]
토끼 :
호랑이 :

화술 메모

전형적인 연습용 원고이다. 이솝 우화나 전래 동화 중에는 현명하거나 어리석은 동물들이 등장하는 내용이 많다. 이런 유형의 원고들은 동화구연을 처음 시작하는 사람들이 두려움 없이 화술을 연습할 수 있는 원고이다.

세 가지 소원

유럽 전래 동화

옛날 어느 마을에 할아버지와 할머니가 살고 있었어요.

어느 날 천사가 세 가지 소원을 들어주겠다고 했어요.

"할멈, 아 무슨 소원을 말할까?"

"글쎄요, 어떻게 하면 제일 큰 소원을 말할까요?"

그러다가 저녁이 되었어요.

"아이고, 배고파. 커다란 소시지나 하나 있었으면…."

할아버지는 무심코 중얼거렸지요.

그러자 갑자기 소시지 하나가 뚝 떨어지지 않겠어요.

"아니, 영감! 첫 번째 소원이 겨우 소시지 한 개가 뭐예요? 에이, 바보같이…."

할머니가 화를 내자 할아버지도 화가 났어요.

"에이, 이놈의 소시지, 저 할멈 코에나 붙어 버려라!"

그러자 철썩 두 번째 소원이 이루어졌어요.

"아이고, 내 코야! 영감, 이 소시지 좀 떼어 줘요. 얼른!"

결국 욕심을 부리다 할아버지와 할머니는 소시지 하나밖에 얻지 못했대요.

[역할설정]

할머니 :

할아버지 :

② 2단계: 등장인물이 세 명인 원고

쥐와 개구리

구전동화 / 각색: 이송은

1. 어느 날 숲 속에서 쥐와 개구리가 만났어요.

"야, 개구리야, 우리 심심한데 달리기할까?"

"달리기? 응, 그거 재미있겠는데."

쥐는 쪼르르, 개구리는 폴짝폴짝 열심히 뛰었지요.

"헉헉, 따라갈 수가 없네. 야, 생쥐야, 좀 천천히 가."

"치, 이제 보니까 순 느림보잖아. 이 생쥐님이 기다려 줄 테니까 빨리 와."

"뭐? 느림보?"

개구리는 화가 머리끝까지 났어요.

'저 녀석을 혼내 줄 좋은 방법이 없을까?'

2. 개구리는 한 가지 방법을 생각해 냈지요.

"생쥐야, 우리 친구 맞지?"

"응, 그런데 갑자기 왜?"

"그래서 말인데 한쪽 다리를 같이 묶고 뛰면 어떨까?"

"한쪽 다리를 같이 묶고 뛴다고? 음… 그래, 그것도 재밌겠다."

"자, 그럼 하나, 둘 셋! 폴짝!"

"하나, 둘, 셋! 폴짝!"

둘은 사이좋게 폴짝폴짝 뛰어갔어요.

"헉, 헉, 아이고, 숨차. 야, 개구리야, 이제 그만 하자."

그때였어요.

3. 갑자기 개구리가 연못 쪽으로 풀쩍 뛰어들지 않겠어요?

"야아, 이쪽은 물이잖아."

"나도 알아. 물이 어때서?"

"물에 빠지기라도 하면 어떻게 해. 난 수영을 못한다고!"

개구리는 불끈 더 힘을 주었어요.

'흥, 이 개구리님한테 잘난 척을 하더니. 혼 좀 나 봐라.'

4. "얘들아, 장난 그만 쳐라. 그러다 큰일 나요."

고니 할머니가 타일렀지만 개구리는 들은 척도 하지 않았어요.

"아이고 그만하자. 힘들어, 아이고…."

생쥐는 지쳐서 그만 기절하고 말았지요.

그때 멀리서 매 한 마리가 쌩~ 날아왔어요.

5. 매는 잽싸게 생쥐를 '휙' 낚아챘어요.

"안 됐다. 생쥐야, 잘 가~"

"어? 어어, 내 다리!" 아이고, 개구리 살려~"

6. 개구리는 글쎄 자기도 함께 묶인 걸 깜박 잊고 있었지 뭐예요.

화술 메모

쥐와 개구리를 각각 소녀와 소년으로 하되, 다리 묶고 뛰기를 제안할 때는 능청스러운 표정과 말투로, 마지막에 자신도 같은 운명임을 깨닫는 장면에서는 극적인 놀람과 제스처를 곁들인다.

③ 3단계: 등장인물이 네 명 이상이거나 여러 명인 원고

에코

그리스 신화 / 각색: 이송은

옛날 그리스 숲 속에 수다쟁이 요정이 살았어요.

"어머머, 코끼리님, 그 긴 코는 어디에 쓰나요?"

"안녕, 종달새야, 넌 어쩜 그렇게 노래를 잘하니?"

숲 속 동물들은 시끄러워서 잠을 잘 수가 없었어요.

"에코야, 제발 좀 조용히 해. 필요한 말만하라구." (느린 하마)

"쉿! 아기들이 깨요." (할머니)

동물들이 타일렀지만 에코는 들은 척도 하지 않았어요.

"난 샘물의 요정, 촐랑촐랑 조잘조잘 얼마나 재미있는데요?"

에코는 쉴 새 없이 떠들고 다녔지요.

동물들은 참다못해 신을 찾아갔어요.

"에코 버릇을 고쳐야 해요." (할머니)

"제발 잠 좀 자게 해 주세요." (느린 하마 목소리)

에코의 버릇이 계속되자 마침내 헤라 여신은 한 가지 벌을 내렸어요.

그건 바로 남의 말만 따라 하는 것이었어요.

어느 날 에코는 연못가에서 멋진 청년을 만났어요.

"안녕, 귀여운 아가씨!"

"안녕, 귀여운 아가씨!"

"허허! 장난치지 마세요."

"허허! 장난치지 마세요."

나르키소스는 얼굴이 빨개졌어요.

"남을 놀리는 건 나쁜 일이에요."

"남을 놀리는 건 나쁜 일이에요."

나르키소스는 화를 버럭 내고 가 버렸어요.

'그게 아닌데, 그런 게 아닌데….'

에코는 너무 슬퍼서 산속으로 들어갔어요.

그리고는 울다 울다 지쳐서 소리만 남게 되었어요.

지금도 산에 가서 '야호' 소리쳐 보세요.

되돌아오는 메아리, 그게 바로 에코 소리지요.

화술 메모

이 동화는 그리스 신화의 한 부분을 아이들에게 맞게 개작한 것이다. 어린이들은 흉내 내는 것을 좋아해서 이런 유형의 동화를 좋아한다. 반복되는 구절에서 남, 여 목소리를 변별해 구연한다.

스무 개의 둥개 수건

원작: 이송은

민수에게는 오랜 친구가 하나 있어요.

그건 바로 아기 때부터 함께 지낸 커다란 분홍 수건이지요.

"대장님 나가신다. 길을 비켜라!"

민수는 커다란 수건을 걸치고 놀이터까지 나갔어요.

"제발, 그 수건 좀 놓고 다녀. 사람들이 흉보잖니?"

"싫어요."

사실, 민수는 아주 어렸을 때부터 그 수건과 함께 자랐어요.

"아이고, 우리 손주, 바람 들어갈라, 엎드려라. 둥개둥개 잘도 잔다."

할머니 등은 참 따뜻했어요.

할머니는 민수가 추울까 봐 큰 수건 자락을 휙 들어 꼭꼭 여미곤 하셨지요.

"할머니, 둥개둥개 해 줘."

"오냐~ 내 강아지, 둥개둥개 잘도 잔다."

그런데, 작년에 갑자기 할머니가 돌아가신 후로 민수는 수건을 더 놓지 않았어요.

'저렇게 만날 수건을 달고 다니니 어쩌지? 얼룩을 좀 묻혀 볼까? 그러면 더럽다고 싫어하겠지?'

다음 날 아침 민수는 수건을 보고 깜짝 놀랐어요.

"어? 이게 뭐예요?"

"미안해, 민수야. 엄마가 어제 만두를 먹다 간장을 엎질렀지 뭐니? 이제 그만 버리자, 응?"

"싫어요, 얼룩이 있어도 둥개 수건인 걸요, 뭐."

그 후로도, 여러 방법을 써 보았지만, 민수에게는 소용이 없었어요.

"킥킥, 쟤 좀 봐. 거지인가 봐. 유치원에 이상한 걸 가지고 왔어."

마침내 선생님과 부모님은 머리를 맞대고 함께 의논했어요.

"그런데, 수건 이름이 왜 둥개 수건인가요?"

"그게 말입니다. 할머니가 살아 계실 때 일이지요."

선생님은 '둥개'라는 이름에 얽힌 이야기를 다 듣더니 고개를 끄덕이셨어요. 그러고는 한참을 무언가 의논하셨어요.

그날 밤 아빠가 민수를 데리고 산책을 나갔어요.

"민수야, 너 이 노래 아니? 둥개둥개 잘도 잔다."

"어? 아빠가 그 노래 어떻게 아세요?"

"어릴 때 할머니한테 배웠지. 민수 너, 할머니 보고 싶지?"

"네."

"그래, 아빠도 그 수건을 보면 할머니가 업어 주시던 생각이 나는구나. 그런데 말이다. 만약 할머니가 살아 계시다면 지금쯤은 둥개 수건을 다르게 쓰실 것 같은데?"

"어떻게요?"

"음, 민수가 많이 커서 이젠 덮고 자기에 작지. 또 너무 낡았고, 그럴 땐 말이다…."

한참 후 민수는 고개를 가만히 끄덕였어요.

다음 날 아침, 민수네 유치원에서 유리창 청소가 시작됐어요.

"자, 오늘은 민수가 가져온 둥개표 걸레로 모두 창문을 닦아 보겠어요."

책상 위에 손바닥만 한 걸레가 자르르 놓였어요.

"와! 우리 손에 꼭 맞는 걸레다!"

그날부터 민수네 유치원엔 손바닥만 한 둥개 수건 열아홉 개와 얼굴만 한 작은 손수건 한 개가 함께 살게 되었대요.

화술 메모

유치원 친구들이 놀리는 장면의 대사는 '킥킥, 쟤 좀 봐.'를 여성으로 할 것인지, 남성으로 할 것인지를 생각해 보자. 이 경우 주인공 민수가 남아이므로 여아로 하는 게 구연이 쉬워진다. 또 이 부분은 반쯤 몰래 놀리고 있는 것이므로 '쟤 좀 봐.'에서 잠시 흘깃 옆을 보는 시선과 한 손 검지로 살짝 가리키는 것을 동시에 하면 사실적이다.

도둑 쫓은 이야기

전래 동화 / 각색: 이송은

옛날 어느 마을에 이야기를 무척 좋아하는 할아버지와 할머니가 살고 있었어요.

"영감, 심심한데 뭐 재미난 이야기 없수?"

"재미난 이야기라… 호랑이와 곶감 얘기해 줄까?"

"에잉, 새 걸로 해 줘요."

할아버지는 할 수 없이 이야기를 사러 밖으로 나갔지요.

'어디 가서 이야기를 산담?'

그때 논두렁에 소금 장수가 앉아 있는 게 보였어요.

'옳거니! 소금 장수는 소금을 팔러 여기저기 다닐 테니 이야기를 많이 알겠지.'

"여보게, 소금 장수~"

"영감님, 소금 드릴까요?"

"아니 아니, 소금은 필요 없고 재미난 이야기 있으면 팔게나."

소금 장수는 어리둥절했어요.

"이야기를 팔라구요."

"그래, 내 두 냥 주겠네."

소금 장수는 돈을 준다는 말에 귀가 솔깃해졌지만 도무지 생각나는 이야기가 없었어요.

'어쩌지? 무슨 이야기를 한담?'

그때 마침 황새 한 마리가 논두렁에 훌쩍 내려앉는 게 보였어요.

소금 장수는 자신도 모르게 중얼거렸지요.

"훌쩍 내려앉는다."

"옳거니, 이제 이야기 시작했구먼. 훌쩍 내려앉는다."

'아이구, 이건 이야기가 아닌데, 에라 모르겠다.'

"두리번두리번 둘러본다."

"두리번두리번 둘러본다!"

이번엔 황새가 부리로 뭔가를 콕콕 찍어 꿀꺽 삼켰어요.

"꿀꺽 삼킨다."

"꿀꺽 삼킨다!"

그 소리에 황새가 눈을 동그랗게 뜨고 두 사람을 쳐다보았어요.

"조기 조 눈!"

"조기 조 눈!"

황새가 놀라서 후다닥 날아가자 소금 장수도 자리를 털고 일어났어요.

"그 참, 이상하다. 시작도 끝도 없는 이야기일세. 새로 나온 이야기는 그런 건가 보지."

할아버지는 부랴부랴 집으로 달려갔어요.

"아이구! 영감, 재미난 이야기 사갖고 왔수?"

"아, 그럼."

저녁밥을 먹고 날이 어두워지자 이야기를 시작했어요.

"어험! 어험! "

"훌쩍 내려앉는다!"

그런데 그때 마침 도둑이 담을 훌쩍 넘다가 이 소리를 들었어요.

'아이쿠! 이게 무슨 소리람? '

도둑은 두리번두리번 주위를 둘러보았어요.

그러자 방 안에서 또 큰 소리가 들려왔어요.

"두리번두리번 살펴본다!"

'아이고, 어떻게 알았지? 틀림없이 누군가 보고 있는 게야. 어서 숨자.'

도둑은 허겁지겁 부엌으로 숨었어요.

부뚜막에는 따끈한 수수떡이 놓여 있었어요.

도둑은 배가 너무 고픈 터라,

'에라, 우선 먹고 보자.'

수수떡을 꿀꺽 삼켰지요.

그러자 방 안에서 또 큰 소리가 나지 뭐예요?

"꿀꺽 삼킨다!"

도둑은 놀라서 기절할 뻔했어요.

'도, 도대체 어떤 귀신이기에 보지도 않고 다 아는 거야?'

도둑은 살금살금 다가가서 손가락 끝에 침을 발라 창호지를 '뽕' 뚫었어요.

그러자 또 큰 소리가 나지 뭐예요?

"조기 조 눈!"

"헉."

도둑은 너무 놀라 뒤로 벌렁 넘어졌어요.

"귀신이다. 귀신이야. 사람 살려."

도둑은 '걸음아, 날 살려라.' 하고 도망쳐 버렸어요.

그 후로 할아버지가 사는 동네엔 도둑이 얼씬도 하지 않게 되었대요.

화술 메모

소금 장수를 따라 말하는 할아버지 대사 부분이 이 동화의 백미이다. 시선은 정면을 보면서 또박또박 따라 하면, 더욱 재미있게 즐길 수 있다. 아동들도 함께 말할 수 있도록 격려하며, 할머니 앞에서 재현하는 대목에서는 동작을 곁들여 약간 으스대는 분위기로 한다.

요건 내 떡

전래 동화 / 각색: 이송은

옛날 어느 마을에 아주 고집 세기로 유명한 할아버지와 할머니가 살고 있었어요.

하루는 옆집에서 마당쇠라는 일꾼이 찾아왔어요.

"할머니, 계세요? 저희 집 아기씨 백일 떡입니다요."

"아이구, 고맙기도 하지. 아픈 귀신 도망가라 수수팥떡, 평생토록 배불러라, 볼록볼록 바람떡, 눈같이 깨끗해라 백설기떡…."

할머니는 떡을 보고선 너무 신이 났지요.

"그럼, 전 이만 물러가겠습니다. 할아버지, 많이 드세요."

그런데 마당쇠가 가고 나서 문제가 생겼어요.

아, 할아버지 할머니가 서로 자기 떡이라고 우기지 뭐예요?

"영감도 참, 그 애가 들어올 때 '할머니, 계세요?' 하고 날 찾지 않았수? 그러니 그 떡은 나에게 갖고 온 거죠."

"허허~ 참, 이 봐, 할멈! 모든 일은 끝이 중요한 거라고. 그 마당쇠란 놈이 나갈 때, '할아버지, 많이 드세요~' 하고 갔으니 당연히 내 것이지. 이건 내 떡일세."

떡접시를 밀고 당기고 한참 실랑이를 벌였지만 답이 나오지 않았어요.

할아버지와 할머니는 마침내 궁리 끝에 한 가지 방법을 찾아냈어요.

둘이서 '말 안하기' 내기를 해서 끝까지 말을 안 한 사람이 떡을 먹기로 한 것이죠.

"시~작!"

할아버지와 할머니는 누가 먼저 말을 하나 쳐다보면서 떡 한 번 보고 침 한 번 꿀꺽, 또 한 번 보고 침 한 번 꿀꺽 하면서 버티었어요.

'아이구, 답답해. 저 영감은 지독하기도 하지. 웬만하면 잔기침이라도 한 번 하련만… 흥, 어림없지. 그런다고 내가 질 줄 알고?'

'흥, 저 할멈 욕심은 알아줘야 한다니까… 나이도 한 살 위인 나에게 양보를 하면 좀 좋아? 아무튼 버릇을 고치기 위해서라도 저 떡은 내가 먹고 말 거야.'

그때였어요.

'쿵' 하고 뒤뜰에서 소리가 나더니 시커먼 보자기를 쓴 사람이 문을 쓰윽 여는 게 아니겠어요?

"쉿! 안녕하슈, 어르신! 조용히만 있으면 해치진 않으리다…."

할아버지와 할머니는 소리를 지르고 싶었지만 떡을 못 먹게 될까 봐 아무 말도 하지 못했어요.

"호랑이 가죽, 은가락지, 청국 비단에, 엽전까지…."

도둑은 너무너무 신이 났어요.

도둑의 보따리가 커질수록 두 사람은 속이 바작바작 탔지만 누구도 지고 싶진 않았어요.

"거 참, 이상하네. 말 못하는 인형인가? 그런데 숨은 쉰단 말씀이야. 훠이! 훠이!

하긴 뭐 내가 상관할 바 아니지. 자 이번엔 베개 속을 볼까? 어 어 이건 금비녀 아니야?"

순간, 할머니는 눈앞이 노~래지는 것 같았어요. 할머니가 제일 아끼는 물건이었거든요.

'아이고, 나 죽네. 그래도 이제 와서 질 수는 없지. 으드득…'

할머니가 눈을 질끈 감는 순간, 이번엔 도둑의 인사말이 들려왔어요.

"덕분에 한 재산 잘 챙겨 갑니다. 기왕 털어 가는 김에 마루 밑의 꽃고무신도 실례!"

순간, 할머니는 너무 화가 나서 큰 소리로 외치고 말았어요.

"도, 도둑이야! 저 놈 잡아라~"

그러자, 할아버지는 글쎄 냉큼 떡을 집으며

"요건 내 떡!" 하더래요.

화술 메모

여러 가지 떡을 나열할 때 운율을 살려 노래처럼 읽고, 마지막에 할머니가 결국 소리틀 터뜨리는 대목에서는 점층적으로 감정표현과 소리를 키운다.

수미의 소원

원작: 이송은 / 각색: 정복례

수미 아빠는 수미가 어렸을 때부터 앓아누워계시고, 엄마는 늘 바쁘게 일하시지요.

"수미야, 아빠 약 잘 챙겨 드리고 너도 밥 꼭 챙겨 먹어."

수미는 엄마가 가져다 준 재활용지에다 그림을 그리기 시작했어요.

송글송글 콧잔등에 땀이 맺히도록 수미는 무언가를 열심히 그렸어요.

"콜록콜록, 수미야, 무얼 그렇게 열심히 그리는 거냐?"

"이거요? 인형이요."

수미가 내민 종이에는 크고 작은 인형이 가득했어요.

"인형이 그렇게 갖고 싶냐?"

"네."

들릴락 말락 수미가 조그맣게 대답했어요.

가난한 집안 형편을 아는지라, 왠지 크게 말하면 안 될 것 같았기 때문이지요.

며칠 후 수미의 생일날이 되었어요.

엄마는 작년에도 그랬던 것처럼 초코과자 한통을 사주시고 일찍 나가셨어요.

"수미야, 생일 축하해. 이 미역국 먹고 씩씩하고 건강해져야 한다."

아빠가 떨리는 손으로 촛불을 켰어요.

"우리 착한 딸, 이제 소원을 말해야지."

"아빠가 빨리 건강해지셨으면 좋겠어요. 그리고…"

"콜록, 그리고 또 뭐냐?"

"인형이 갖고 싶어요."

"그래, 그 소원이 꼭 이루어질 거야."

그 날 오후 수미네 집에 누군가가 찾아왔어요.

"계십니까? 여기 인형을 좋아한다는 아이가 있는 집 맞나요?"

문을 열고 나가 보니 알록달록 피에로 복장을 한 아저씨가 서 있었어요.

"누구세요?"

"난 생일 소원을 들어주는 피에로지. 너 인형을 갖고 싶다고?"

"네, 그런데 그걸 어떻게 아셨어요?"

"쉿! 비밀. 자, 지금부터 인형을 만나 볼까?"

아저씨가 자루를 뒤척뒤척하더니 무언가를 꺼냈어요.

수미는 혹시 인형인가 싶어 목을 빼고 들여다보았지요. 하지만 그건 밥 주걱이랑 김 솔이었어요.

"이건 인형이 아니잖아요."

"오호~ 실망하긴 이르지. 잘 보렴. 이렇게 잡고, 스티커를 착착 붙이면, 짜잔!"

순식간에 주걱은 소녀, 김 솔은 머리가 삐죽삐죽한 소년이 되었어요.

"우와! 신기하다!"

"수미야, 인형은 말이야, 가게에만 있는 게 아니에요. 누구든지 쉽게 만들 수 있지. 또 이렇게 직접 만든 것은 수미 너 혼자만 갖고 있으니 더 멋있지 않니?"

아저씨와 수미는 요구르트병이랑 휴지 심으로 책상에 세우는 인형도 만들어 보았어요.

"우와! 뭐든지 인형으로 만들 수 있군요."

"자, 그럼 마지막으로 강아지를 만들자꾸나."

아저씨는 초코과자 상자에 컵을 붙여 머리를 만들고, 양쪽으로 행주를 붙여 귀처럼 늘어뜨렸어요. 그리고는 나풀나풀 손수건으로 멋진 다리도 만들었어요.

"와, 다리가 움직여요. 이 강아지는 내가 산책데리고 갈 거예요"

"그거 좋은 생각이다. 이제 이 인형들이 있으니 심심하진 않겠지?"

"네, 친구들에게 막 자랑하고 인형놀이 할 거예요."

그때 아저씨가 자루에서 커다란 초록 쇼핑백을 꺼냈어요.

"이건 뭐하시게요? 인형을 담을 거예요?"

아저씨는 대답 대신 빙긋 웃었어요.

"개굴개굴, 난 입 큰 개구리야. 인형들을 잡아먹지."

"아, 깜짝이야!"

쇼핑백 개구리는 정말 입이 컸어요.

"자, 인형을 좋아하는 수미 천사님, 안녕~."

"잠깐만요."

수미가 갑자기 마당 한 구석으로 가더니 긴 막대 걸레를 가지고 왔어요.

"나도 강아지 인형 만들어 볼래요."

수미는 회색 실들이 조르르 붙은 곳에다 컵을 탁 붙였어요.

그러자 걸레는 순식간에 더벅머리 강아지가 되었어요.

"오, 우리 수미, 대단한데?"

"히히, 아저씨, 이 강아지는 올라타는 거예요. 타세요."

"오냐, 그것참 신나겠구나."

아저씨와 수미는 껑충껑충 걸레자루를 잡고 한 바퀴 돌았어요.

그날 밤, 수미가 잠든 뒤 아빠는 누군가와 가만가만 전화를 하셨어요.

"콜록콜록, 여보게, 수미가 그렇게 좋아하는 건 처음 보았네. 인형극단 일도 바쁠 텐데 일부러 와 줘서 고마웠네."

그 날 이후 수미는 이 세상에서 가장 재미있는 인형을 가진 아이가 되었대요.

화술 메모

이 동화는 구연자가 생활소품을 이용하여 인형 만들기를 해 보이며 동화를 들려주면 흥미를 배가할 수 있다. 피에로의 목소리는 익살스럽게, 수미 아빠는 간간이 기침소리를 첨가해 병약함을 보여 준다.

[사랑방 6-1]

성우, 연극배우, 동화구연가

소리 연기와 관련된 대표적인 직업으로 성우와 연극배우를 들 수 있다. 그렇다면 줄거리와 여러 명의 등장인물이 있는 작품을 연기할 때 성우, 연극배우, 동화구연가는 어떻게 다를까?
실 예로 동화구연강좌 수강생 중에 성우나 연극배우의 이력을 가진 경우가 있는데, 이들은 등장인물 묘사나 동화 녹음에서는 탁월한 능력을 보인다. 그러나 이야기 한 편을 혼자서 들려줄 때에는 해설이 자연스럽지 않다거나 특정 역할이 너무 도드라지는 경우가 많다(예 연극배우는 해설을 독백처럼 하는 경향이 있는데, 어른이 듣기에는 편하지만 아이들 귀에는 쉽게 들어오지 않음). 이 같은 현상은 어디에 비롯된 것일까?
성우는 라디오 드라마나 외화더빙 등을 할 때 여러 명이 각각의 역할을 맡아서 하는 게 일반적이다 연극배우 역시 모노드라마 외에는 여러 명이 출연하고 배경이 되는 무대, 음향, 조명 등의 도움을 받는다. 이에 비해 동화구연가는 순수구연의 경우, 소품이나 배경의 도움 없이 오직 목소리와 표정, 약간의 몸짓(제스처)만으로 이야기의 모든 등장인물 대사와 해설을 소화한다. 또한 성우와 연극배우는 자신이 맡은 특정 역할로 들어가 완벽하게 소리연기를 하는 게 중요하나, 동화구연가는 전체적으로 이야기를 재미있게 전달하는 것이 중요하다. 역할 간의 균형과 효과적인 해설처리가 필요하며 특정인물에 대한 지나친 성대모사는 오히려 이야기의 균형을 깨뜨릴 수 있다.
성대모사가 완벽하지 않아도 된다는 점, 이것이 누구나 이야기꾼으로 쉽게 다가갈 수 있게 하는 보편성이라면, 혼자서 여러 역할과 해설, 연출을 맡아 청중을 책임져야 하는 점은 동화구연가가 지녀야 할 통합적 전문성이라 볼 수 있다.

연구문제

- “그 사람은 화술만 좋아.”라는 표현 중의 화술과 동화구연에서 말하는 화술은 어떻게 다른가?
- 손유희와 화술은 어떤 관계가 있는가?
- 동화를 들려줄 때 시작과 끝 부분을 여유 있는 속도로 하는 이유는 무엇인가?
- 역할이 뚜렷이 나타나지 않은 주변 인물(친구, 지나가는 사람) 두 명의 대사가 있다. 이들을 어떻게 목소리 성격설정을 하면 좋을까?

CHAPTER 07

교수매체

매체(media)란 라틴어에서 유래된 말로서 'between-맺어주는 역할, 다리'의 의미를 갖는다. 교수매체란 교육현장에 사용되는 여러 가지 구체물로 된 교육자료를 말하며 교과서를 포함하여 모든 인쇄매체, 실물, 표본, TV, 컴퓨터를 비롯한 기계도구, 놀잇감 등 일체의 도구가 여기에 포함된다.

우수한 그림책이 많이 출간되면서 과거만큼 문학 활동 시 교구 제작을 강조하지 않는 게 일반적 추세이다. 그러나 손으로 만든 교구 특유의 친근감과 색다른 문학 활동 매체로서의 교구 사용은 어린이들의 주의 집중 효과뿐만 아니라 문학에 대한 관심을 높여 주는 효과가 있다. 반응 중심 문학 활동을 격려하기 위해서, 혹은 색다른 감상의 경험을 제공하기 위해 전달 매체 기법을 활용해 보자.

문학 활동 교수매체는 크게 전통적인 교수매체 유형과 창의적인 교수매체 유형 두 가지로 나눌 수 있다.

1 전통적 교수매체

1) 그림동화

그림동화의 종류에는 낱장식, 병풍식, 괘도식(탁상달력 포함)이 있고 그중 낱장식 그림동화가 대표적이다. 낱장 그림동화는 각각의 장면을 하드보드나 폼보드에 붙이고, 필요에 따라 뒷면에 글을 붙인다. 그림책이 본격적으로 나오기 전에 많이 사용되었던 형태이며, 여러 장면을 동시에 나란히 배열해 보여 줄 수도 있다. 그림과 글을 앞뒤로 분리한 특성으로 인해 아동이 글의 간섭을 받지 않고 그림에 집중할 수 있도록 한다는 장점이 있는 반면, 뒷면의 대본을 읽느라 자칫 아동의 시선을 놓치기 쉬우므로 유의해야 한다.

▣ 동화 원문

「흰 쥐」, 『옛날옛날에』 휴 럽톤 글, 니암 샤키 그림, 공경희 옮김, 시공주니어, 2002

괘도식

병풍식

흰 쥐 도안 1

흰 쥐 도안 2

정지된 평면에 변화를 주기 위해 '움직이는 그림동화'를 만들 수도 있다. 가장 일반적인 형태의 움직이는 그림동화는 배경판에 칼집 선을 내고 그 선을 따라 등장인물 컷이 별도로 움직일 수 있게 만드는 것이다. 컷 뒷면에 'ㄱ'자로 구부린 책받침이나 코팅필름 조각을 붙이고 손잡이 부분을 배경판의 칼집 선 틈을 관통해 뒤로 빼낸 다음, 배경판 뒤에서 조작한다. 칼집선 형태에 따라 컷을 상하, 좌우뿐만 아니라 곡선의 궤적으로 표현할 수 있고, 할핀을 사용하면 그림 컷의 움직임을 좀 더 세부적으로 표현할 수 있다.

▣ 달팽이 동시 교구 활용

「달팽이」

김영일 동시

1. 달팽이가 이사 가는 장면

한 손은 동시 배경판을 잡고, 다른 손으로는 천천히 달팽이 컷의 손잡이를 잡고 뒤에서 칼집선을 따라 움직여 준다. '한 고개', '두 고개'에 강세를 둔다.

2. 해님이 지는 장면

'어, 다 못 가'까지 하고 달팽이를 멈추고, 해님을 가림 컷(숲) 뒤로 당기며 해가 지는 모습을 연출한 후, 동시의 나머지 부분을 낭송하고 마무리한다.

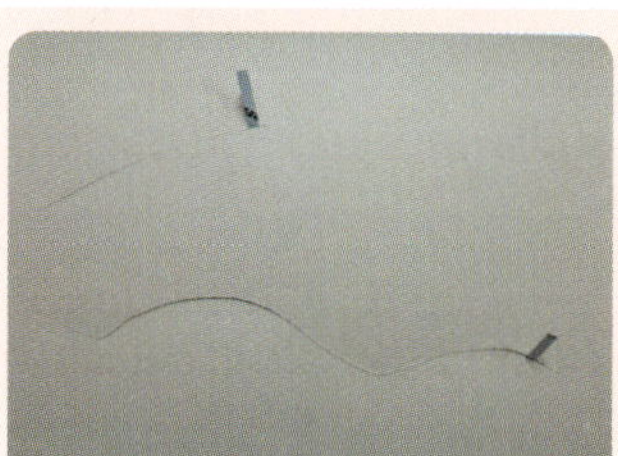

동시 배경판 뒷면

동시 배경판의 칼집 선에서 등장인물 컷들이 빠지지 않게 유의한다.

2) 원반동화

그림 동화의 일종으로 전체적으로 두 개의 원반이 중심부의 연결단추로 결합돼 있다. 그림이 그려진 아랫판과 부채꼴로 절개(장면 하나 크기) 되어 있는 윗판으로 구성되어 있고, 덮개에 해당하는 윗판을 돌려가며 구연한다. 유아들이 혼자서도 쉽게 조작할 수 있다는 장점이 있다. 그림을 연속해서 차례대로 감상할 수 있다.

쥐와 개구리

〈'쥐와 개구리' 원반동화 교구 만들기(원문은 p. 121 참조)〉

* **준비물:** 폼보드, 색연필, 똑딱이 할핀, 송곳
* **만드는 법**

① 폼보드(하드보드지)로 큰 원형을 2개 만든다. (윗판이 아랫판보다 약간 클 것)
② 원형을 8등분으로 나누어 제시된 형태로 그림을 그린 후 색칠한다.
③ 윗판은 8등분 중 한 등분을 위에 제시된 그림과 같이 자른다.
④ 완성된 윗판과 아랫판을 똑딱이 할핀으로 고정시킨 후 윗판을 돌려가며 그림을 제시한다.

쥐와 개구리 표지, 회전판 도안

3) 낚싯줄동화

낚싯줄동화는 크게 보면 움직이는 그림동화에 속하며, 직선 이동을 분명하게 보여줄 수 있어 주의 집중 효과가 크다. 등장인물이 높이 올라가거나 내려오는 것, 앞뒤로 왔다 갔다 하는 것 등을 가장 효과적으로 보여줄 수 있는데, 가령, '방귀 시합'이라는 전래동화에서 방귀쟁이의 방귀바람에 이웃집 처녀가 굴뚝 밖으로 튕겨져나가는 효과를 들 수 있다.

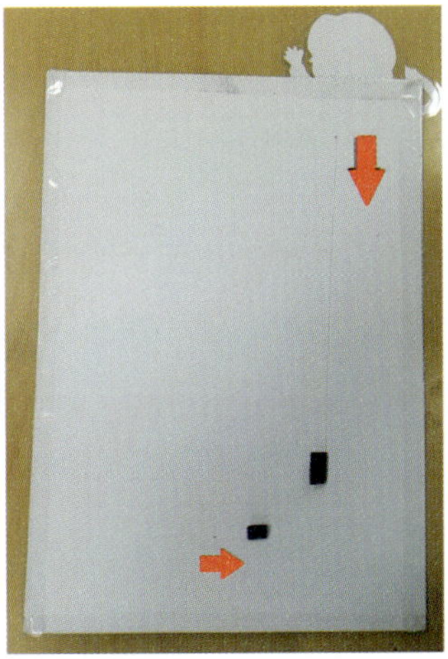

방귀 시합

낚싯줄 동화

방귀 시합

전래동화 / 각색: 이송은

1. 옛날 어느 마을에 방귀를 아주 잘 뀌는 아주머니와 아저씨가 살고 있었어요.

아주머니는 아침이든 저녁이든 언제나 방귀를 뀌고 다녔지요.

봉~, 봉~

"윽! 냄새"

"어이쿠! 지독해."

사람들은 아주머니가 나타나면 서둘러 도망치곤 했어요.

"내 방귀가 얼마나 센지 한번 보시겠어요? 하나, 둘, 셋!"

뽕 ~~~~~~~~~

그러자 이게 웬일인가요? 나무가 뿌리째 휙~ 날아가지 않겠어요?

1-1. 이번에는 아저씨도 가만있지 않았어요.

"허허, 그 정도는 방귀도 아니지."

붕~, 붕~

아저씨가 움직일 때마다 고약한 냄새가 풀풀 퍼져갔어요.

"으악! 숨을 쉴 수가 없어."

사람들은 걸음아 나 살려라 도망갔지요.

"어험, 내 방귀가 얼마나 센지 한번 보시겠어요? 하나, 둘, 셋!"

뿡 ~~~~~~~~~

글쎄, 초가집 한 채가 슝 날아가 버렸어요.

2. 하루는 아저씨가 아주머니 집을 찾아갔어요.

"이리 오너라. 이리 오너라. 안에 누구 없소?"

"누구세요? 어머니는 지금 안 계시는데 무슨 일이세요?"

방문을 열고 나온 건 그 집 딸이었어요.

"나로 말할 것 같으면, 방귀대장이지. 어머니와 방귀 시합을 하러 왔다."

"방귀는 우리 엄마가 제일이거든요, 칫!"

딸은 방문을 쾅 닫고 부엌으로 가버렸어요.

"뭐, 뭐라고? 저, 저런!"

아저씨는 화가 머리끝까지 났어요.

2-1. "저런 버르장머리 없는 것 같으니라고!"

아저씨는 엉덩이에 힘을 잔뜩 주었어요.

"내 방귀 맛 좀 봐라. 하나, 둘, 셋!

뿡 ~~~~~~~~~

마침 아궁이 앞에 있던 딸은 눈 깜짝할 새 굴뚝 밖으로 휘익 날아갔어요.

3. 뒤늦게 소식을 듣고 달려온 아주머니는 펄펄 뛰었지요.

"아니, 나도 없는 집에 와서 귀한 딸에게 무슨 짓이에요?"

"허참! 내 방귀가 최고인데 어린애가 말도 안 되는 소리를 하질 않나, 문을 쾅 닫고 들어가지를 않나."

둘은 다투다, 다투다 결국 방귀 시합으로 승부를 가리기로 했어요.

"흥, 각오하시지. 저 산 너머로 날려버릴 테니까."

"누가 할 소리? 누가 더 센지 어서 결판을 내자고."

드디어 시합이 시작되었어요.

뽀옹~

뿌웅 ~

뽀옹~

뿌웅 ~

두 사람의 방귀는 정말 막상막하였지요.

4. 어느새 해도 지고 벌써 저녁이 되었어요.

'아이고 힘들어! 소문대로 만만치 않군.'

'아니, 아줌마가 뭘 먹고 저렇게 힘이 센 거야? 지치지도 않네.'

"이제, 한 방으로 결판을 내자고요."

"그래, 해봅시다."

결국 둘은 동시에 있는 힘을 다해 방귀를 날렸어요.

"하나, 둘, 셋!"

뽕~~~~~~, 뿡~~~~~~

그러자 이게 웬일인가요?

절굿공이가 슝- 하늘로 치솟지 않겠어요.

두 방귀가 맞부딪쳐 엄청난 힘이 생긴 거지요.

5. 절굿공이는 한참 동안 휘리리릭~ 휘리리릭 하늘 높이 날아갔어요.

절굿공이가 멈춘 곳은 달나라였지요.

쿵! 계수나무 아래에서 졸고 있던 토끼는 깜짝 놀랐어요.

"어머머, 이게 뭐야? 절굿공이 아냐!"

그 후로 달나라 옥토끼는 쿵더쿵쿵더쿵 절구를 찧어 맛있는 떡을 해 먹게 되었대요.

※ 1-1, 2-1은 처음 1, 2번에 붙였던 컷을 떼고 다음 컷을 붙이는 장면이다.

〈방귀 시합 낚싯줄동화 교구 만들기〉

* **준비물:** 배경판(하드보드지 6장: 하늘색 3장, 미색 1장, 남색 1장, 진남색 1장 / 한지), 그림 컷, 투명접착테이프, 접착 보슬이, 송곳, 낚싯줄
* **만드는 법**

① 배경판의 컷이 움직이는 동선 양쪽 끝에 송곳으로 구멍을 뚫는다.

② 낚싯줄의 양끝을 배경판의 구멍으로 통과하게 뀐 다음, 뒤에서 낚싯줄을 서로 묶어 매듭을 짓는다(※ 매듭 부분을 보슬이나 접착 융 조각으로 감싸면 손잡이가 되어 조작하기가 쉽다).

③ 배경판의 앞면에 위치한 ②의 낚싯줄에, 움직이고자 하는 컷을 투명테이프로 고정시킨다.

방귀 시합 도안 1

방귀 시합 도안 2

4) 융판동화

융판동화는 현장에서 가장 보편적으로 쓰이는 교수매체 중 하나이다. 기관에 비치돼 있는 고정식 융판을 활용하거나 또는 접이식 이동 융판을 삼각대처럼 놓고 쓰기도 한다. 융판을 앞치마나 접이식 형태로도 만들 수 있다.[1] 접이식 융판은 양쪽을 펄럭거릴 수 있어 나비나 새의 움직임을 역동적으로 보여 주거나, 두 면을 분할해서 차례로 등장인물을 소개할 때 효과적이다. 융판용 그림 컷은 일반적으로 펠트나 코팅된 그림 컷에 까슬이를 붙여 만든다. 융판동화는 특히, 등장인물이 점차 늘어나거나, 줄어드는 상황(예 『커다란 순무』, 『무지개 꽃이 피었어요』)을 효과적으로 보여 줄 수 있으며, 등장인물뿐만 아니라 배경도 컷을 바꿔 붙임(예 가을이 온 것을 초록 숲에서 가을철 단풍 숲 배경으로 교체)으로써 변화를 줄 수 있다. 융판동화를 좀 더 역동적으로 보여 주기 위해서 각 등장인물의 대사를 할 때 그림 컷을 가볍게 움직여 줄 수도 있다. 그림 컷 제작 시, 등장인물들의 시선 방향(예 서로 마주 보고 대화를 하는 두 등장인물의 경우, 시선 방향이 서로 달라야 함)이 맞는지 사전에 확인이 필요하다.

▣ 동화 원문

『무지개꽃이 피었어요』 마이클 그레니엣 글·그림, 길지연 옮김, 국민서관, 2002

융판동화 - 무지개꽃이 피었어요(1)

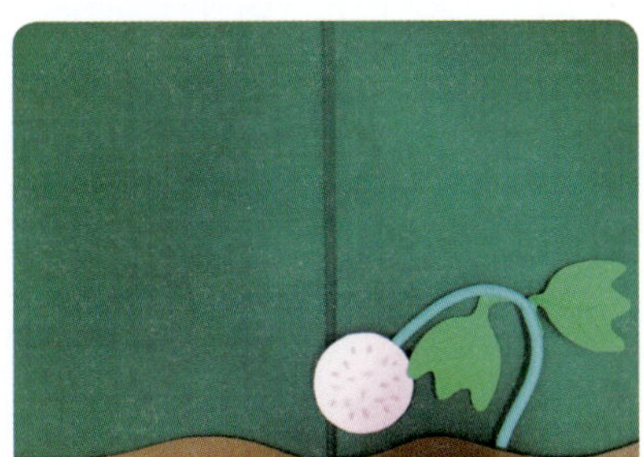

융판동화 - 무지개꽃이 피었어요(2)

1) 특수종이로 만든 패널시어터도 융판동화의 일종이라 볼 수 있다.

5) 자석동화·동시

등장인물이나 사물의 컷 뒤에다 자석을 붙이고, 배경판 맞은편에서 또 다른 자석을 조작함으로써 앞에 있는 컷을 움직이는 기법을 말한다. 배경판은 함석판이나 하드보드지, 아크릴판을 쓰기도 한다. 뒤에서 조작하는 자석이 강력해야 하며, 물고기처럼 전후, 좌우, 상하, 곡선으로 움직임이 필요한 동화에 적합하다. 바람에 날리는 나뭇잎, 풍선, 새, 나비, 잠자리 등의 표현에도 효과적이다.

「으뜸헤엄이」

자석동시

「고추처럼」

문삼석 동시

고추잠자리는
가을에 익어요.

고추처럼 가을에
빨갛게 익어요.

쨍쨍 가을 볕
너무 매워서

고추처럼 가을에
빨갛게 익어요.

동시판을 활용한 스토리텔링

- **해설:** (동시판을 제시하고 가리키며) 가을이 되자 하늘은 파랗고, 단풍은 빨갛고, 벼는 누렇게 익어서 황금들판이 되었어요.
- **고추잠자리:** (동시판 아랫부분에 있던 잠자리를 위로 등장시키며) 그때 누군가가 살며시 나타났어요. 안녕, 친구들! 가을이 와서 너무 기뻐. 가을이 되면 나도 이렇게 빨갛게 익거든. 저~기 빨간 단풍잎이랑 빨간 고추도 보이네. 안녕~
- **해설:** (해님을 구름 밖으로 나오게 하며) 그때 해님이 쨍쨍 비추었어요.
- **고추잠자리:** 앗! 뜨거워. 가을 햇볕이 어찌나 뜨거운지, 나도 이렇게 빨갛게 익었어요.
- **해설:** 그때 허수아비 아저씨도 인사해요.
- **허수아비:** (허수아비 한쪽 팔을 위로 올리며) 어서 오너라. 잠자리야, 가을 들판에 온 걸 환영한다. 올해도 이렇게 벼가 누렇게 익어서 황금들판이 되었단다.
- **고추잠자리:** 정말 멋져요. 사실은 제가 아까 누런 가을 들판에 가을 편지를 숨겨두었어요. 잘 찾아보세요.
- **허수아비:** 편지라고? 편지야~, 어디 있니?
- **해설:** (편지 봉투 그림 컷 움직이며) 그때 시원한 가을바람이 휙 불었어요. 그러자 황금 들판에 숨어 있던 편지는 휘잉 날아왔어요.
- **허수아비:** 허허허. 어떤 편지인지 몹시 궁금하군요. ㅇㅇ반 친구들이 도와줄 수 있겠나요?
- **교사:** 네, 잠깐만 기다리세요. 친구들, 어떤 편지인지 꺼내 볼까요?
  (편지를 봉투에서 꺼내, 융판에 붙이고 감상한다.)

❶ 잠자리 등장

❷ 잠자리 비상

❸ 허수아비 인사

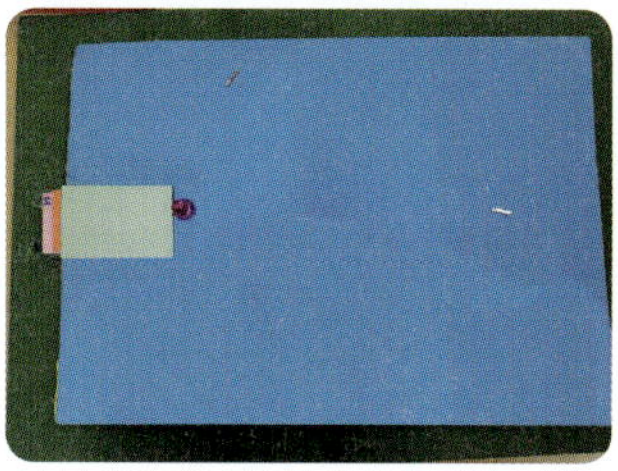
❹ 교구 뒷면

❺ 잠자리 몸통 색깔 카드

6) 텔레비전동화

튼튼한 판지로 된 상자(예 바나나 상자)로 텔레비전 틀을 만들고, 두루마리 형태의 그림을 붙인 봉 두 개를 같은 방향으로 움직임으로써 화면이 바뀌게 하는 기법이다. 이때 그림은 교구의 화면 테두리 너비만큼 가려지는 것을 감안하여, 화면보다 크게 그리는 게 좋다. 그렇지 않으면 장면과 장면이 끊어지기 때문이다. 텔레비전동화의 가장 큰 특징은 배경그림을 일정한 방향으로 움직임으로써, 틀 전면에 제시된 등장인물이 마치 그 반대방향으로 움직이는 것처럼 보이게 하는 착시효과를 만들어 내는 것이다. 주인공이 여러 등장인물을 만나면서 다니거나, 여러 곳을 여행하는 등의 내용이 텔레비전동화에 어울린다.

텔레비전동화(1)

텔레비전동화(2)

텔레비전동화 뒷면

텔레비전동화

차와 다가 만나면

원작: 이송은

숲속에, 글자들이 모여 사는 동산이 있었어요.

어느 날, 글자 '차'가 '다'를 불렀어요.

"안녕, '다'야, 우리 둘이 만나면 무슨 말이 되는지 아니?"

"그야, '차다'지."

"그럼 '차다'가 어떤 뜻이 있는지도 알아?"

"글쎄…."

'차'와 '다'는 아이들이 사는 마을로 내려갔어요.

그때, 저만치서 축구 선수가 보였어요.

"아, 공을 차다!"

'차'와 '다'는 열심히 응원을 했어요.

그러자 기다렸다는 듯이 축구 선수가 공을 뻥 찼어요.

"슛~ 골인!"

드디어 '삐익~' 축구경기가 끝났어요.

"헉헉!"

축구 선수가 가쁜 숨을 몰아쉬었어요.

"아, 숨이 차다!"

'차'와 '다'는 시원한 것을 찾아 두리번거렸어요.

그때 저만치 맛있는 오렌지 주스가 보였어요.

"와, 주스다!"

그런데 얼음까지 들어간 주스는 송글송글 물방울까지 맺혀 있어요.

"앗 차가워!"

"주스가 차다!"

순간, 쨍그랑! 컵이 산산조각 나고 말았어요.

'차'가 덤벙대다가 컵을 놓친 거지요.

"아이고! 어디 다치진 않았느냐? 쯧쯧쯧, 조심하지 않고서…."

할머니가 혀를 찼어요.

"혀를 차다!"

'아 참, 지금 몇 시지?'

'차'가 두리번거리자, 손목시계를 찬 친구가 팔을 쭉 뻗었어요.

"시계를 차다!"

'차'와 '다'는 허둥지둥 어디론가 달려가기 시작했어요.

그곳은 바로 해님도서관 이야기 방이었어요.

"헉헉, 차야, 여기가 재미있는 이야기랑 그림책 들려주는 곳 맞지?"
"응, 지난번에 다른 글자도 여기에서 재미있게 놀다 갔대."
'차'와 '다'는 속삭이며 주위를 둘러보았어요.
재미있는 책과 어린이 친구들이 가득 차 있었어요.
"친구들이 가득 차다!"
"책이 가득 차다!"

캄캄한 밤이 돼서야 '차'와 '다'는 글자 동산으로 돌아왔어요.
그런데 둥그런 보름달이 동산을 환하게 비춰주고 있지 않겠어요.
"어, 며칠 전까지는 반달이었는데, 언제 저렇게 달이 찼지?"
"어, 달이 차다!"
"와아, 또 찾았네!"
"우리 둘이 만나면 진짜 재미있는 말이 많아, 그치?"
'차'와 '다'는 마주 보고 활짝 웃었어요.
그때 저만치서 글자 '타'가 손을 흔들었어요.
"다음엔 내 차례야. '다'야, 나랑 같이 여행 가는 거 잊지 마!"

〈텔레비전동화 교구 만들기〉

* **준비물:** 두루마리 그림, 바나나 상자, 접착펠트, 4절 색상지 2장(봉 재료), 8절 마분지 2장, 종이 테이프

* **만드는 법**

① 상자의 가운데를 사각형으로 잘라낸다.
② 상자에 봉이 들어갈 구멍을 양쪽에 뚫어준다. (지름 5cm 정도)
③ 상자에 전체적으로 접착펠트를 붙인다.
④ 4절 색상지를 봉 형태로 말아서 2개를 준비한다. (지름 약 4cm)
⑤ 봉이 이탈하지 않도록 마분지로 지지대를 만들어 양쪽 바닥에 붙인다.
⑥ 봉을 상자 구멍에 꽂는다.
⑦ 봉에 두루마리 그림을 붙인다.

※ 봉의 소재는 지관이나 나무막대 등을 사용할 수도 있으며, 두루마리 그림을 먼저 붙여 상자에 끼울 수도 있다.

7) OHP 동화

OHP 필름에 셀로판지나 유성매직으로 그림을 그려서 OHP 기기 위에 올려놓으며 동화를 들려주는 기법이다. OHP 필름이 투명한 소재이기 때문에 겹치기 효과를 낼 수 있다는 점이 가장 큰 특징이다. OHP 기기 사용이 어려울 경우, 하얀 칠판이나 도화지를 배경판으로 이용할 수 있다. 『이건 막대가 아니야』 그림책은 앞뒤 두 장면이 겹쳐져 새로운 장면을 만들어 내는 대표적인 예이다. 다음 소개할 '쥐와 연필'은 OHP필름 5장으로 손쉽게 만들 수 있는 OHP동화이다.

OHP동화

쥐와 연필

어느 날 생쥐가 연필을 만났어요.

"이빨이 근질근질한데 연필을 갉아먹으면 맛있겠다."

"잠깐! 생쥐님, 먼저 수수께끼를 맞히셔야 해요. 그 다음에 잡아먹으라구요."

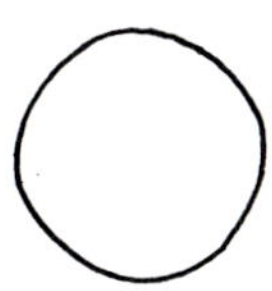

연필은 먼저 큰 동그라미를 그렸어요.

"달님인가? 호떡인가?"

"아니요."

"좀 더 그려 봐."

연필은 작고 뾰족한 잎사귀를 그려 넣었어요.

"옳아, 가면이다! 아니면 연근?"

"아니요."

"그럼 힌트를 더 줘."

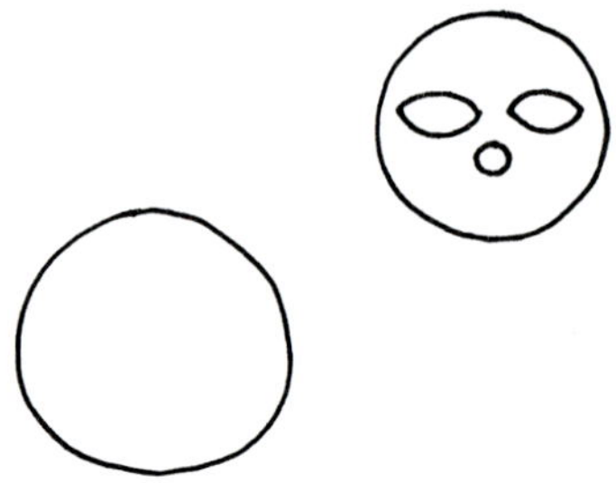

그 다음엔 큰 동그라미를 하나 더 그렸어요.

"알았다. 빈대떡이랑 접시다."

"아니요."

연필은 이번에는 길쭉한 동그라미를 하나, 둘, 셋, 넷, 다섯 개 그렸어요.

"알았다. 소시지하고 포크하고 쟁반!"

"아니요."

연필이 그린 건 바로 바로 고양이였어요.

"꺅!"

생쥐는 멀리멀리 도망치고 말았대요.

〈'쥐와 연필' OHP 동화 교구 만들기〉

* **준비물:** 고양이 도안, A4 OHP필름 5장, 검정 유성매직, 8절 흰색 하드보드지 1장, 접착 투명 테이프, 플라스틱 링 2개, 자, 칼, 펀치

* **만드는 법**

① 고양이 도안 위에 OHP필름 올리고 검정색 유성 매직으로 순서대로 그림을 그린다.

② 하드보드지를 〈그림 A〉와 같이 ㉠세로선은 자르고 ㉡ 가로 점선은 뒤쪽에 칼집을 살짝 내어 접는다.

③ 〈그림 B〉와 같이 잘라낸 Ⓑ를 Ⓐ의 아래쪽에 0.3cm정도 여유를 둔 후 투명테이프로 붙인다.

④ Ⓐ에 Ⓑ를 지지대처럼 세워서(약 45° 기울여) 투명 테이프로 고정한다.

⑤ OHP에 그려놓은 그림 5장을 Ⓐ 위쪽에 겹쳐 놓고 펀치로 뚫은 후, 링으로 고정한다.

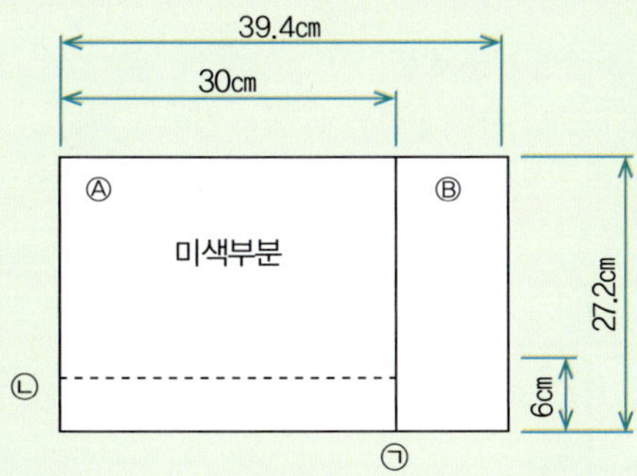

〈그림 A〉

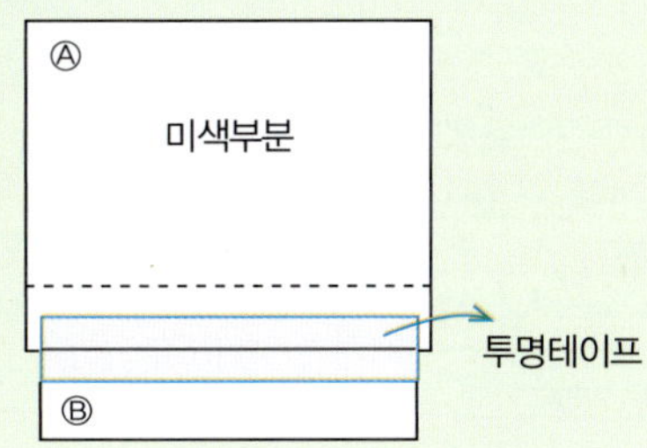

〈그림 B〉

8) 그림자동화

빛과 막 사이에 컷 자료 또는 물체를 둠으로써 막에 비치는 그림자로 이야기를 이끌어 가는 것이다. 전통적인 방법은 흰 천과 전등을 설치하고 중간에 시연자가 앉아서 컷 자료를 조작하는 것인데 이때 빛의 원근으로 크기를 조절하고 셀로판지로 색을 넣을 수도 있다. 최근에는 상자의 바닥 면을 'ㅁ' 모양으로 오려내고 기름종이를 붙인 다음 스마트폰의 손전등 기능을 활용하여 간단하게 그림자극을 보여 주기도 한다.

그림자동화

그림자동화 뒷면

〈접을 수 있는 그림자극 틀 만들기〉

*** 준비물:** 4절 크라프트지 1장, 8절 트레이싱지 1장, 풀, 가위, 칼, 자

*** 만드는 법**

① 도안을 보고 크라프트지에 밑그림을 그린다.

② 실선 부분을 칼로 자른다.

③ 27×34cm로 자른 트레이싱지를 크라프트지의 뚫린 부분에 붙인다.

④ 점선을 따라 안쪽으로 접은 뒤, 칼집을 낼 (A)와 (B)의 위치에 선을 긋고 자른다.

⑤ 타원으로 자른 부분을 (A)에 끼운다.

⑥ (B)는 접어서 보관할 때만 사용한다.

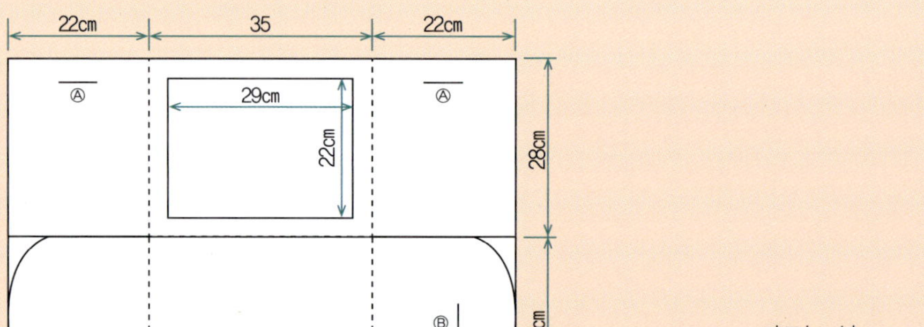

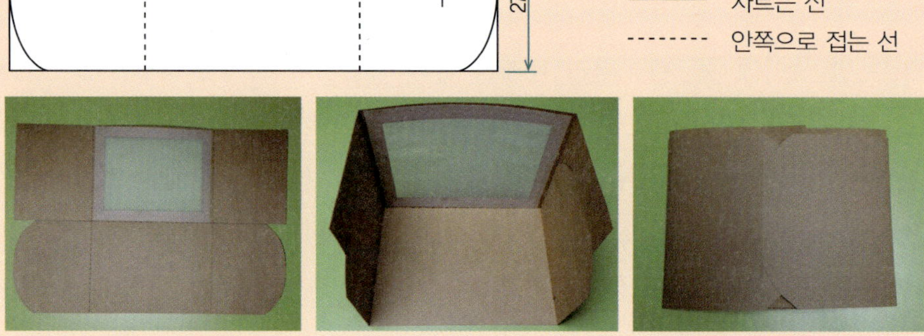

9) 인형극

인형극은 크게 손 인형, 손가락 인형, 막대 인형, 테이블 인형, 큰 인형, 줄 인형 등이 있다. 이 중 큰 인형은 성인의 키를 넘는 대형을 말하며, 주로 공연용으로 쓰인다. 유아교육현장에서 간편하게 쓸 수 있는 몇 가지 종류를 알아본다.

① 막대 인형

그림컷 자료 뒤에 나무젓가락, 아이스크림 막대, 빨대 등을 붙여서 만든다. 융판동화와 더불어 현장에서 가장 손쉽게 쓸 수 있는 매체 형태이며, 교사 혼자서 보여줄 때는 테이블 위에 순서대로 놓고 앉아서 보여 주는 게 안정적이다. 감상 후 유아가 극 놀이를 할 때에도 막대 인형을 활용할 수 있다. 가장 큰 장점은 별도의 배경 없이 사용할 수 있다는 점이며, 장면당 여러 명이 등장하지 않고 1~2명이 등장하는 화면 구성에 알맞다. 이때 유의할 점은 등장인물 컷들의 방향이 서로 바라보거나, 적어도 정면을 바라보아야 한다는 것이다.

막대동화 1

데굴데굴 금방울

구전동화 / 각색: 이송은

1. 옛날에 커다란 금방울이 하나 있었어요.

금방울은 데굴데굴 굴러서 준이가 사는 마을에 도착했어요.
"어, 이게 뭐야? 금방울이잖아. 여기 구멍이 있네."
"한번 들어가 볼까? 아이, 깜깜해. 아이 무서워. 으앙~."
그러자 금방울은 '으앙으앙' 울면서 굴러갔어요.

2. 금방울은 데굴데굴 굴러서 부엌에 있는 고양이에게 갔어요.

야옹, 이게 뭐야? 금방울이잖아. 여기 구멍이 있네. 한번 들어가 볼까?
"아이, 깜깜해. 아이, 무서워. 야옹!"

그러자 금방울은 '으앙으앙, 야옹야옹' 울면서 굴러갔어요.

3. 금방울은 데굴데굴 굴러서 돼지우리로 갔어요.

"꿀꿀, 이게 뭐야? 금방울이잖아. 여기 구멍이 있네. 한번 들어가 볼까?
아이, 깜깜해. 아이, 무서워. 꿀꿀!"
그러자 금방울은' 으앙으앙, 야옹야옹, 꿀꿀' 울면서 굴러갔어요.

4. 금방울은 데굴데굴 굴러서 연못가에 있는 오리에게 갔어요.

"꽥꽥, 이게 뭐야? 금방울이잖아. 여기 구멍이 있네. 한 번 들어가 볼까?
아이, 깜깜해 아이, 무서워. 꽥꽥!"
그러자 금방울은 '으앙으앙, 야옹야옹, 꿀꿀, 꽥꽥' 울면서 굴러갔어요.

5. 이번엔 금방울은 데굴데굴 굴러서 나무에 있는 원숭이에게 갔어요.

"끽끽, 이게 뭐야? 금방울이잖아. 여기 구멍이 있네. 한번 들어가 볼까?
아이, 깜깜해 아이, 무서워. 끽끽!"
그러자 금방울은 '으앙으앙, 야옹야옹, 꿀꿀, 꽥꽥, 끽끽' 울면서 굴러갔어요.

6. 금방울은 데굴데굴 굴러서 숲 속에 있는 호랑이에게 갔어요.

"어흥, 이게 뭐야? 금방울이잖아. 어, 여기 구멍이 있네. 한번 들어가 볼까?
아이, 깜깜해. 아이, 무서워. 어흥!"
그러자 금방울은 '으앙으앙, 야옹야옹, 꿀꿀, 꽥꽥, 끽끽, 어흥어흥' 울면서 굴러갔어요.

7. 금방울은 이제 너무 무거워져서 그만 커다란 바위에 '꽝' 부딪혀 깨지고 말았어요.

8. 밖으로 나온 준이는 '랄랄라' 노래 부르며 집으로 돌아갔어요.

9. 고양이는 '야옹야옹' 노래 부르며 부엌으로 돌아갔어요.

10. 돼지는' 꿀꿀' 노래 부르며 돼지우리로 돌아갔어요.

11. 오리는 '꽥꽥' 노래 부르며 연못가로 돌아갔어요.

12. 원숭이는 '끽끽' 노래 부르며 나무 위로 돌아갔어요.

13. 호랑이는 '어흥어흥' 노래 부르며 숲 속으로 돌아갔대요.

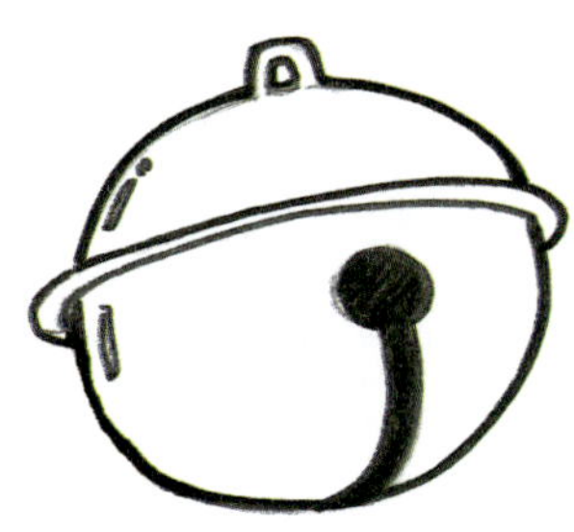

데굴데굴 금방울

데굴데굴 금방울 도안

막대동화 2

빨강부채 파랑부채

전래동화 / 각색: 이송은

옛날 어느 마을에 한 나무꾼이 살고 있었어요.

나무꾼은 가난했지만 매일매일 부지런히 일했지요,

어느 날, 나무꾼이 산에서 부채 두 개를 주웠어요,

"날도 더운데 마침 잘 됐군."

나무꾼은 빨강부채를 팔랑팔랑 부쳤어요.

그러자 나무꾼의 코가 죽죽 늘어나지 않겠어요?

"어이쿠! 내 코가 왜 이래?"

나무꾼은 서둘러 파랑부채를 부쳤어요.

그러자 코가 쏙쏙 줄어들어 원래대로 되지 않겠어요?

나무꾼은 부채를 들고 헐레벌떡 집으로 돌아왔어요.

"여보, 여보! 여기 대단한 요술 부채 좀 보구려!"

"요술부채라고요? 흥! 그냥 흔하디흔한 그냥 부챈데요?"

나무꾼은 대답 대신 빨강부채를 슬슬 부쳤어요.

이번에도 나무꾼 아내의 코가 죽죽 늘어났어요.

"아이고머니 망측해라! 세상에 이런 일이 다 있담!"

다음 날, 나무꾼은 욕심쟁이 김 부자 집을 찾아갔어요.

마침 그날은 김 부자의 생일 잔칫날이었어요.

"영감님, 생신 축하드립니다."

"가난뱅이가 웬일이야? 밥 한술이라도 얻어먹을까 해서 왔나?"

김 부자가 덩실덩실 춤을 추기 시작하자 나무꾼은 슬그머니 빨강부채를 부치기 시작했어요.

죽죽 죽죽 김 부자의 코는 방망이만큼 길어졌어요.

"아이쿠, 이게 뭐야?"

그날부터 김 부자 집에는 사람들이 줄을 섰어요.

"김 부자의 코가 글쎄 방망이만 하대요."

"그 코만 낫게 해 주면 재산의 절반을 준다는구먼."

어느 날, 멀리서 유명한 의원이 김 부자를 찾아왔어요.

의원은 김 부자의 코를 이리저리 보더니 고개를 저었어요.

"수십 년 동안 별의별 환자를 만났지만, 이런 해괴한 병은 처음일세."

며칠 후, 나무꾼은 모르는 척 다시 김 부자 집을 찾아갔어요.

"영감님, 그간 안녕하셨습니까?

"보다시피 안녕 못하네!"

"그럼 이 약을 드셔 보시지요. "

김 부자가 벌컥벌컥 약을 먹는 동안, 나무꾼은 파랑부채를 슬쩍슬쩍 부쳤어요.

그러자 김 부자의 코가 쏙쏙 줄어들어 원래대로 돌아왔어요.

"오호라, 이제 살았다!"

김 부자는 약속대로 재산의 절반을 떼어 주었어요.

나무꾼은 큰 부자가 되었어요.

"이제 큰 부자가 되었으니 일은 안 해도 되겠군!"

나무꾼은 빈둥빈둥 놀기만 했어요.

하루는 나무꾼이 심심해서 요술 부채를 꺼냈어요.

'빨강부채를 계속 부치면 어떻게 될까?'

코는 죽죽 늘어나 구름을 뚫고 마침내 하늘나라 옥황상제의 연못까지 다다랐어요.

"여봐라, 저기 저것을 꽁꽁 묶어라!"

신하들이 나무꾼의 코를 기둥에 꽁꽁 묶어 버렸어요.

"아야, 아야 얏!"

나무꾼은 서둘러서 파랑부채를 꺼내 부쳤어요.

그러자 코가 짧아지기는 하는데 나무꾼의 몸이 둥둥 하늘로 솟구치는 거예요.

"어어어, 사람 살려~"

나무꾼은 온 힘을 다해 발버둥쳤지요.

순간, 기둥에 묶였던 코가 탁 풀리고 말았어요.

나무꾼은 아래로 아래로 떨어지기 시작했어요.

지금도 계속 떨어지고 있는 중이래요.

빨강부채 파랑부채 도안

② 손 인형과 손가락 인형

손 인형(hand puppet)은 연기자가 손을 인형 속으로 넣어 조종하는 것으로 목장갑, 양말, 스펀지, 봉투 등 다양한 재료가 있다. 손 인형 중에서도 입이 벌어지게끔 조작할 수 있게 한 인형을 '입 인형(mouth puppet)'이라고 한다.

손가락 인형(finger puppet)은 손가락마다 하나씩 캐릭터를 끼우거나 붙이는 형태 외에도, 처음부터 장갑의 손가락 끝부분에 등장인물의 얼굴을 꾸미고 손가락을 몸통으로 활용하는 경우도 있다. 손가락 인형은 등장인물이 5명 미만이거나 가족을 소재로 할 때 많이 쓰인다.

봉투 손 인형 – '입 인형'

헝겊 손 인형과 손가락 인형

또한, 「바닷물고기 덩치」의 경우처럼 내용을 실감나게 표현하기 위해 아래와 같이 입안으로 소품이 들어갈 수 있게 손 인형을 만들 수도 있다.

〈바닷물고기 덩치 교구 만들기〉

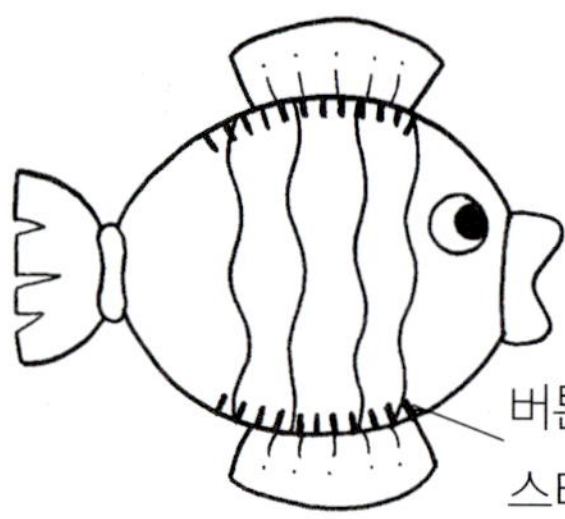

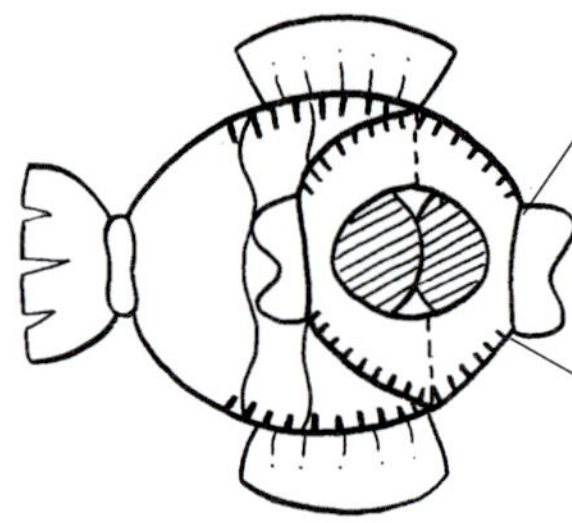

손가락 인형동화

다섯 손가락 이야기

구전동화 / 각색: 이송은

다섯 개의 손가락이 옹기종기 살고 있었어요.
어느 날 엄지가 잘난 척을 했어요.
"아빠 할 때도 나, 최고 할 때도 나, 내가 최고야."

"무슨 소리? 요기조기 가리킬 때도 나, 저~ 비행기 할 때도 나, 검지가 최고야."

가운뎃손가락도 가만있지 않았어요.

"우리 중에서 누가 제일 키가 크지? 바로 나, 씩씩한 나라고."

그러자 옆에 있던 넷째 손가락이 코웃음을 쳤어요.

"흥, 일만 잘하면 다인가? 귀한 보석 반지는 어느 손에 끼더라? 바로 나지."

새끼손가락도 가만있지 않았어요.

"콧구멍을 후빌 때도 나, 귓구멍을 후빌 때도 나, 소중한 약속을 할 때도 나지."

그때 손바닥이 점잖게 소리쳤어요.

"허허, 모두들 잘난 척을 하는구나. 너희들 모두 어디에 붙어 있지? 나 없이 한 발짝이라도 움직일 수 있냐?"

"죄송합니다."

"죄송합니다."

"죄송합니다."

"죄송합니다."

"죄송합니다."

손가락들은 모두 손바닥에게 절을 했어요.

그래서 지금도 손가락들은 앞으로만 구부러진대요.

뒤로는 구부러지지 않는대요.

화술 메모

엄지는 아빠, 검지는 엄마, 중지는 오빠, 약지는 언니, 새끼손가락은 아기로 목소리 설정을 하면 구연하기 쉽다. 이때 가운뎃손가락은 엄지에 비해 빠른 속도로 하고, 손바닥의 대사는 낮고 중후한 음성으로 느리게 말하면 위엄 있게 들린다. 손가락 인형 교구를 제시할 때 손가락을 하나씩만 보여 주고, 다른 손으로 손바닥 부분을 마지막까지 가려주는 게 중요하다.

〈다섯손가락 인형 만들기〉

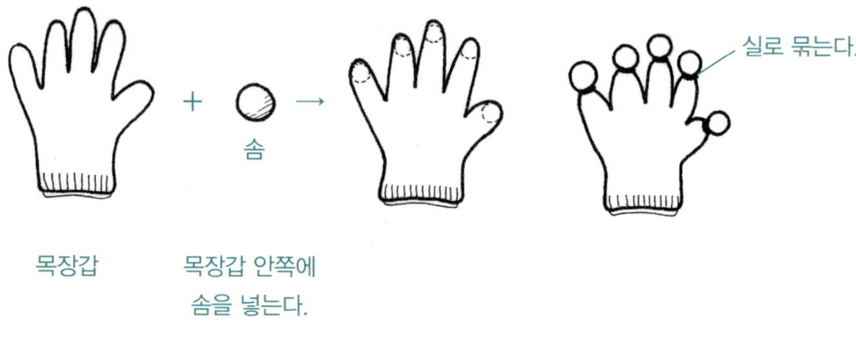

〈목장갑 인형 만들기〉

- **재료:** 목장갑, 옷감(1/4마 정도) 솜, 빨간 단추 2개(뒷면 구멍 한 개인 단추), 펠트(10×5cm, 색상 무관), 실, 바늘
- **만드는 순서**

〈얼굴 만들기〉

㉠ 목장갑을 뒤로 뒤집어 그림처럼 색연필로 둥글게 그린다.

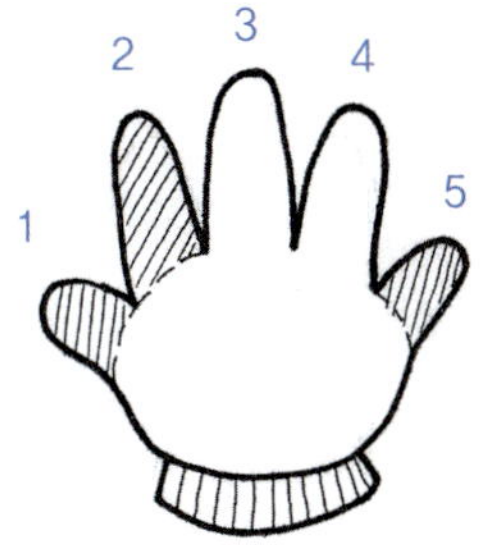

㉡ 선을 따라 박음질하고 5mm 정도의 여분을 두고 빗금친 부분을 잘라낸다.

㉢ 다시 목장갑을 뒤집어 귀 부분인 3, 4번 손가락으로 솜을 밀어 넣고 얼굴도 통통한 느낌이 들 정도로 솜을 넣는다.

㉣ 펠트를 10×5 cm 정도로 잘라 원통형으로 박음질 한다. (이 때 자신의 가운데 손가락 크기로 맞춘다.)

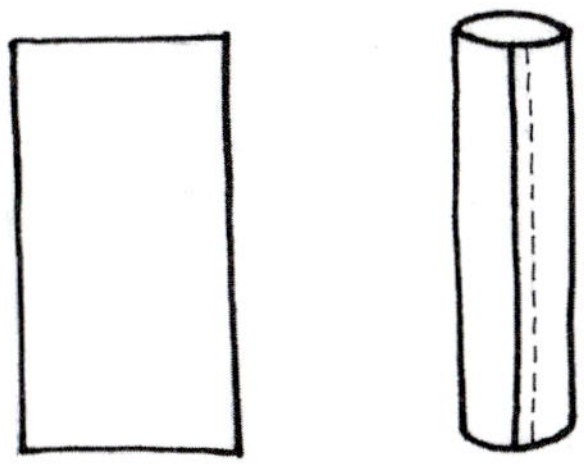

ⓜ 원통형의 펠트 심을 얼굴 솜 속으로 밀어 넣고 목장갑의 밴드 윗부분 ⓐ에서 장갑을 홈질로 빙 둘러 떠서 실을 당겨 펠트 심과 장갑이 밀착되게 한다.

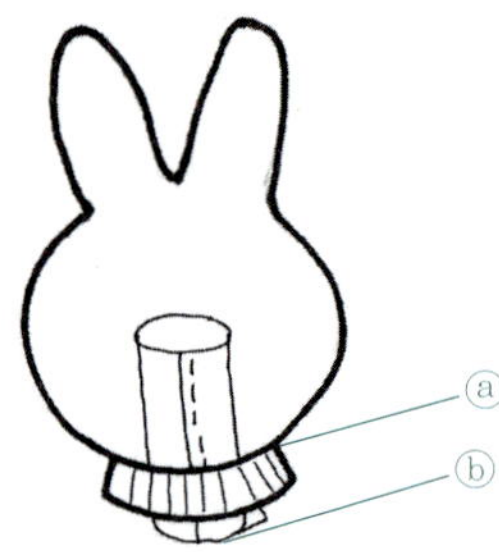

ⓑ 펠트 심과 장갑 밴드 끝부분 ⓛ를 감침질로 고정시킨다.

ⓢ 눈알 단추를 단다. 이 때 긴 바늘로 X 자 방향으로 장갑을 관통하게끔 바느질을 하면 눈이 쏙 들어가 더욱 입체적으로 보인다.

〈몸통과 옷 만들기〉

ⓞ 다음 그림에 제시된 바와 같이 옷본을 뜬다. 이 때 뒷판은 다트 여분만큼 3cm 정도 폭이 더 넓다.

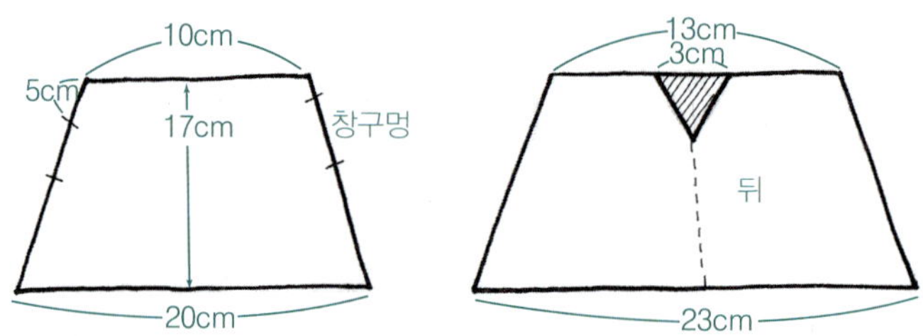

ⓙ 뒷판을 세로로 반을 접어 삼각형 모양으로 박음질한다.

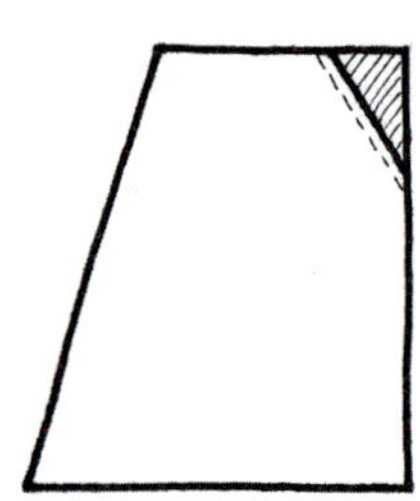

㉩ 앞, 뒷판을 뒤집은 상태로 박음질한다. 이 때 목에서 5cm 내려온 지점에 손가락이 들어갈 창을 내놓고 꿰매야 한다. ㉡)에서 잘라낸 2, 5번 손가락이 양 팔이 된다.

㉪ 양팔을 붙여 몸통을 완성하고 뒤집어서 얼굴을 옷 속으로 꽂고 옷본 목부분을 홈질하고 조인 다음 목 가장자리를 레이스로 장식한다.

㉫ 남은 1번 손가락에 솜을 동그랗게 넣어 방울처럼 만들어 꼬리를 단다.

③ 테이블동화

테이블 인형이란 테이블을 무대 삼아 인형극을 보여 주는 것으로 인형이 테이블 위에 설 수 있도록 요구르트 통, 음료수 캔, 휴지심 등을 지지대 또는 몸통으로 사용한다. 배경판을 'ㄴ'자로 세우고 그 앞에서 등장인물의 움직임을 보여줄 수 있어서 인형극의 무대를 교실로 옮겨 놓은 것 같은 효과를 낼 수 있다.

'말랑말랑 물렁물렁'

휴지 심을 이용한 테이블인형

테이블동화

말하는 거북이

전래동화 / 각색: 이송은

해설: 옛날 어느 마을에 두 형제가 있었어요. (형과 동생 인형 등장)
부모님은 형제에게 재산을 똑같이 나누어 주신 후 돌아가시고 말았지요.
그러던 어느 날이었어요.

형: (형 인형을 움직이며) 아우야, 나는 앞으로 부모님의 제사를 지내야 하니, 부모님께 받은 집과 논밭을 모두 내놓거라.

해설: 형은 동생의 재산을 모두 빼앗아 갔어요.
하지만 착한 동생은 형을 미워하지 않고 가난하지만 늘 웃으며 살았지요.
그러던 어느 해, 농사철에 비가 너무 많이 와서 흉년이 들고 말았어요.

동생: (동생 인형을 움직이며 슬픈 어조로) 어휴 며칠 후면 명절인데 어쩌면 좋지. 떡

은커녕 밥해 먹을 쌀도 없으니….

해설: 그런데 어디선가 이상한 소리가 들려왔어요. (거북이 한쪽에서 등장)

거북이: 며칠 후면 명절인데 어쩌면 좋지? 떡은커녕 밥 해먹을 쌀도 없으니.

해설: 누군가 동생의 말을 흉내 내는 거예요.

동생: (인형의 머리만 힘차게 상하로 움직이며) 나, 남의 흉내를 내는 게 누구요?

해설: 깜짝 놀란 동생은 사방을 두리번거렸어요.

글쎄, 마당 한구석에서 거북이 한 마리가 동생을 바라보며 말을 하지 뭐에요?

동생: (머리만 상하로 움직이며) 어, 거북이가 말을 하네.

해설: 신기하게 생각한 동생은 거북이를 안고 동네 사람들을 불러 모았어요.

동생: (동생 인형 앞에 거북이 인형을 놓고) 여러분, 이것 좀 보세요. 거북이가 말을 합니다. 말을 해요!

동네 아줌마: (구경꾼 배경 부채를 흔들며) 뭐라고요? 거북이가 말을 한다고요?

동네 할아버지: (구경꾼 배경 부채를 흔들며) 거 참 신기하구먼, 정말 신기해. 여러분 이렇게 신기한 것을 봤으니 우리 모두 돈을 냅시다. (부채 퇴장)

해설: 그날부터 동생은 거북이를 데리고 이 마을 저 마을로 다니며 돈을 벌었어요.

어느 날 욕심쟁이 형이 이 소문을 듣고 달려왔지요. (형 등장)

형: 아우야, 넌 이제 거북이 때문에 부자가 됐었으니 거북이는 내가 가져가야겠다.

해설: 형은 거북이를 억지로 빼앗아 갔어요. (동생 퇴장)

형: (형과 거북이 함께 들고 좌우로 보여 주며) 자, 자, 신기한 거북이가 왔어요. 거북이가 말을 한답니다. 말하는 거북이에요.

해설: 이번에도 사람들이 구름처럼 몰려들었어요. (배경 부채 등장)

그런데 이게 웬일인가요? 거북이가 꿈쩍도 않는 거예요.

형: 안녕하세요?

거북이: 음.

형: 이 녀석아, 따라 해야지, 안녕하세요?

거북이: 음.

동네 사람 농부: (부채를 흔들며) 뭐야, 말을 하기는커녕 벙어리 거북이잖아.

동네 할머니: (부채를 흔들며) 에이, 가짜구먼, 가짜야.

해설: 사람들은 투덜거리며 돌아가 버렸어요. (부채 퇴장)

형: 에이, 이놈의 거북이 (거북이를 뒤집어 배가 위로 되게 놓음)

해설: 화가 난 형은 거북이를 냅다 집어 던져버렸어요.
그 소식을 듣고 동생이 놀라서 달려왔어요.

동생: (동생 인형을 거북이 위로 엎드리며) 거북아, 정신 차려, 거북아! 미안해.
이젠 내가 옆에서 널 꼭 지켜줄게.

해설: 동생은 거북이를 데려다 자기 집 마당에 정성스레 묻어 주었지요.
(거북이 위에 무덤 바가지 씌운다).

해설: 다음 해 봄이 되자 (나무 등장) 거북이 무덤에서 이상한 나무가 쑥쑥 자라났어요. 그리고 가을 되자 누런 황금 열매가 주렁주렁 열렸어요.

동생: (인형 머리를 상하로 움직이며) 이게 뭐야? 주렁주렁 황금이 열렸네!

해설: 욕심쟁이 형은 이 소문을 듣고는 숨을 헐떡이며 달려왔어요. (형 등장)

형: 아, 아우야, 이 나무에서 황금이 열렸단 말이지.

동생: 네 형님, 그렇습니다.

형: 넌 이제 부자가 되었으니, 이 나무 내가 가져가야겠다.

해설: 심술쟁이 형은 이번에도 나무를 뽑아 자기 집으로 가져가 버렸어요.
(나무 위치 변경, 동생 퇴장) 형네 집에서도 이상한 나무는 무럭무럭 자라나더니 얼마 후 누런 열매가 달렸어요.

형: (겅중겅중 뛰듯 몸통을 잡고 움직이며) 히히히, 이젠 됐다. 황금이 주렁주렁 열렸구나. 어디 한번 따 볼까?

해설: 그런데 이게 웬일일까요? 형이 열매에 손을 대자마자 (마사토가 든 열매 포장을 뜯으며) 흙이 와르르 쏟아지지 않겠어요? 쏟아지고, 또 쏟아져서 마침내 흙더미는 형네 집을 온통 덮어 버리고 말았지요.

형: 아이고, 내가 너무 욕심을 부리다가 벌을 받은 거야. (동생 등장)

해설: 땅을 치며 후회했지만, 이미 때가 늦어 버렸답니다.
(주제 노래가 나온다.)

말하는 거북이

〈말하는 거북이 교구 만들기(박선희 · 이송은, 1997)〉

사람

거북이

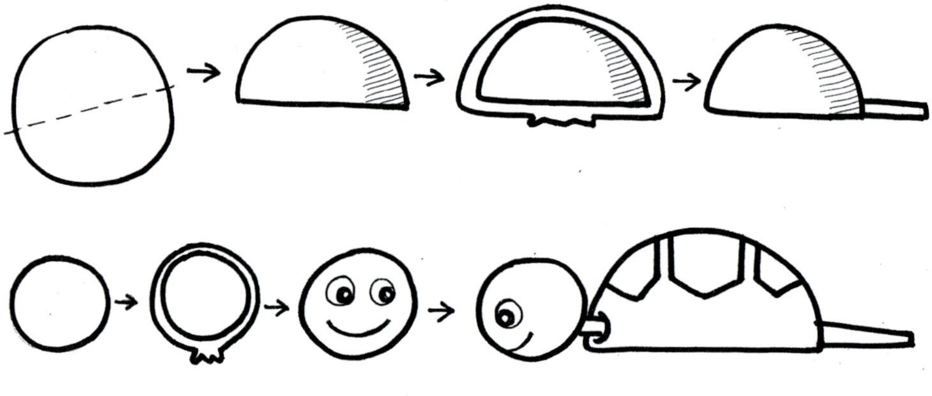

나무

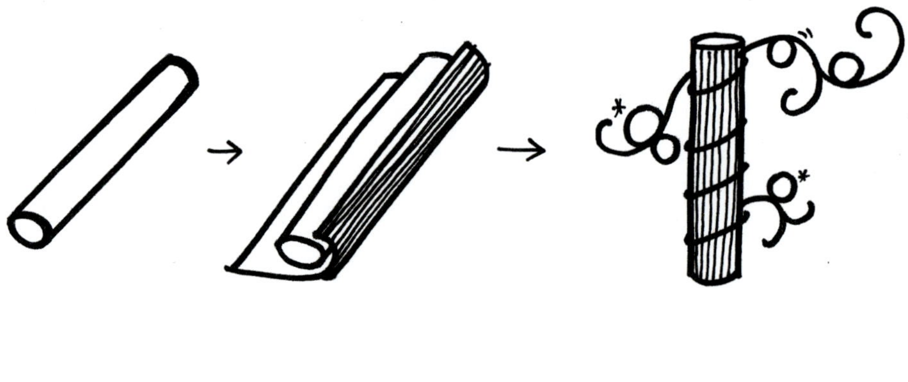

무덤

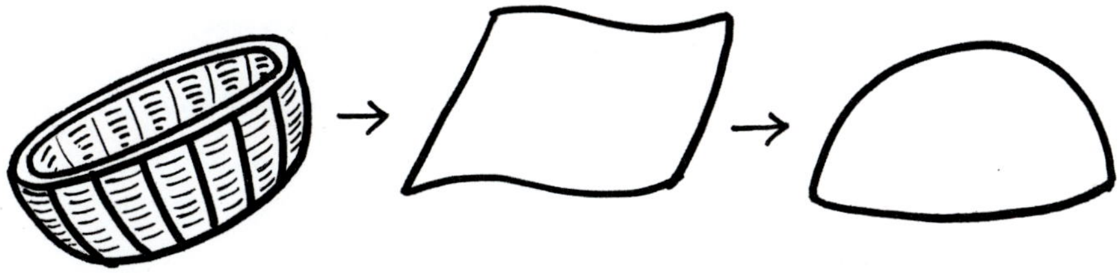

동네사람들

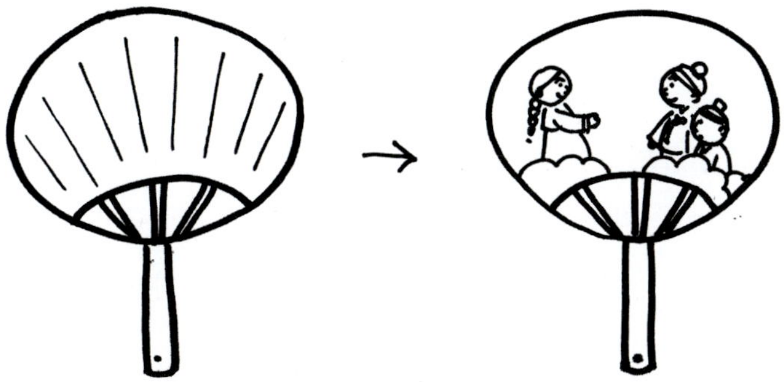

〈인형극의 교육적 가치〉

인형극은 이야기 구연하기(story telling)와 더불어 역사적으로 오랫동안 발전되고 계승되어 온 표현 양식이다. 인형극은 구연의 형태에 시각화와 경이로움을 보탠 것이라고 할 수 있다(김현희·박상희, 1999). 인형극은 유아들이 가장 좋아하고 실제로 해 보기를 원하는 문학 관련 활동 중의 하나인데 여러 가지 교육적 가치가 있다.

Jenkins(1980)는 인형극의 교육적 가치를 다음과 같이 말하고 있다.

① 상상력과 창의적 사고를 발달시킴.
② 의사소통 기술 촉진.
③ 실생활의 상황을 간접적으로 시험해 볼 기회를 줌.
④ 거부 당할까 봐 두려워하지 않고 자기 표현할 기회를 줌.
⑤ 책의 내용을 재구성해서 표상함으로써 이해력과 표현능력을 향상시킴.
⑥ 인형극 감상이나 표현 시 요구되는 주의력, 집중력을 키울 수 있음.

10) 동극

동극은 아동극과 같은 말로서, '어린이들의 교육과 오락을 위하여 만든 연극, 어린이들이 하는 연극'을 뜻한다(표준국어대사전, 2017). 유아교육현장에서는 보통 유아들이 역할 소품(머리띠, 목걸이, 역할 모자, 역할 조끼 등)을 착용하고, 대본에 따라 각 역할의 대사를 하며 움직여 보는 형태가 많다. 그림책을 읽고 나서 후속 활동으로 할 때에는, 반복적인 대사와 예측 가능한 줄거리의 이야기[2](예『커다란 순무』, 『장갑』, 『검피아저씨의 뱃놀이』, 『누가 내 머리에 똥 쌌어?』, 『데굴데굴 금방울』, 『사윗감 찾아 나선 두더지』, 『통통 무슨 통』, 『집 나가자 꿀꿀꿀』 등)가 적합하다. 동극을 위한 각자의 역할 소품 꾸미기, 주제가 만들기, 대본 만들기 등을 통해 통합적인 문학 활동으로 설계할 수도 있다. 때로는 간단한 우드락 문 하나로, 집을 표상할 수도 있다.

〈봉구야 목욕하자〉

* **준비물:** 등장인물 그림(봉구, 목욕통, 비누, 때수건, 물항아리, 귀이개, 목걸이), 코팅지, 칼라 끈

2) 동극 지도에서 가장 빈번하게 일어나는 문제는 역할에 대한 선호도와 대사를 외워야 한다는 부담감이다. 이 중 역할 선호도에 관한 갈등은 동극 준비과정에서 다 같이 각각의 등장인물처럼 움직여 보는 활동으로 완화시킬 수 있으며, 반복되는 구절이 대사로 활용되면 외우기에 대한 부담이 줄어들어 누구나 쉽게 할 수 있다.

〈집 나가자 꿀꿀꿀 동극용품 문 교구 만들기〉

* **준비물:** 우드락(가로 22.5cm×세로 30×두께 0.5cm–2절 전지의 1/8), 접착 펠트, 뽕뽕이(지름 3.5cm), 등장동물 컷

* **만드는 법**

① 우드락 가운데 부분을 'ㅁ' 자로 도려낸다.

② 도려낸 'ㅁ' 부위를 다시 끼우고 그 위에 접착 펠트를 붙인 다음, 'ㄷ' 자로 잘라 문처럼 열리게 한다.

③ 뽕뽕이(손잡이)와 동물 컷을 붙여 완성한다.

11) 연극놀이

연극놀이(creative drama)는 공연을 목적으로 하는 기존의 연극과는 달리, 연극적인 기법을 교육에 활용하는 것을 말한다. 연극놀이는 즉흥적이고, 비공개적이며 과정 중심이며 참여자들은 이끔이(leader)와 더불어 상상하고, 체현하고, 인간 경험을 반영한다.

유아에 있어서 문학과 연계한 연극놀이의 가치를 살펴보면, 문학의 내용을 극화하는 과정에서(가령, 판토마임, 역할 놀이 등을 사용하면서) 문학 속 사건에 적극적으로 몰입하게 된다. 이때 각 아동은 자신의 고유성과 창의성이 존중되는 가운데 극놀이에 참여하면서 협동적으로 문제 해결하는 것을 배운다. 극놀이에서 유아는 연기자이면서 동시에 관객이 되는 기회를 가지는데 이는 공연을 목적으로 하는 전통적인 극놀이의 입장과는 다르다. 전통적인 연극이 관객에게 보여 주기 위해 미리 짜여진 대본을 연습하고 교사 주도적으로 공연을 하는 것인데 반해 창의적 극놀이로서의 연극놀이에서는 극화 과정에서 아동의 즉흥과 자발성을 최대한 활용한다(김선, 1999). 창의적 극놀이 자체가 과정 중심, 체험 중심의 활동이기 때문이다.

연극놀이의 가장 간단한 형태로는 판토마임을 들 수 있다. 이런 형태의 극은 유아로 하여금 언어의 부족이나 틀리는 것에 대한 두려움 때문에 놀이활동이 제한받지 않도록 해 준다. 움직임으로 체현하는 동안 메시지 전달을 위해 유아는

그들의 신체 움직임과 얼굴 표정을 사용하게 되며(Rains & Isbell, 1994), 이러한 신체 표현 다음에는 자연스럽게 언어 표현이 따라오게 된다. 즉, 보다 발전된 형태의 사회극놀이에서 능동적으로 참여하면서 유아는 인지적, 언어적 발달을 하게 되는 것이다. 내러티브 판토마임, 상상을 통한 물체 변형 놀이, 즉흥(improvisation), 정지 동작 만들기(tableau), 역할 내 교사(teacher-in-role) 등은 유아교육 현장에서 적용해 볼 만한 기법이다. 다음은 연극놀이 기법 중 하나인 '물체변형놀이'와 동시 짓기 문학 활동을 연계한 활동의 예이다.

활동명	변해라, 30cm 자!	활동자료	동시자료, 30 큰 도화지, 색상지, 사인펜
활동목표	• 30cm 자를 여러 가지 쓰임새로 쓸 수 있음을 안다. • 물체 변형놀이에 즐겁게 참여한다. • 놀이한 내용으로 동시를 지어 본다.		
활동순서	연극놀이 → 동시 감상 → 동시 짓기		
활동방법	① 30cm 자의 쓰임에 대해 알아본다. – 이게 뭐니? 어디에 쓰는 물건이니? – (길이를 재는 것 말고) 다르게 쓸 수는 없을까? ② 30cm 자의 다양한 쓰임을 상상 속에서 변형해 표현해 본다. – (둥글게 원형으로 앉거나 서서) 말은 하지 않고 이것을 사용하는 모습을 보고 그게 무엇인지 맞히는 게임을 할 거야. 생각이 잘 안 나면 옆 친구에게 넘겨주었다가 생각나면 손을 들면 된단다. – 선생님이 무얼 하고 있는지 맞혀 보겠니?(자를 잡고 지팡이를 잡은 노인처럼 움직인다.) (지팡이) – 어떻게 그것인지 알 수 있었니? ③ 큰 글씨로된 동시 〈30센티미터 자를 산 까닭〉을 함께 읽는다. – 우리가 했던 놀이로 어떤 시인이 동시를 쓴 게 있어. 함께 읽어 볼까? ④ 시의 끝부분을 이어서 말로 연작시를 지어 본다. – "뭐지? 뭐지…뭘까?" 지팡이로 쓸 수 있지. 뭐지 뭐지 뭘까? (아이들의 표현 내용으로 이어진다.) ⑤ 자신이 말한 것을 써서 모아 그룹 협동 시를 만든다. – (띠 모양의 색상지를 주며) 이번에는 방금 자기가 얘기한 걸 종이에다 적어볼까? ⑥ 한 반 또는, 각 그룹의 이름으로 공동 작품을 만들어 언어 영역에 전시한다. ⑦ 활동을 회상하고 평가한다. – 오늘 30㎝ 자로 했던 놀이 중에 어떤 것이 가장 기억에 남니? – 오늘 동시 짓기가 다른 때 동시 짓기랑 다른 점이 있었니? 어떻게 달랐니?		

② 창의적 교수매체

창의적 교수매체란 원래의 용도를 바꾸어서 교구로 만들거나 새로운 형태로 교구 제작을 시도하는 경우로 나눠 볼 수 있다.

1) 신문지동화「민수선장」

차례	이야기	조형 및 조작	도해
❶	어느 마을에 민수라는 아이가 살고 있었어요. 민수는 꿈이 있었어요. 바로 선장이 되는 거였지요. (고깔모자를 머리에 쓰고) "나는 선장이다. 민수 선장이다."	신문지를 두 번 접어 종이배를 접는 과정처럼 고깔모자를 접어서 쓴다.	
❷	어느 날, 민수가 사는 마을에 커다란 배가 둥둥 떠내려왔어요. "와! 신난다." 민수는 신이 나서 배에 올라탔지요.	고깔모자의 아랫단 만큼 한 번 접어 올려 옆으로 움직인다.	
❸	그런데, 배가 바다 한가운데에 이르자 갑자기 폭풍이 몰아쳤어요. 우르르 쾅쾅! 배의 앞머리가 부서졌어요.	세모 산을 중심으로 한쪽 끝 부분을 찢는다.	
❹	우르르 쾅쾅! 배의 뒷머리도 부서졌어요.	세모 산을 중심으로 다른 한쪽 끝을 찢는다.	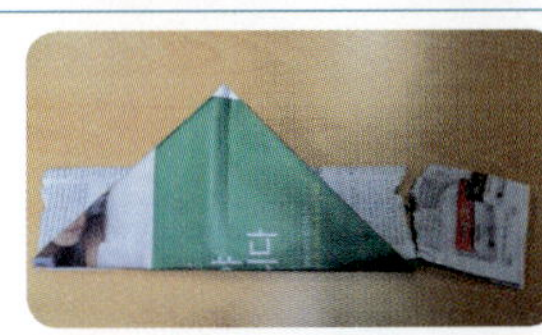
❺	우르르 쾅쾅! 배의 한가운데도 부서졌어요.	배의 한가운데를 폭 15cm 정도 되게 찢는다.	
❻	그러자 이게 웬일인가요? 구명조끼가 둥둥 뜬 거예요. 민수는 구명조끼를 입고 헤엄을 쳤어요. "푸푸, 선장이 되려면 수영부터 배워야겠다.	신문지를 펴서 티셔츠 모양을 보여 주고 위에서부터 걸쳐 입고 수영하는 동작을 보여 준다.	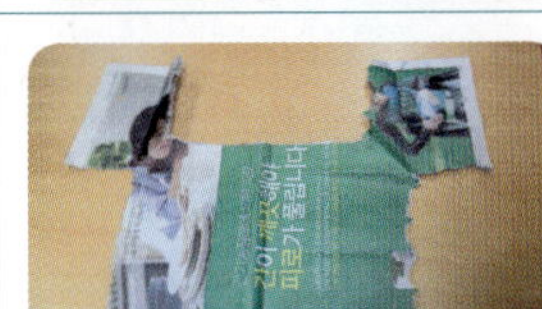

※ 밑줄 친 부분을 이야기할 때 신문지로 특정 형태를 만든다.

신문지동화

2) 수건동화「양을 잃어버린 목동」

차례	이야기	조형 및 조작	도해
❶	넓은 벌판에 목동이 양을 찾아 떠나요.	수건 넓게 펼치기	
	따그닥따그닥	중심까지 절반 말기	
❷	따그닥따그닥	중심까지 나머지 절반 말기	
❸	긴 통나무 다리가 나타났어요.		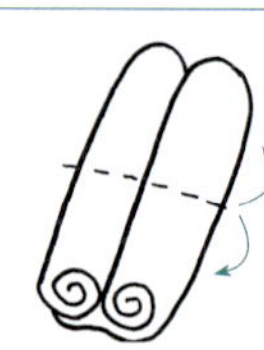
	다리를 건넜더니	'건넜더니'에서 가운데 접기	

차례	이야기	조형 및 조작	도해
❹	동굴 네 개가 나타났어요		
❺	"양이 여기에 있나?"	구멍 속을 하나씩 당겨 내며	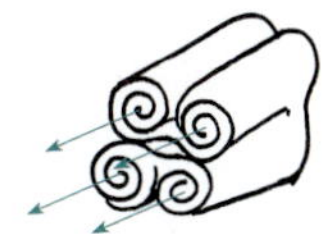
	"양이 여기에 있나?"	구멍 속을 하나씩 당겨 내며	
	"양이 여기에 있나?"	구멍 속을 당겨 내며	
❻	"양이 여기에 있나?"	구멍 속을 당겨 내며	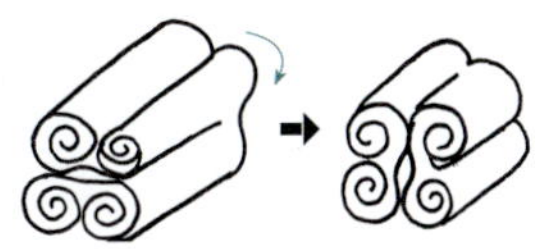
❼	"어 어디갔지?"	수건 90° 틀기	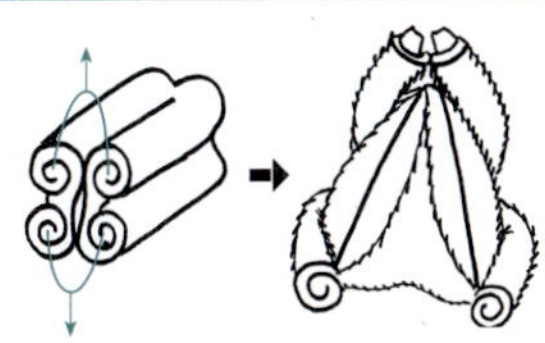
	"이건 통닭이잖아?"	한 손으로 위쪽 모아 쥐고 다른 한 손으로 다리쪽 당기기	
❽	"양은 도대체 어디에 있지?"	배에다 수건을 양쪽으로 비비며 머리가 들어갈 만큼 공간 만들기	
	"양은 바로 여기에 있었구나."	어린이에게 씌워 주며	
	"메에에"		

3) 보자기동화

생활 속에서 흔히 볼 수 있는 보자기를 이용하는 것으로, 정사각형과 기다란 직사각형(스카프동화) 형태로 나뉜다.

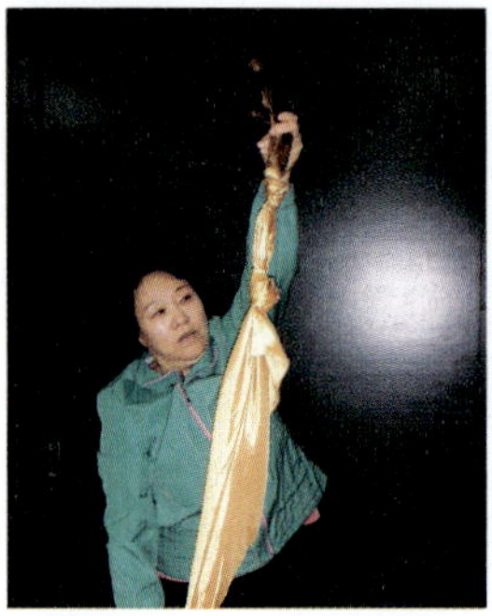

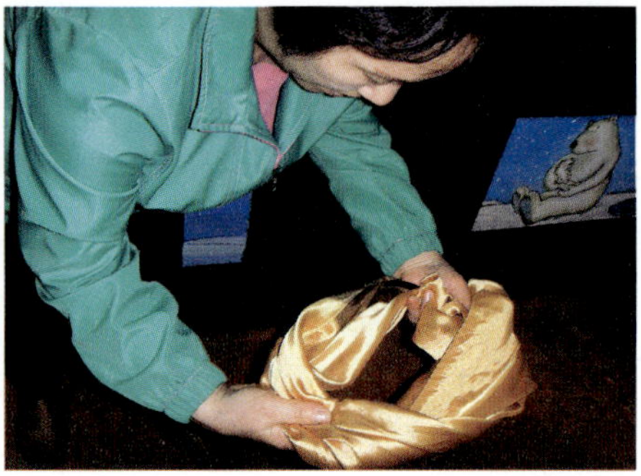

보자기동화

해님달님

전래동화 / 각색: 이송은

1. 옛날 옛날 깊은 산속에 외딴 집이 하나 있었어요.

그 집에는 홀어머니와 오누이가 오순도순 살고 있었지요.

2. 하루는 엄마가 산 너머 잔칫집으로 일을 하러 가게 되었어요.

"엄마가 맛있는 거 많이 가지고 올 테니, 아무에게나 문 열어주면 안 된다."

"네, 엄마. 걱정 마세요."

3. 엄마는 부지런히 일했어요.

빨래도 하고, 맷돌도 돌리고, 설거지도 했지요.

4. 잔치가 끝날 즈음, 엄마는 떡을 한 광주리 얻었어요.

"아휴, 우리 애들이 떡을 보면 얼마나 좋아할까?"

날은 저물고 산속은 컴컴했어요.

여기저기서 산 짐승소리도 들렸어요.

"아이고 빨리 가야지."

엄마가 막 고개를 넘을 때였어요.

5. "어흥! 떡 하나 주면 안 잡아먹지."

엄마는 얼른 떡 하나를 던져주었어요.

6. "아휴, 아이들이 기다릴 텐데 빨리 가야지."

엄마가 두 번째 고개를 막 넘을 때였어요.

"어흥, 떡 하나 주면 안 잡아먹지"

글쎄 또 호랑이가 나타난 거예요.

결국 세 번째 고개에서 엄마까지 꿀꺽 삼켜버렸지요.

7. "흐흐흐, 이제 꼬마들까지 먹어 볼까?"

호랑이는 엄마 옷을 입고 오누이가 사는 오두막집을 찾아갔어요.

"얘들아, 엄마 왔다. 문 열어라."

"이건 우리 엄마 목소리가 아니에요."

"그건 고개를 넘어오다 찬바람에 목이 쉬어서 그렇지."

"그럼 손이라도 좀 보여 주세요."

8. 호랑이는 문구멍으로 털이 북슬북슬한 손을 쑤욱 내밀었어요.

"으악! 호랑이다."

오누이는 허겁지겁 뒷문으로 도망쳐서 나무 위로 올라갔어요.

한참을 기다리던 호랑이는 문을 벌컥 열었지요.

"어? 아이들이 어디로 갔지? 여기인가? 저기인가?"

9. 뒷마당을 두리번대던 호랑이는 둥그런 우물을 발견했어요.

그런데 우물 안에 오누이가 보이는 게 아니겠어요?

나무 위에 걸터앉은 모습이 우물 속에 비친 거지요.

"얘들아, 거기 어떻게 들어갔니?"

"히히, 바보같이, 우린 여기 있는데-."

"야아, 그걸 가르쳐 주면 어떡해?"
호랑이는 높은 나무 위의 오누이를 발견했어요.
"얘들아. 어떻게 올라갔니?"
지혜로운 오빠가 얼른 대답했지요.
"참기름 바르고 올라왔지."

10. "알았어. 나도 해 봐야지."참기름을 바르고 올라가던 호랑이는 그만 주르르 미끄러지고 말았어요.

"큭큭큭, 멍청한 호랑이, 도끼로 찍고 오면 되는데."
이번에도 철없는 동생이 말해 주고 말았어요.

11. "쿵, 쿵"

호랑이는 나무를 도끼로 찍으며 한 걸음 한걸음 올라갔어요.
오누이는 너무 무서워 기도를 했지요.
"하느님 제발 저희를 살려주세요."
그러자 하늘에서 굵은 동아줄이 스르르 내려왔어요.
오누이는 동아줄을 잡고 하늘로 올라갔어요.

12. 그 모습을 본 호랑이도 기도를 했어요.

"하느님, 저한테도 동아줄을 내려 주세요."
잠시 후 호랑이에게도 동아줄이 내려왔어요.
그런데 호랑이의 동아줄은 썩은 동아줄이었어요.

13. "으악! 호랑이 살려!"

호랑이는 그만 수수밭에 떨어져 죽고 말았어요.

14. 그 후로 수수는 빨개졌고, 하늘로 올라간 오누이는 해가 되고 달이 되어 지금도 우리를 비춰 주고 있답니다.

4) 휴지 갑 회전동화

동일한 휴지 갑 두 개를 나사처럼 맞물리게 연결하고 일정 방향으로 계속 돌려가며 조작한다. 회전동화, 휴지 갑동화라고도 불린다. 교사 혼자서 조작이 가능하고, 유아들의 주의 집중도가 매우 높다. 헌 그림책을 이용하면 멀티비전식 회전 그림책의 효과를 낼 수 있다.

휴지 갑 회전동화 만들기 기법은 나사처럼 연결된 두 휴지 갑을 한 번 회전할 때마다 그림이 바뀌는 묘미가 있으며 주의 집중 효과가 상당하다. 유아 그림책을 텍스트로 할 경우 대개 12~16매 정도의 장면이 나오며 그림 한 면이 6조각으로 나뉘어 구성된다. 그림 뒷면에 양면테이프를 붙인 후 6조각으로 자르면 간편하게 할 수 있다. 휴지 갑 크기에 맞추어 낱장씩 그리거나 헌 그림책을 재활용할 수도 있다. 휴지 갑 회전동화에 적합한 텍스트로는 이야기 자체가 극적인 것, 그림은 명도와 채도의 대비가 뚜렷하여 멀리서 보아도 장면들 변별이 확실한 것이 좋다.

〈휴지 갑 회전동화 교구 만들기〉

***준비물:** 동일한 크기의 휴지 갑 2개, 양면 색상지 3장(4절지, 같은 색), 양면테이프, 셀로판테이프, 헌 그림책

***만드는 법**

❶ 휴지 갑의 길이를 3등분한 폭 너비만큼 색상지를 자른다.

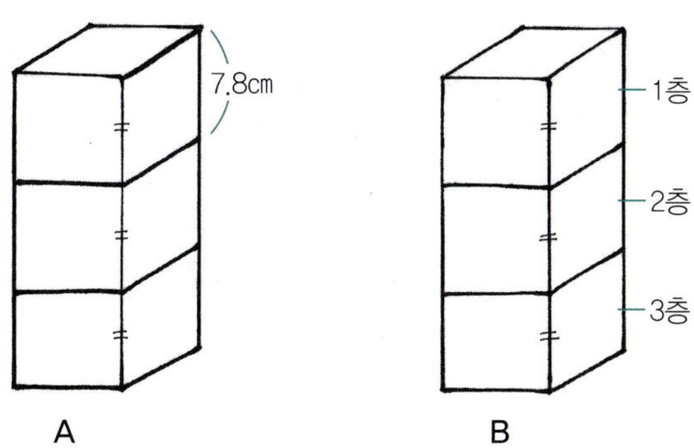

❷ 휴지 갑에 볼펜 등으로 3등분으로 나누어 휴지 갑의 4면에 선을 그려 넣는다.

❸ 자른 색상지를 양면테이프로 4개씩 길게 이어 3줄을 만든다.

❹ A 휴지 갑에는 1, 3층 모서리 같은 위치에 양면테이프를 붙이고 같은 방향으로 감는다. 띠의 끝은 풀리지 않게 셀로판테이프로 살짝 붙여 둔다.

❺ B 휴지 갑에는 2층 모서리에 붙이되 A 휴지 갑과 반대 방향으로 감는다. 띠의 끝은 풀리지 않게 셀로판테이프로 살짝 붙여 둔다.

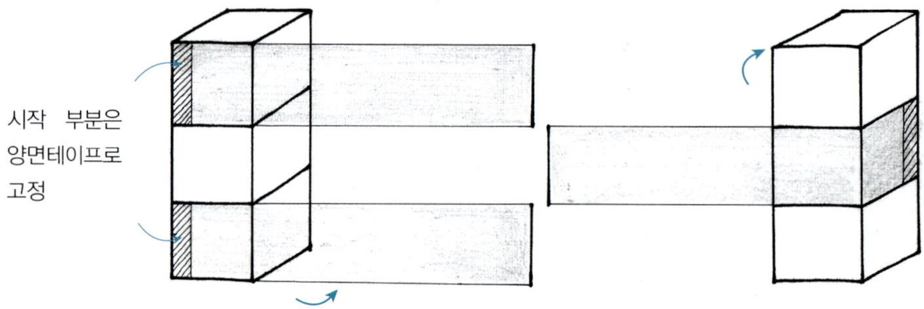

❻ 두 휴지 갑을 나란히 놓고 살짝 고정한 것을 떼어 상대편 휴지 갑으로 각각 젖혀 붙인다(A 휴지 갑의 1, 3층 띠는 B 휴지 갑의 비어 있는 1, 3층 자리에 양면테이프를 이용하여 적당히 당겨 붙이고, B 휴지 갑의 2층 띠는 A 휴지 갑의 비어 있는 2층 자리에 양면테이프를 이용하여 적당히 당겨 붙인다).

❼ 회전을 확인하고 면 수를 센다.

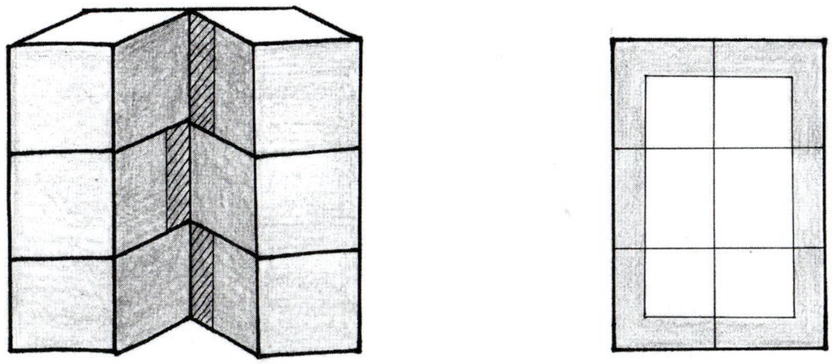

❽ 그림책의 한 장면을 6조각 내어 휴지 갑 면에 붙이거나 그려 붙인다.

휴지 갑 회전동화

게으른 잭

영국 민담 / 각색: 이송은

옛날 먼 나라 영국에 잭이라는 청년이 살고 있었어요.

잭은 너무 게을러서 모두들 '게으른 잭'이라고 불렀지요.

하루는 엄마가 보다 못해 잭을 불러 앉혔어요.

① "잭아, 이렇게 빈둥빈둥 놀기만 해서 어떡하니?"

잭은 멀뚱멀뚱 엄마를 쳐다보았어요.

② "너도 이제 다 컸으니 일을 해야지!"

"무슨 일요?"

드디어 잭이 ③ 일을 하게 되었어요.

농장에서 풀도 베고, 청소도 하고 열심히 일했지요.

"허허, 녀석, 제법인 걸?"

아저씨는 동전 몇 개를 품삯으로 주었어요.

"히히, 이 동전 엄마 갖다드리면 좋아하실 거야."

"하나, 둘, 셋!"

잭은 기분이 너무 좋아서 동전 던지기를 시작했어요.

그런데, ④ 이 일을 어쩌면 좋아요?

글쎄 동전을 몽땅 개울에 빠뜨린 거예요.

"엄마, 동전 모두 잃어버렸어요."

"쯧쯧, 동전 같은 건 ⑤ 주머니에 넣고 왔어야지. 다음부턴 잘 갖고 오너라."

"네."

⑥ '주머니에 넣고 온다, 주머니에 넣고 온다.'

둘째 날, 잭은 우유 한 병을 상으로 받았어요.

"와, 맛있는 우유다. 엄마랑 실컷 마셔야지."

'그런데 어떻게 갖고 가지?'

'그래! 주머니에 넣고 온다, 주머니에 넣고 온다.'

잭은 우유병을 주머니에 비스듬히 넣고는 우당탕탕 뛰었어요.

우유는 어떻게 되었을까요?

다 쏟아지고 말았지요.

"아이고, 잭아, 옷이 이게 다 뭐냐?"

"엄마가 주머니에 넣고 오랬잖아요?"

"쯧쯧, 우유병 같은 건 머리에 이고 왔어야지. 다음부터 잘 가지고 오너라."

"네."

'머리에 이고 온다, 머리에 이고 온다.'

셋째 날, 잭이 받은 건 큰 치즈 덩어리였어요.

"히히, 오늘은 진짜 잘 가져가야지. 그런데 어떻게 갖고 가지?"

'그래! 머리에 이고 온다, 머리에 이고 온다.'

잭은 치즈 덩어리를 머리에 이고 집으로 향했어요. 그런데 그날따라 뜨거운 햇볕이 마구 쏟아졌어요. 집에 도착했을 때, 치즈는 어떻게 되었을까요?

다 녹아서 머리에 달라붙고 말았지요.

"아이고 잭아, 머리가 이게 다 뭐냐?"

"엄마가 머리에 이고 오라고 했잖아요."

"쯧쯧, 치즈 같은 건 손에다 얹고 왔어야지. 다음엔 잘 갖고 오너라."

"네."

'손에다 얹고 온다, 손에다 얹고 온다.'

넷째 날, 잭이 받은 건 고양이 한 마리였어요.
'와, 신난다. 그런데 어떻게 가지고 가지?'
'그래, 손에다 얹고 온다, 손에다 얹고 온다.'
잭은 고양이를 손에다 얹고 '라라라라라' 노래 부르며 집으로 향했지요.
그런데, 갑자기 고양이가 휙 도망쳤어요.
"야옹아, 어디 가? 거기 서!"

"엄마, 고양이 도망가 버렸어요."
"에구구, 고양이 같은 건 끈으로 묶어서 끌고 왔어야지. 다음엔 잘 갖고 오너라."
"네."
'끈으로 묶어서 끌고 온다. 끈으로 묶어서 끌고 온다.'

다섯째 날, 잭은 큰 고깃덩어리를 받았어요.
"와, 진짜 크다. 엄마랑 고기 실컷 먹어야지."
'그런데 어떻게 갖고 가지?'
'그래, 끈으로 묶어서 끌고 온다, 끈으로 묶어서 끌고 온다.'
잭은 고깃덩어리를 끈으로 잘 묶어서 질질 끌고 갔어요.
집에 도착했을 때 쯤 고깃덩어리는 어떻게 되었을까요?

고기는 더러워지고 조그마해져서 먹을 수 없게 되었지요.

어머니는 속이 상해 병이 날 지경이었어요.

"아휴, 잭아, 고깃덩어리는 어깨에다 메고 왔어야지. 다음부터 잘 갖고 오너라."

"네."

'어깨에 메고 온다, 어깨에 메고 온다."

여섯째 날, 열심히 일한 잭은 당나귀 한 마리를 선물 받았어요.

"와, 당나귀가 생겼다!"

'그런데 어떻게 갖고 가지?'

'그래, 어깨에 메고 온다, 어깨에 메고 온다.'

"영~차!"

겨우 메긴 했는데, 너무 무거워서 잭은 비틀비틀 걸을 수밖에 없었지요.

"어이쿠, 어이쿠, 왜 이리 무겁냐?"

그때였어요.

"호호호, 재 좀 봐. 정말 웃긴다."

창밖을 내다보고 있던 부잣집 외동딸이 잭을 보고 웃은 것이었어요.

"아니, 말도 못하던 내 딸을 웃게 한 자가 누구냐? 여봐라, 저자에게 큰 상을 내리도록 하라."

이렇게 해서 잭은 큰 상을 받고 아름다운 처녀와 결혼하여 ⑦ 오래오래 행복하게 살았대요.

화술 메모

① 한숨을 쉬며 안타까운 표정으로 넋두리 하듯이
② 단호하게 다그치듯이
③ 주요한 내용은 강세를 둔다.
④ 눈이 휘둥그레지며
⑤ 물건을 가지고 가는 방법 부분은 강조하며 읽는다.
⑥ 혼잣말하듯 시선을 고정한 채, 중얼거린다.
⑦ 동화의 끝부분은 천천히 읽는다.

5) 펼침동화

색상지로 만든 바탕 틀을 네 번의 펼침(전면 상-하, 전면 좌-우, 가운데 부분 상-하, 십자 좌-우)을 통해 네 개의 화면을 보여 준다. 네 번째 펼침은 첫 번째 장면으로 되돌아오게 되어 있다. 기-승-전-결 화면 4개를 다루거나, 등장인물이 변신하여 바뀌는 동화내용에 적합하다.

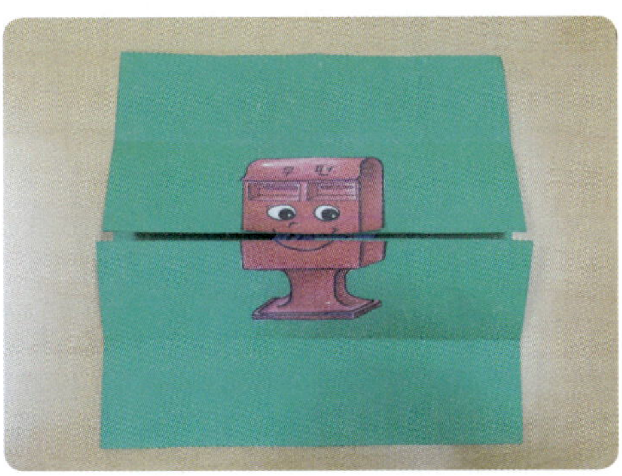

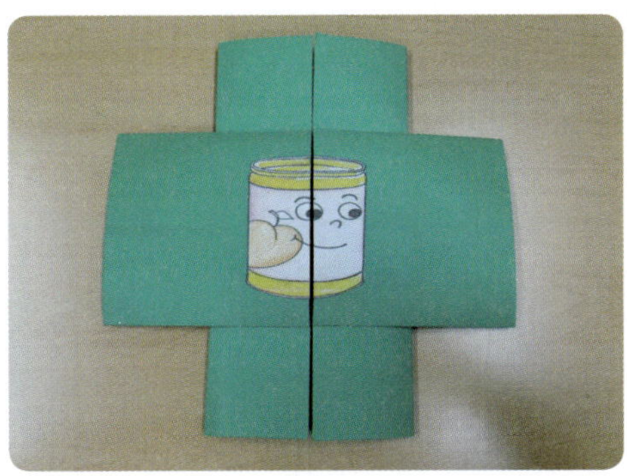

통통 무슨 통

통통 무슨 통 – 펼침동화 도안

〈통통 무슨 통 펼침동화 교구 만들기〉

*** 준비물:** 양면색상지 1장(4절, 초록색), 통 그림 컷(우체통, 필통, 쌀통, 깡통), 딱풀

*** 만드는 법**

① 4절 색상지를 반을 잘라 정사각형(26×26㎝) 2개로 자른다.

② ①의 색상지를 다시 반(26×13㎝)으로 자른다.

③ 네 개의 직사각형 ②를 8등분(6.5×6.5㎝)으로 접는다.

④ 네 개의 직사각형 ②를 평평하게 펴서, 두 개씩 나란히 위아래로 놓는다.

⑤ 사각 모서리에 해당하는 네 개의 작은 칸(6.5×6.5㎝)에 풀칠을 하여 아래, 위를 붙인다.

⑥ 바탕 틀의 가운데 (13×13㎝)에, 펼침 동화 바탕 틀이 펼쳐지도록 통 그림 네 개를 잘라 풀로 붙인다.

6) 기타

1 요술책 만들기

❶ 8절 도화지를 반으로 자른다.

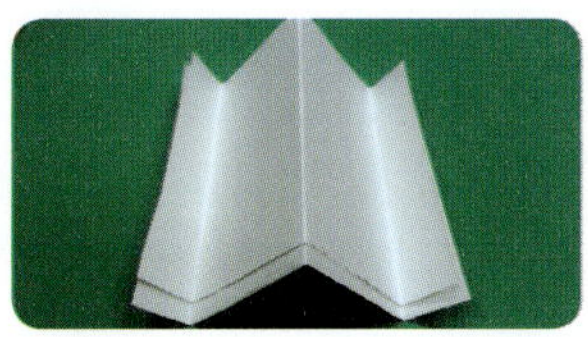

❷ 자른 두 쪽을 겹쳐 양쪽 끝을 5㎝ 정도 'w'자 형태로 접어 올린다.

❸ ②의 한쪽은 손잡이 부분을 제외하고 4등분 되게 자른다.

❹ ②의 또 다른 한쪽은 접은 선을 따라 세 번 자른다.

❺ 요술책의 완성된 앞면, ④에서 자른 조각 중 큰 직사각형 두 개를 ③의 양쪽 틈새에 올록볼한 형태로 끼운다.

❻ ⑤속에 숨겨져 있던 비밀화면, ⑤의 가운데를 양옆으로 펼치면 나온다.

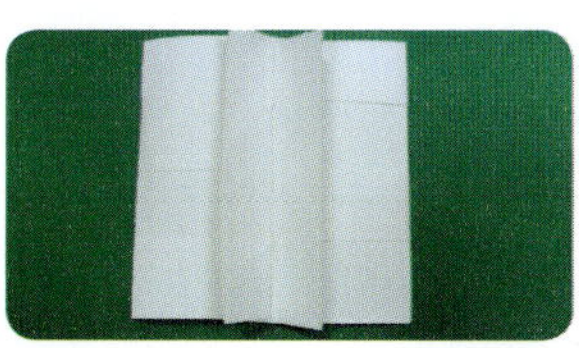

❼ 앞에서 숨겨진 화면을 열었을 때의 뒤편, ⑥의 뒷모습

❽ ⑤에다 그린 큰 사과(샘플)

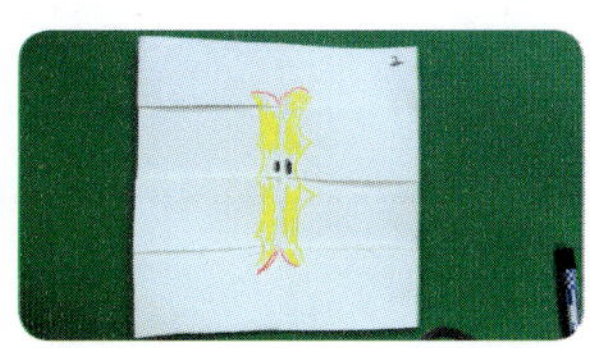

❾ ⑥에다 그린 다 먹은 사과(샘플)

② 코책 만들기

❶ 8절 도화지를 8개의 사각형으로 접는다.

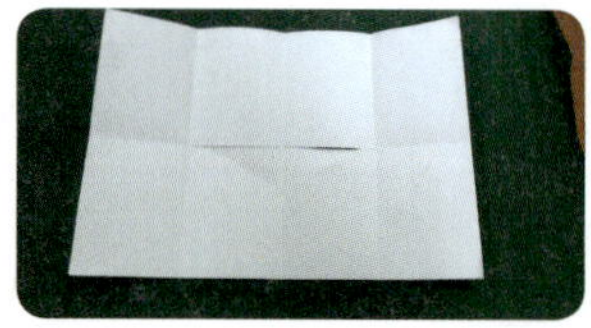

❷ 반으로 접은 상태에서 가운데 한 마디를 잘라 펼치면 두 마디가 절개된다.

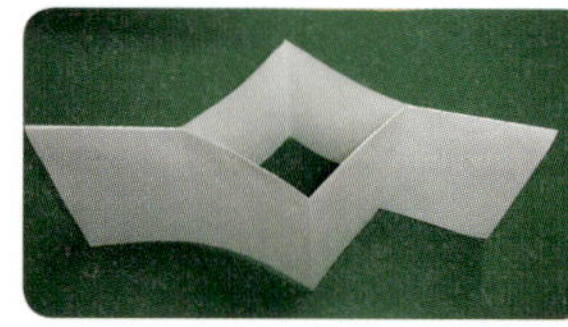

❸ 가로로 반으로 접어 마름모 모양 구멍이 나오게 접는다.

❹ '+'자 모양으로 접는다. (여기까지 기본적인 병풍책과 동일)

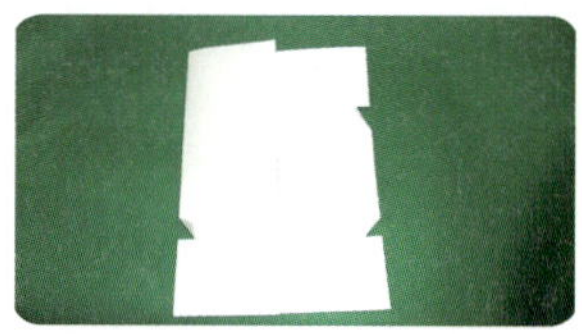

❺ 접었던 8절지를 다시 펴서 대문 접기 형태로 포갠 다음, 세 칸의 모서리 중간쯤에 1㎝ 정도의 칼집을 내고 중심을 향해 세모꼴로 접어 누른다.

❻ 다시 '+'자 모양으로 모아 쥔다.

❼ 칼집 부분 끝을 당겨서 세 개의 코를 만든다.

❽ 코를 중심으로 인물 얼굴을 그린다.

연구문제

- 교수매체를 각 유형별로 조별로 만들어 발표해 보자.
- 교수매체가 적절하게 선정되어 효과가 잘 드러나는 경우를 예를 들어 설명해 보자.
- 창의적 교구 중 하나를 만들고 실제 어린이를 대상으로 사용해 보자.

CHAPTER 08

이야기활동 수업설계

이야기 활동도 문학 활동의 하나이며, 원활한 진행과 평가를 위해 활동 계획안이 필요하다. 최근에는 정규강좌는 물론, 대부분의 자원봉사프로그램에서 이야기와 연계하여 간단한 연계활동을 필요로 하는 경우가 많다. 그림책이나 이야기를 중심으로 한 수업 계획안은 크게 통합 활동 계획안과 단위 활동 계획안으로 나뉜다.

1 통합 활동 계획안

그림책, 또는 이야기를 활용한 통합적 문학 활동은 크게 보면 전체 생활 주제 안에서 활용되는 경우와 동화프로젝트처럼 그림책이나 이야기가 중심이 되는 경우로 나누어 볼 수 있다. 본 장에서는 이야기 활동과 관련이 높은 하나의 그림책(또는 이야기)에 의한 통합적 구성망과 단위 활동 계획안을 소개하고자 한다.

제목: 이야기 이야기[게일 헤일리(Gail E. Haley) 글 · 그림, 보림, 1996
대상: 만5세 유아 ~ 초등

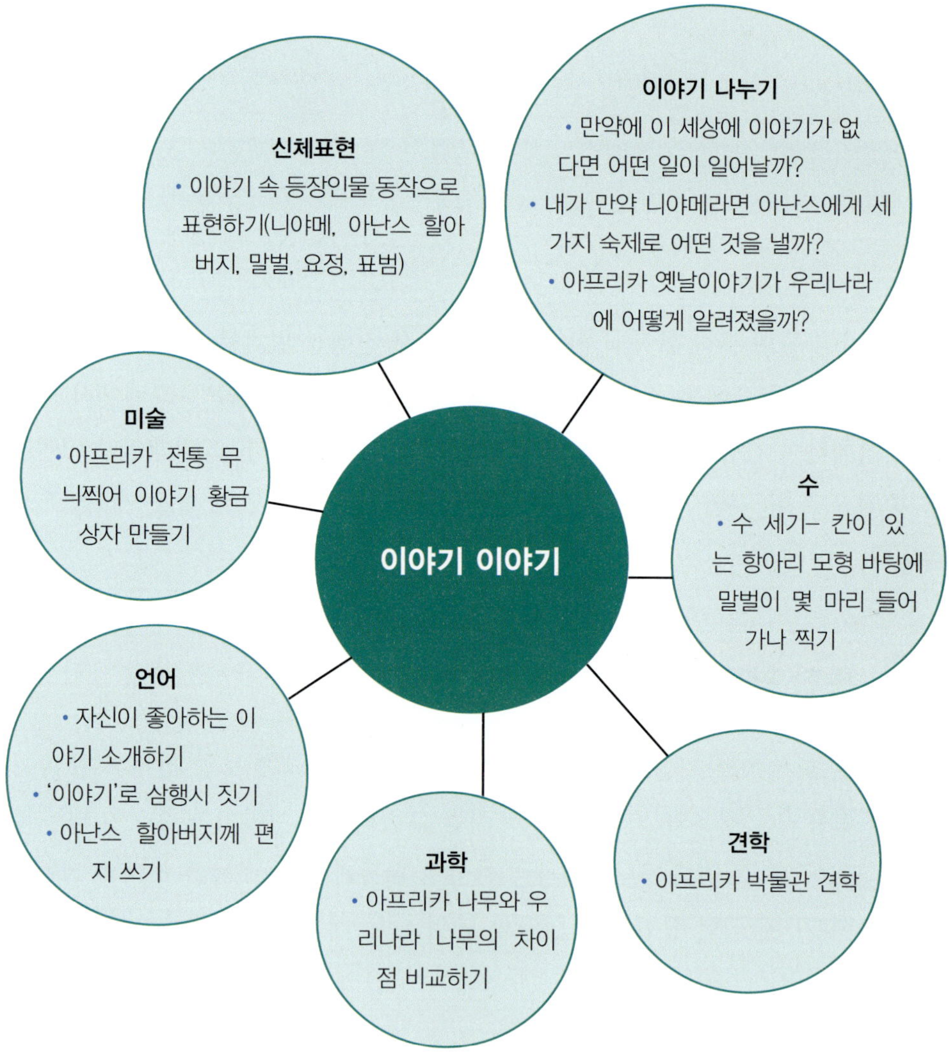

하나의 그림책을 중심으로 한 통합적 활동 구성망 – 『이야기 이야기』

2 단위 활동 계획안

일반적으로 활동 계획안은 활동명, 활동형태, 활동목표, 활동자료, 활동방법(도입–전개–마무리), 심화 및 확장 등의 요소들로 이루어져 있다(박찬옥 외, 2015).

수업의 도입부에서는 인사 나누기와 주의집중, 들려줄 동화에 대한 호기심 고취를 목적으로 간단한 활동을 하며, 필요한 경우에는 이전 차시에 대한 회상을 곁들인다. 전체적으로 도입부가 너무 길어지지 않도록 유의한다. 활동형태는 동요 부르기, 손유희, 인형으로 주인공 소개하기, 실물탐색, 수수께끼, 비밀 상자, 간단한 이야기 나누기 등 다양하다. 그림책 읽기의 경우, 상세한 표지탐색이 도입으로 활용되는 경우도 있다.

전개부분에서는 이야기 들려주기(또는, 책 읽어 주기)가 주요한 부분이 되며, 이어서 관련활동이 이어진다. 관련활동은 이야기 나누기, 게임, 극놀이, 음률 및 신체표현, 책 만들기, 조형 등 다양한 영역으로 할 수 있으며, 마무리에서는 활동에 대한 회상과 평가, 다음 활동 소개를 하고 끝인사를 나눈다. 시작과 끝부분에 이야기 활동 시간을 알리는 주제노래(예 '뜨레풀 노래', '도깨비나라')를 율동과 함께 부르는 것도 깔끔한 인상을 준다.

<table>
<tr><th colspan="4">이야기 활동 계획안</th></tr>
<tr><td>이야기제목
(또는 그림책 제목)</td><td>이야기 이야기</td><td>시연형태</td><td>그림책</td></tr>
<tr><td>활동명</td><td>내가 좋아하는 이야기</td><td>활동대상</td><td>유아 및 초등</td></tr>
<tr><td>활동목표</td><td colspan="3">• 이야기를 주의 깊게 잘 듣는다.
• 자신이 좋아하는 이야기를 간단히 소개할 수 있다.
• 아프리카에도 재미있는 이야기가 있음을 안다.</td></tr>
<tr><td>활동자료</td><td colspan="3">그림책, 모자(또는 안경)</td></tr>
</table>

활동 방법

도입

1. 아프리카에 대해 갖고 있는 느낌이나 생각이 무엇인지 알아본다.

- '아프리카' 하면 무엇이 떠오르니?
- 왜 그렇게 생각하니?
- 아프리카에 이야기가 있다면, 어떤 이야기가 있을 것 같니?

전개

2. 그림책을 감상한다.

- (줄거리 위주로 개작해서 동화구연으로 실감나게 들려준다.)
- (속표지 페이지의 할아버지 그림을 펼쳐 보이며) 옛날 아프리카에 아난스라는 할아버지가 살았어요.
  "얘들아 안녕, 난 아난스 할아버지란다."

3. 자신이 좋아하는 이야기를 간단히 소개해 본다.

- 자기가 알고 있었던 이야기나 봤던 그림책 중에서 뭐가 제일 재미있었는지 생각해 보는 거야. 그리고 할아버지가 물어보면 대답을 해주는 거야. 자 할아버지가 올 거야.
- (모자를 쓰고, 목소리를 할아버지처럼 하고 무릎을 구부리고 그물 던지기 준비동작을 취하며) 아난스 할아버지가 우리친구들에게 이야기를 나눠 줄 테니 잘 받도록 해요. 하나, 둘, 셋, 으샤! 모두 받았나요?
- 넌 무슨 이야기 받았니?

마무리

4. 활동을 회상하고 평가한다.

- 오늘 '이야기 이야기'를 듣고 아프리카에 대해 새롭게 알게 되었거나 생각이 바뀐 게 있니?

확장활동

[자신이 좋아하는 주인공 소개하기]

*활동자료: 도화지, 사인펜(또는 색연필)

- 자신이 좋아하는 이야기 속 주인공을 그려서 소개한다.

[등장인물 몸으로 표현하기]

*활동자료: 그림책

- '이야기 이야기' 속 인물을 몸으로 표현하고 맞히기 놀이를 한다.

활동메모

- 진행 시 교사가 할아버지 역할로 들어가서 묻는 창의적 극놀이 형식이 어색하게 느껴지면, 일반적인 발문 형태로 진행할 수도 있다.
  - 아난스 할아버지가 황금상자를 갖고 와서 그때부터 이야기가 이 세상에 퍼지게 되었대요. 내가 제일 좋아하는 이야기가 무엇인지 말해 볼까요?

3 이야기 활동을 위한 자기 평가

이야기 활동수업이 어느 정도 준비되었는지 스스로 평가하기란 쉽지 않다. 잘롱고(Jalongo, M. R., 2003)는 다음과 같이 '책 선택, 사전 읽기연습, 읽기시연, 교구사용' 등 네 가지 항목에 걸쳐 교사 자기평가(Teacher Self Assessment) 항목을 제시하였다.

❀ 책 선택
- 처음에는 쉬운 이야기로 시작한다. (예 반복되는 이야기나 누적되는 이야기)
- 교사 자신이 진정으로 재미있다고 느끼고, 남들과 나누고픈 이야기를 고른다.
- 생활주제나 단원 등 단순히 교육적 목적에 맞는다는 이유만으로 책을 선정하지 않는다.
- 유아의 요구, 흥미, 능력 등을 고려한다.

❀ 읽기 연습
- 교사에게 도움이 되는 것들은 무엇이든 사용한다(예 녹음기, 메모지 등)
- 순서를 기억하기 위한 다양한 단서를 사용한다.
- 익숙하지 않은 단어의 올바른 발음을 익힌다.
- 구절이나 문장이 부드럽고 편하게 느껴질 때까지 연습한다.
- 나름대로 스타일이 형성될 때까지 연마한다.

❀ 책 읽어 줄 때
- 자신감 있게 표현할 수 있도록 앞부분 서너 줄은 외울 정도로 연습한다.
- 편안하고 깊은 심호흡을 하고, 그리고 시작한다.
- 목소리를 명확하게 하고, 유아들에게 알맞게끔 속도를 조절한다.
- 자신의 목소리를 통해서 단어의 자연스런 리듬이 느껴지도록 한다.
- 풍부하게 표현하되, 과도하지 않게 한다.
- 자신감이 드러나도록 유아와 눈을 맞추고 몸자세를 갖춘다.
- 목적에 맞는 제스처를 사용한다.
- 이야기의 절정부분까지 점차적으로 긴장감을 고조시켜 표현한다.
- 갑작스레 끝내지 말고, 유아에게 이야기의 마무리를 알리는 느낌을 준다.

❀ 교구 사용 시
- 교구사용을 적절하게 한다.(예: 매체종류의 적절성, 교구조작의 원활함)
- 교구는 주의를 분산시키는 게 아니라 주의를 집중하기 위한 것임을 기억한다.

4 대상별 읽기 형태와 방법

책을 읽어 줄 때 대상에 따라 유의해야 할 점에 대해 정리해 보면 다음과 같다(이송은, 2007; 이송은, 2012; 이송은, 2013).

① 영유아 대상 책 읽기

- 몬테소리 언어교육의 발문 위계
- 유아 지향적 말하기 및 읽기(child-directed speech)
- 구연(口演)식 읽기(storytelling)
- 대화식 읽기(dialogic reading)
- 묘사적 읽기(descriptive reading)
- 언어감수성을 일깨우는 책 읽기

② 초등아동 대상 책 읽기

- 말과 글의 관계와 한국어의 특성을 깨달아가는 과정으로서의 책 읽기
- 언어의 네 가지 영역을 고르게 활성화시키는 것을 격려하는 책 읽기
- 청자(聽者)와 화자(話者)를 넘나드는 책 읽기
- 독자집단으로서의 또래 공동체를 경험하는 책 읽기
- 비평적 책 읽기

③ 다문화가정 대상 책 읽기

- 한국어 능력 증진을 위한 읽기(문해, 발음, 어휘 등)
- 양국의 문화이해를 위한 읽기
- 각국 이야기 스토리텔링을 통한 다문화주의적 태도 형성

④ 청장년 및 성인을 위한 책 읽기

- 효과적인 글쓰기에 모델링이 되는 읽기
- 책과 삶을 연결해주는 읽기
- 과거와 현재를 아우르는 읽기
- 감상을 위한 읽기와 여가 선용 및 일자리 창출을 위한 읽기

5 이야기 활동 계획안

7장 교수매체에서 소개된 동화와 교구를 활용하여 다음과 같이 수업해 볼 수 있다.

1. 흰 쥐(낱장동화)

이야기제목 (또는 그림책 제목)	흰 쥐	시연형태	낱장동화(달력동화)
활동명	그림 순서대로 말해요!	활동대상	유아 및 초등
활동목표	• 동화를 주의 깊게 듣는다. • 그림을 단서로 순서에 맞게 이야기를 재구성할 수 있다.		
활동자료	낱장동화(달력동화) 교구, 낱장그림 컷(10개), 융판		

활동 방법

도입

1. 수수께끼로 등장인물에 대해 맞혀 본다.

– 나는 누구일까 맞혀 보세요.

나는 꼬리가 길어요 / 밤에 많이 다녀요 / 꼬리가 길어요 / 이로 갉아 먹어요/ 고양이를 무서워해요.

전개

2. 낱장동화(달력동화)를 감상한다.

① 그림을 가리키며 천천히 시작한다.

– "옛날 프랑스에 멋진 왕이 살고 있었어요."

② 뒷이야기를 예측해 본다.

– "왕이 생각해 낸 신랑감은 해님보다 힘센" (유아의 반응을 기다려 주었다가) *구름.*

③ 반복되는 부분을 함께 읽는다.

– *"오, 듣고 보니 그렇군."*

– "왕은" (잠시 기다렸다가) *사흘 간 생각하고 또 생각했어요.*

3. 동화를 재구성해 본다.

– (융판과 그림카드를 준비한 후) 이번에는 조금 전에 들었던 동화를 선생님과 여러분이 함께 다시 만들어 볼 거예요. 선생님의 이야기를 듣고 거기에 맞는 그림을 융판에 붙여 주는 거예요.

– "옛날 프랑스에 멋진 왕이 살았어요."

– 누가 나와서 왕 그림 찾아 붙여 볼까요?

– (붙은 그림들을 보면서) 이번에는 그림을 보면서 이야기를 다시 한번 해 볼까요?

마무리

4. 동화 내용을 회상해 본다.

– 공주는 왜 다시 쥐로 변신해서 갈색쥐랑 결혼했을까요?

– 오늘 이야기 중에 제일 재미있었던 부분은 어디였나요?

확장활동

[두 나라 이야기 비교하기]

- 『사윗감 찾아 나선 두더지』를 읽고 두 이야기의 공통점과 차이점을 비교해 본다.
- 초등아동인 경우 두 이야기에 대한 벤다이어그램 활동을 할 수도 있다.

활동메모

- 초등아동인 경우 도입 부분의 수수께끼를 '동물 맞히기' 대신, 이야기에 등장하는 프랑스라는 '나라 맞히기'로 난이도를 높인다.

2. 쥐와 개구리(원반동화)

이야기제목 (또는 그림책 제목)	쥐와 개구리	시연형태	원반동화
활동명	빙글빙글 동화랑 놀아요!	활동대상	유아, 초등 저·중학년
활동목표	• 친구의 생각과 느낌을 고려하여 말해야 함을 안다. • 원반동화 교구를 만들 수 있다.		
활동자료	교사용 원반동화 교구, 원반동화 교구만들기 재료(도안, 쇠단추나 할핀, 색연필)		

활동 방법

도입

1. 동작과 함께 '쥐가 한 마리' 노래를 부른다.

♪쥐가 한 마리, 쥐가 두 마리, 쥐가 세 마리, 네 마리, 다섯 마리~

전개

2. 원반동화를 감상한다.

① 원반동화 교구를 탐색한다.
  - 이것은 어떻게 움직일까요?

② 원반의 위판을 시계방향으로 천천히 돌려가며 이야기를 들려준다.

③ 등장인물을 입체적으로 설정하고 상황을 살려 구연한다.
  - 쥐: 순진하고 꾸밈없는 여자 아이
    개구리: 목소리가 굵고 퉁명스러운 남자 아이

3. 동화 내용을 회상하며 이야기 나눈다.

- 개구리는 쥐에게 무엇을 해보자고 했나요? 그 이유는 무엇이었나요?
- 개구리와 쥐가 매에게 잡아먹힌 이유는 무엇 때문이었나요?
- 쥐와 개구리가 타임머신을 타고 돌아갈 수 있다면 어떤 장면으로 가면 좋을까

요? 그리고 무엇을 해야 한다고 생각하나요?

4. 개별 원반동화 교구를 만든다.

– (그림 도안은 사전에 아동 수만큼 준비한다.)

5. 자신이 만든 원반동화 교구로 이야기 들려주기를 한다.

– (처음에는 교사의 말을 따라하며 원반동화를 조작한다.)

마무리

6. 활동을 회상하며 평가한다.

– 친구와 잘 지내려면 어떻게 해야 할까요?
– 원반동화를 만드는 데 어려운 점은 없었나요?

확장활동

[빙글빙글 이야기] – 초등 중학년

*활동자료: 그림이 없는 원반동화 도안, 색연필

- 새로운 원반동화를 만든다.
  – 그림이 없는 원반에 그림을 그려 보세요. 그리고 그 그림을 보고 이야기를 만들어 보세요.

[친구와 함께 2인 3각 경기]

- 손수건이나 긴 리본으로 2인 3각 경기를 한다.

활동메모

- 원반동화를 아동들에게 들려줄 때는 회전판에 나눠진 등분에 잘 맞춰가며 이야기를 들려준다.
- 이야기를 들려줄 때, 회전판을 흔들거나 다음 장면이 시작되기 전에 돌리지 않는다.

3. 방귀 시합(낚싯줄동화)

이야기제목 (또는 그림책 제목)	방귀 시합	시연형태	낚싯줄동화
활동명	누구 방귀가 더 세나?	활동대상	유아 및 초등
활동목표	• 재미있는 옛이야기를 낚싯줄동화로 감상한다. • 여러 가지 방법으로 방귀 시합을 할 수 있다.		
활동자료	낚싯줄동화, 절연테이프, 풍선		

활동 방법

도입

1. 수수께끼로 방귀에 대해 알아본다.

– 이것은 어른도 할 수 있고 아기도 할 수 있어요.
이것은 재미있기도 하고, 싫어하기도 해요.
엘리베이터나 이불 속에서 하면 큰일 나요.
특히 고구마 먹고 하면 큰일 나는 건 뭘까요?

전개

2. 낚싯줄동화를 감상한다.

① 방귀 그림 컷의 낚싯줄을 '뽕' 소리와 함께 움직여 준다.
– "내 방귀가 얼마나 센지 한번 보시겠어요? 하나, 둘, 셋!" 뽕~~
② 나무 그림 컷의 낚싯줄을 아래로 잡아당기며 구연한다.
– 나무가 뿌리째 휙~ 날아가지 않겠어요?
③ 절굿공이가 움직이도록 낚싯줄을 잡아당기며 구연한다.
– 절굿공이가 슝~ 하늘로 치솟지 않겠어요.

3. 여러 가지 방법으로 방귀 시합을 한다.

– 냄새 없는 방귀 시합을 해 볼까요?

– 냄새 없는 방귀 시합은 어떻게 할 수 있을까요?

① 입방귀

② 손등 방귀

③ 풍선 방귀

마무리

4. 활동을 회상하고 마무리한다.

– 이야기 중에 어떤 장면이 가장 기억에 남나요?

– 어떤 방귀 시합이 가장 재미있었나요?

확장활동

[마주 보고 짝짝짝!]

- 동요 '반달'을 부르며 손뼉 치기 놀이를 즐긴다.
  – 이야기 속에 나온 계수나무와 토끼가 나오는 동요 '반달'이 있어요.
- "푸른 하늘 은하수~~" 들어 본 적 있나요?
  – 노래 부르며 손뼉 치기를 천천히 해 볼까요?

활동메모

- 시합이 과열되어 이기고 지는 것에 치우치지 않도록 유의한다.

4. 고추처럼(자석동시)

이야기제목 (또는 그림책 제목)	고추처럼	시연형태	자석동화 (동시)
활동명	빨개졌대요	활동대상	유아, 초등 저학년
활동목표	• 가을의 자연변화에 관심을 갖고 아름다움을 느낀다. • 동시를 다양한 방법으로 들어본다.		
활동자료	동시판, 사진(초록 및 빨간색 감나무, 고추밭, 사과나무), '가을 길' 동요 음원		

활동 방법

도입

1. '가을 길' 동요를 감상한다.

2. 가을이 되어 변화한 자연 풍경에 대해 이야기를 나눈다.

- '가을 길' 동요 속에 어떤 색들이 나왔나요?
- 오늘 선생님이 집에서 나오는데 감나무를 보고 깜짝 놀랐어요. 원래는 이렇게 (초록색, 주황색 감 사진을 이어서 보여 주며) 초록이었는데, 감 색깔이 어때요? *빨개요. 주황색이에요.*
- 가을이 되면 빨갛게 되는 게 또 무엇이 있을까? *단풍, 사과, 고추.*
- 가을에 빨갛게 익는 친구가 또 있대요.

전개

3. 동시판 교구와 편지로 동시를 감상한다.

1) 자석 동시판으로 스토리텔링을 한다.
(p. 149 동시판을 활용한 스토리텔링 참조)
2) 동시 편지로 동시를 낭송한다.
3) 동시판의 고추잠자리 색깔 포켓 부분의 색깔을 달리하며 동시를 낭송한다.

- 여기 또 한 마리의 잠자리를 만나볼까?
- 고추잠자리는 가을에 익어요… / (살구색 카드를 빼며) 쨍쨍 가을 볕 너무 매워서 / (주황색 카드를 빼며) 고추처럼 가을에 빨갛게 익어요.

4. 동시를 몸으로 표현해 본다.

- 고추잠자리를 어떻게 표현하면 좋을까?
- '빨갛게 익어요.'는 어떻게 표현하면 좋을까?
  - 예 부끄러우면 양볼이 빨개짐을 양손 주먹으로 표상하기
- 천천히 동시를 읽으며 함께 움직여 볼까?

마무리

5. 활동을 회상하고 평가한다.

- 오늘 가을에 볼 수 있는 과일, 나무, 잠자리, 허수아비를 보니까 느낌이 어떠니?
- '고추처럼' 동시를 몸으로 표현해 보았는데 가장 재미있었던 부분은 어디니?

확장활동

- 낱장으로 된 개별 시화집을 꾸며 본다.

활동메모

- 연령이 어릴 경우 보다 쉬운 동요인 '가을은', '코스모스' 등을 사용한다.

5. 차와 다가 만나면(텔레비전동화)

이야기제목 (또는 그림책 제목)	차와 다가 만나면	시연형태	텔레비전동화
활동명	차다 차다 차다	활동대상	유아 및 초등 저학년
활동목표	• 동화를 다양한 방법으로 듣고 즐긴다. • '차다'의 여러 가지 의미를 이해할 수 있다. • 움직임을 보고 어떤 의미의 '차다'인지 맞힐 수 있다.		
활동자료	텔레비전동화 자료, 상자 갑, 여러 가지 '차다'가 묘사된 그림 및 글자 카드		

활동 방법

도입

1. 종이상자의 다양한 쓰임새를 알아보며 텔레비전동화 매체에 대해 관심을 갖는다.

– (텔레비전동화 교구와 비슷한 크기의 상자를 보여 주며) 이 상자로 무엇을 할 수 있을까요? *짐을 담아요, 끌고 다녀요.*

– 오늘은 이 상자가 특별한 변신을 할 거예요.

전개

2. 텔레비전동화를 감상한다.

① 텔레비전동화 교구로 글자를 탐색한다.

– (텔레비전동화 교구의 첫 화면을 보여 주며) 숲 속에, 글자들이 모여 사는 동산이 있었어요.

– 여기 어떤 글자들이 있는지 볼까? *가, 나, 다, 라*

– 어, 그런데 여기 없는 글자가 있는 것 같은데, 그게 뭐지?

– (상자 윗부분에 붙은 '차'와 '다'를 앞으로 늘어뜨리며) 여기요, 여기. '차'와 '다'

② 두 개의 봉을 돌려가며 텔레비전동화를 들려준다.

3. 동화내용을 회상한다.

– (교구를 맨 앞으로 돌린 후, 빠르게 돌리며) 어떤 '차'와 '다'가 있었는지 살펴볼까?

4. 움직임을 보고 어떤 의미의 '차다'인지 맞혀 본다.

– (여러 가지 '차다' 그림카드를 상자에 넣어 보여 주며) 여기에는 여러 가지 '차다'가 숨어 있어요. 한 친구가 그림을 보고 몸으로 표현하면, 다른 친구가 무엇인지 맞히면 돼요.

마무리

5. 여러 가지 '차다'를 그림과 글자 카드로 확인해 본다.

– 오늘 우리가 어떤 '차다'를 만났는지 그림과 글로 확인해 볼까요?
– (축구 선수 그림 카드 옆에 글자 카드를 붙이며) "공을 차다"

확장활동

[같은 글자, 다른 뜻]

• 동화 끝부분과 연계해서 여러 가지 '타다' 찾아보기를 할 수 있다.

활동메모

• 텔레비전동화 교구 조작 시 화면이 움직이는 시간이 필요하므로, 장면이 바뀔 때 청중과의 상호작용을 곁들인다.

6. 쥐와 연필(OHP 동화)

이야기제목 (또는 그림책 제목)	쥐와 연필	시연형태	OHP 동화
활동명	하나 더하기 하나는 이야기!	활동대상	유아, 초등 저학년
활동목표	• OHP 필름의 특성을 알고 OHP 동화 교구로 이야기를 재구성할 수 있다.		
활동자료	OHP 동화 교구		

활동 방법

도입

1. OHP 필름으로 제목을 소개한다.

– (쥐가 그려진 OHP 필름을 보여 주며) 여기 무엇이 보이나요?

– (제목과 연필이 그려진 OHP 필름을 겹치며) '쥐와 연필'이라는 동화를 들을 거예요. 이렇게 겹쳐볼 수 있는 투명한 종이를 OHP 필름이라고 해요.

전개

2. OHP 동화를 감상한다.

① 등장인물을 입체적으로 설정하여 구연한다.

– 연필: 가늘고 뾰족한 느낌의 여자아이
  생쥐: 어눌하고 느린 속도의 남자아이

② 그림을 보고 아동들과 무엇인지 이야기를 나누며 들려준다.

– (동그라미가 그려진 장면을 보여 주며) 무엇처럼 보이나요?

3. OHP 동화를 다시 감상한다.

– (큰 동그라미가 그려진 장면을 보며) 쥐는 동그라미를 보며 무엇이라고 말했나요?

4. 동화를 회상하며 OHP 필름으로 동화를 재구성해본다.

– OHP 필름으로 나만의 이야기를 만들어 볼까요?

마무리

5. 활동을 회상하며 이야기를 나눈다.

– OHP 동화는 어떻게 들려주는 동화였나요?

– OHP 동화를 들려줄 때 어려운 점은 없었나요?

확장활동

[겹쳐며 만드는 이야기]

*활동자료: OHP 필름, 유성매직

- 간단한 모양이 그려진 OHP 필름을 하나씩 나눠 갖고, 교사가 제시하는 순서에 따라 겹쳐가며 장면을 구성하고 이야기를 만들어 본다.

활동메모

- 얇고 미끄러운 OHP 필름을 넘기기 쉽도록 라벨지나 접착시트 등으로 손잡이를 만들어 붙여 준다.
- OHP 동화를 재구성할 경우, 초등학생은 모둠으로 해 볼 수 있다.

7-1. 데굴데굴 금방울(막대동화)

이야기제목 (또는 그림책 제목)	데굴데굴 금방울	시연형태	막대동화
활동명	데굴데굴 금방울	활동대상	만 3세 유아~초등
활동목표	• 동화를 다양한 방법으로 듣고 즐긴다. • 반복되는 구절을 운율을 살려 함께 읽을 수 있다. • 동극에 즐겁게 참여한다.		
활동자료	막대동화교구, 방울, 주머니, 동극용 머리띠, 금방울 교구(후프)		

활동 방법

도입

1. 소리를 통해 동화 제목을 알아본다.

- (방울이 든 주머니를 뒤에서 흔들며) 딸랑, 이게 무슨 소리지?
- (방울을 제시하며) 오늘은 아주 커다란 방울이 나오는 동화를 들을 거예요.

전개

2. 막대동화를 감상한다.

① 막대 인형을 테이블에 차례대로 엎은 채 쥐기 쉽도록 준비한다.
- (왼손에 금방울 막대 인형을 들고, 오른쪽으로 회전시키며) 어느 날 커다란 금방울이 데굴데굴 굴러왔어요. 금방울은 굴러서 준이네 집에 도착했어요.
- (오른 손에 준이 인형을 들고 움직이며) 어, 이게 뭐야? 금방울이잖아?

② 의성어 부분에서 금방울 뒤에 막대 인형을 모아서 함께 쥐고 나머지손도 같은 방향으로 회전시킨다.
- 한번 들어가 볼까? (준이인형을 금방울막대 인형 뒤로 갖다 대며) 아이, 깜깜해, 아이 무서워. 으앙!
- 그러자 금방울은 (막대 인형을 쥔 왼손과, 오른손바닥을 편 채로 오른쪽 방향으로 회전시키며) 으앙 으앙 으앙 굴러갔어요.

③ 막대 인형을 차례대로 퇴장시키며 테이블에 놓는다.

– 금방울은 이제 너무 무거워져서 (금방울과 막대 인형 교구를 모아 쥔 채 탁자에 살짝 부딪치며) 쾅! 부딪혀 깨지고 말았어요.
– (금방울을 탁자에 내려놓은 뒤 오른손으로 준이 막대 인형을 쥐고) 준이는 라라라 노래 부르며 집으로 돌아갔어요.

3. 동화 속 등장인물과 내용을 회상해 본다.

– 동화 속에 어떤 친구들이 나왔었지? *준이, 고양이, 돼지.*
– 동화 속 친구들의 소리를 이어서 말해 볼까?

4. 동화 속 등장인물의 움직임을 몸으로 표현해 본다.

– 고양이는 어떻게 움직일까?
– 소리도 함께 내며 움직여 볼까?

5. 역할을 나누어 극놀이를 한다.

– (좌우 각각 세 명씩 차례대로 선 다음, 교사가 금방울이 되어 후프를 돌리며) 어느 날, 커다란 금방울이 데굴데굴 굴러왔어요.

마무리

6. 활동을 회상하고 평가한다.

– 함께 소리 내어 읽을 때 어떤 기분이 들었니?
– 극놀이를 하면서 가장 재미있었던 것은 무엇이었니?

확장활동

[막대 인형 만들기]

*활동자료: 등장인물 그림도안, 나무젓가락, 접착테이프, 색연필

• 그림도안을 색칠하고 뒷면에다 나무젓가락을 붙여 막대 인형을 만든다.

활동메모

• 막대 인형 제작 시, 등장인물의 자세나 시선 방향이 서로 대화를 나누는 상황이면 마주 보고 있는지 확인해야 한다.
• 막대 인형을 조작할 때 시연자의 움직임과 인형의 진행방향이 일치하도록 한다.
• 막대 인형 교구는, 유아의 말하기 활동을 북돋아주는 데 매우 효과적이다.
• 막대 인형은 가정과의 연계 확장활동에 유용하게 쓰인다.

7-2. 데굴데굴 금방울(그림책 읽기)

(동화가있는집 개작, 조영아 그림, 국민서관, 2016)

이야기제목 (또는 그림책 제목)	데굴데굴 금방울	시연형태	그림책 읽기
활동명	살금살금! 뒤뚱뒤뚱!	활동대상	만 3세 유아
활동목표	• 소리 내어 함께 읽기를 해 본다. • 그림책 속 등장인물의 표정을 관찰할 수 있다. • 등장인물의 움직임을 몸으로 표현할 수 있다.		
활동자료	그림책		

활동 방법

도입

1. 표지 탐색을 한다.

– 여기 무엇이 보이니? *호랑이, 원숭이.*

– 여기는 어디일까? *언덕, 바위.*

전개

2. 그림책을 감상한다.

① 손가락으로 그림을 가리키거나, 움직임을 보여 주며 읽는다.

– 준이가 사는 마을에 커다란 금방울이 데굴데굴 (그림 위에서 손가락으로 둥글게 원을 그리며) 굴러왔어요.

– 이게 뭐야? 금방울이잖아? (손가락으로 그림을 가리키며) 여기 구멍이 있네.

② 등장인물 울음소리 부분의 높낮이에 변화를 주고 리듬감을 살려 함께 소리 내어 읽는다.

– 그러자 금방울은 (일시 정지하며 유아의 참여를 기다렸다가) “(책도 함께 돌리며) 으앙으앙, 야옹야옹, 꿀꿀, 꽥꽥”울면서 굴러갔어요.

③ 책을 교구로 활용하며 읽는다.

– 그러다가 그만 커다란 바위에 꽝! 부딪혀 (책으로 책상을 가볍게 내리치며 책

장을 넘긴 후) 깨지고 말았어요.

④ 등장인물의 놀란 표정을 관찰해 본다.

- 여기 여러 친구들이 어떤 표정인지 볼까?
- 준이는 어떤 표정이야? *놀라서 눈이 동그래요.*
- 원숭이는 왜 이런 표정을 짓고 있을까?
- 호랑이의 모습이 어떠니?
- 우리도 호랑이처럼 표정을 지어 볼까? 하나, 둘, 셋!

3. 동화 내용을 회상해 본다.

- 동화 속에 어떤 친구들이 나왔었지? *준이, 고양이, 돼지.*
- 동화 속 친구들의 소리를 이어서 말해 볼까?

4. 동화 속 등장인물처럼 움직여 본다.

- 동화 속에 나왔던 친구들처럼 움직여 볼까?
- 고양이는 어떻게 움직이면 좋을까? *살금살금.*
- 이번에는 울음소리도 함께 움직여 볼까?

마무리

5. 활동을 회상하고 평가한다.

- 함께 소리 내어 읽을 때 어떤 기분이 들었니?
- 오늘 어떤 동물처럼 움직일 때 재미있었니?

확장활동

[데굴데굴 굴러가요]

*활동자료: 등장인물 목걸이

- 역할을 나누고 반복되는 구절을 중심으로 극놀이를 한다.

활동메모

- 표지 탐색 시 제목과 금방울 고리 부분을 가린 채 그림만 보여 주면 그림에 대한 관찰력이 높아진다.

8. 빨강부채 파랑부채(막대동화)

이야기제목 (또는 그림책 제목)	빨강부채 파랑부채	시연형태	막대동화
활동명	부채바람 타고 가요.	활동대상	유아·초등
활동목표	• 동화를 주의 깊게 듣는다. • 부채의 쓰임을 알고 부채를 이용한 놀이를 즐긴다.		
활동자료	막대동화 교구, 주머니, 빨강 및 파랑부채, 놀이용 부채(빨강, 파랑), 색종이, 그림 컷, 빨대(일인당 2개), 투명테이프, 풀		

활동 방법

도입

1. 부채에 대한 수수께끼를 맞혀 본다.

- (주머니를 보여 주며) 이 주머니 속에 들어 있는 물건은 옛날부터 사용했고 지금도 사용해.
- 이것은 여름철에 많이 사용하지.
- 이것은 더울 때 사람들을 시원하게 해 주지.
- 오늘은 재미있는 부채가 나오는 그림책을 볼 거야.

전개

2. 막대동화를 감상한다.

① 막대 인형을 등장순서에 따라 테이블 위에 준비한다.

② 노래를 부르며 막대 인형의 코를 잡아당겼다, 놓았다 한다.

- (우리 집에 왜 왔니? 가락에 맞춰)

♪ 늘어난다. 늘어난다. 죽죽 죽죽죽

♪ 줄어든다. 줄어든다. 쏙쏙 쏙쏙쏙

③ 등장인물의 성격을 살려 구연한다.

3. 동화내용을 회상하고 이야기 나눈다.

– 나무꾼이 주운 부채는 어떤 부채였나요?

– 부채 때문에 나무꾼에겐 어떤 일이 생겼나요?

4. '부채바람 타고 가요' 놀이를 즐긴다.

① 색종이에 테이프로 빨대 2개를 붙인다.

② 빨대를 붙인 색종이에 그림 컷을 붙이면 배가 완성된다.

③ 부채로 바람을 일으켜 배가 도착점에 빨리 닿으면 이긴다.

마무리

5. 활동을 회상하며 평가한다.

– 오늘 동화를 들었는데, 동화 어디가 가장 재미있었니? 왜 그렇게 생각하니?

– 부채주사위 게임을 할 때 가장 기억에 남는 것은 무엇이니?

– 게임을 할 때 힘든 점이 있었니? 무엇이니?

확장활동

[부채주사위 놀이]

*활동자료: 부채주사위 게임교구(게임 판, 부채주사위, 말)

• 부채주사위 놀이를 한다.

– (부채 주사위 교구를 보여 주며) 여기 여러 가지 그림이 있는데, 무슨 뜻이 있는지 말해 볼까?

활동메모

• 연령이 어릴 경우, 게임에서 경쟁을 하는 것보다 즐길 수 있도록 격려한다.

• 유아들이 부채 주사위 놀이를 할 때에는 팀당 말 2개 정도가 적당하다.

• 게임 규칙에 대해 사전에 충분히 숙지하고 게임을 시작한다.

9. 말하는 거북이(테이블동화)

이야기제목 (또는 그림책 제목)	말하는 거북이	시연형태	테이블동화
활동명	놀람 인형 만들기	활동대상	초등
활동목표	• 동화를 즐겁게 감상한다. • 휴지 심을 이용하여 목이 움직이는 인형을 만들 수 있다.		
활동자료	테이블동화 교구, 전래동요 '남생아 놀아라' 음원, 말하는 거북이 관련 음원 CD(동화가있는집), 인형 만들기 재료[휴지 심, 한지(검은색, 하늘색, 분홍색 등), 스티로폼 공, 풀, 가위, 나무젓가락]		

활동 방법

도입

1. 전래동요 '남생아 놀아라'를 부른다.

♪ 남생아 놀아라~

2. 거북이에 대해 이야기를 나눈다.

– 남생이는 어떤 동물과 닮았을까? *거북이.*

– 거북이 하면 떠오르는 게 뭐니?

– 오늘은 신기한 거북이가 나오는 동화를 들어볼 거야.

전개

3. 테이블동화를 감상한다.

① 인형을 등장순서에 따라 테이블 위에 준비한다.

② 말하는 거북이 CD 음원과 함께 동화를 들려준다.

③ 등장인물의 성격을 살려 구연한다.

④ 등장인물의 목을 상황에 따라 높이를 조절하며 들려준다.

4. 동화내용을 회상하고 이야기 나눈다.

- 재미있었던 장면은 무엇이니?
- 동화 속에 나온 거북이는 어떤 거북이었니?
- 너희들이 하는 말을 계속 따라 한다면 어떤 기분일까?
- 만약 너희들이 말하는 거북이가 생긴다면 어떻게 할 것 같니?
- 욕심쟁이 형처럼 말하는 거북이를 뺏어 가려고 한다면 어떻게 하겠니?
- 동생을 도와줄 수 있는 인형을 만들어 보자.

5. 목이 상하로 움직이는 인형을 만들어 깜짝 놀라는 상황 놀이를 한다.

① 휴지 심에 한지를 붙이며 몸통을 꾸민다.
② 스티로폼 공에 나무젓가락을 꽂아 인형의 얼굴을 만든다.
③ 매직으로 스티로폼 공 얼굴을 눈, 코, 입을 그리고 까만 한지를 뜯어 붙여 머리카락을 만든다.
④ 인형의 머리에 손잡이를 만들어 붙인다.
⑤ 완성된 인형을 조작해 보고 친구들에게 소개한다.

마무리

6. 활동을 회상하며 평가한다.

- 인형을 만들 때 힘든 점은 없었니?
- 목이 움직이는 인형으로 친구와 놀이할 때 재미있었던 건 무엇이니?

확장활동

[놀람 인형 놀이]

- 아동이 만든 인형으로 테이블동화를 공연해 본다.

활동메모

- 모-자(영유아)를 대상으로 할 경우에는 뜨레풀 책놀이 2(트랙 11번) 음악을 들으며, 거북이 신체표현활동으로 진행할 수 있다.
  - 엄마 등 위로 우리 친구들이 올라갈 거예요. 우리 친구들이 단단한 거북이 등딱지처럼 되었구나.
  - 엉금엉금 기어가 보아요. 엉금 엉금~

10. 민수 선장(신문지동화)

이야기제목 (또는 그림책 제목)	민수 선장	시연형태	신문지동화
활동명	신문지야 놀자!	활동대상	유아 및 초등 저학년
활동목표	• 신문지를 접고, 찢어가며 다양한 모양을 만들 수 있다. • 신문지로 할 수 있는 놀이를 알아보고 즐긴다.		
활동자료	신문지		

활동 방법

도입

1. 신문지를 탐색하며 이야기를 나눈다.

– (신문지를 보여 주며) 이것으로 무엇을 할 수 있을까?
– 이 신문지로 모양을 만들어 가며 이야기를 들려줄 거예요. 어떤 이야기인지 잘 들어 봐요.

전개

2. 신문지동화를 감상한다.

① 신문지를 접고, 찢어 모양을 만들어 가면서 동화를 들려준다.
(고깔모자, 큰 배, 구명조끼)
② 제스처를 넣어가며 구연한다.
(천둥소리 '우르르 쾅쾅'은 우르르는 손을 빙글빙글 돌리고 쾅쾅은 배를 가리킨다.)
③ 간단한 예측하기 질문을 곁들인다.
– 바다에 빠진 민수는 어떻게 되었을까?

3. 동화를 회상하며 이야기에 나온 모양을 신문지로 만들어 본다.

– 민수의 꿈은 무엇이었니? 선장 모자를 만들어 볼까?

4. 신문지놀이를 즐긴다.

– (그대로 멈춰라 음률에 맞춰 신문지놀이를 한다.)

♪ 즐겁게 춤을 추다가 신문지를 흔들어 (차다, 치다, 던지다, 뿌리다. 찢다 등)

5. 잘게 찢어진 신문지를 모아 공을 만든다.

마무리

6. 내용을 회상하며 평가한다.

– 신문지로 무엇을 만들었니?

– 신문지로 더 만들어 보고 싶은 게 있니?

– 어떤 놀이가 가장 기억에 남니?

확장활동

[나는 딱지 왕!] – 초등

- 신문지로 딱지를 만들어 딱지치기를 한다.

활동메모

- 신문지는 아동 수보다 넉넉하게 준비한다.
- 사전에 신문지를 접고, 찢어서 모양 만드는 연습을 많이 하여 동화를 들려줄 때는 손이 아닌 아동들과 눈을 맞추며 구연한다.
- 신문지 놀이 후 정리할 때 조각들을 큰 신문지에 모아 공을 만들고 던지기 놀이와 연계할 수도 있다.
- 신문지놀이 후에는 깨끗하게 씻을 수 있도록 지도한다.
- 초등의 경우, 신문지동화를 재현하게 할 수 있다.

11. 게으른 잭(휴지 갑 회전동화)

이야기제목 (또는 그림책 제목)	게으른 잭	시연형태	휴지 갑 회전동화
활동명	빠진 그림을 찾아서~	활동대상	유아 및 초등 저학년
활동목표	• 이야기를 주의 깊게 들을 수 있다. • 빠진 그림을 찾아 순서대로 이야기를 구성할 수 있다.		
활동자료	휴지 갑 회전동화 교구, 낱장 그림 15장면 카드, 바구니		

활동 방법

도입

1. 수수께끼를 통해 이야기의 배경이 되는 나라(영국) 맞히기를 한다.

– 이 나라는 축구를 잘 해.
이 나라는 유럽에 있어.
이 나라 이름은 두 글자야.
이 나라 사람들은 영어를 쓴대.

전개

2. 휴지 갑 회전동화로 이야기를 감상한다.

① 반복되는 상황은 또박또박 강조하여 읽고 상호작용과 표정을 곁들인다.
– (눈을 껌벅이며 혼잣말하듯) 그런데 어떻게 갖고 가지?
– (확신에 차서 읊조리듯) 그래! **머리에 이고 온다, 머리에 이고 온다.**

② 엄마의 속상함을 반영하여 점진적으로 감정을 고조시켜 읽는다.
– (사건이 반복됨에 따라 한숨이나 표정연기가 커진다.)

③ 이야기의 끝부분은 천천히 읽는다.

3. 동화를 회상하며 이야기 나눈다.

– 이야기의 어떤 부분이 가장 재미있었니? 왜 그렇게 생각하니?
– 이처럼 꼬리에 꼬리를 무는 특징을 가진 이야기의 좋은 점은 무엇일까?

4. '빠진 그림 찾아서 동화 완성하기' 게임을 한다.

– (사전에 전체 낱장 그림 컷을 바닥에 순서대로 나열해 놓고, 중간에 4개의 낱장 그림 컷을 놓을 부분을 비워 놓는다.)
– (그림이 빠져 있는 곳을 가리키며) 여기 그림 장면이 빠진 부분이 있지요? 빠진 부분에 들어갈 이야기 그림 장면을 이 바구니에서 찾아서 놓아 줄 수 있나요?
– 각 팀마다 한 명씩 나와서 들어갈 장면을 찾아 놓아 주세요. 시~작!

마무리

5. 활동을 회상하고 평가한다.

– 어떤 점이 즐거웠나요? *빠진 그림 찾는 거요. 이야기가 재밌어요.*
– 게임을 하면서 힘들거나 어려웠던 점이 있나요? *순서가 생각이 안 났어요.*

확장활동

[이야기를 비교해요]

*활동자료: 색도화지, 사인펜

• 『종이에 싼 당나귀』를 감상한다.
• 소그룹별로 두 이야기를 비교하여 벤다이어그램을 만들고 발표한다.

활동메모

• 휴지 갑 회전동화 교구를 제작할 때, 동화 순서에 유의하여 만든다.
• 확장활동으로 병풍책 만들기나 미니북 만들기를 할 수도 있다.

12. 통통 무슨 통(펼침동화)

이야기제목 (또는 그림책 제목)	통통 무슨 통	시연형태	펼침 동화
활동명	통통 무슨 통	활동대상	유아 및 초등 저학년
활동목표	• 동화를 주의 깊게 듣는다. • 여러 가지 통의 종류와 쓰임을 안다. • '통' 노래를 즐겁게 부른다.		
활동자료	펼침 동화 교구, 여러 가지 통, 통 이름 카드, 융판		

활동 방법

도입

1. 여러 가지 통을 탐색하며 '통'의 의미를 알아본다.

- (물통, 쓰레기통, 반찬통 등 몇 개의 통을 보여 주며) 이 물건들은 무엇이니? 어떨 때 사용하니?
- 이름에 똑같이 들어가는 글자는 무엇이니?
- '통'이 무슨 뜻일까?

전개

2. 펼침 동화를 감상한다.

① 펼침 동화가 접히는 방향과 펼쳐지는 방향이 서로 잘 맞도록 준비한다.
- 오늘은 우리 동네 길가에서 볼 수 있는 통을 만나볼 거야.
- (표지 그림의 우체통을 가리키며) 이게 무엇인지 아니?

② 반복되는 어휘는 동작을 곁들여 유아와 함께 읽는다.
- (마법사가 요술 지팡이를 휘두르듯이) 변해라 변해라 통통통! 펑!

③ 등장인물의 정서를 반영하여 표현한다.

억울: "난 왜 꼼짝없이 서서 비나 맞아야 하는 거지?"
설렘과 기대: "와, 조그맣고 날씬해졌다."
"와! 이번엔 깡통이구나! 음 기분 좋아."
애원: "아으, 가려워! 할머니~ 벌레가 생기지 않게 꽉 막힌 통으로 만들어주세요"
"할머니~ 할머니~ 절 녹슬지 않고 사람들이 버리지 않는 통으로 만들어 주세요. 제발요."
불안: "아이, 깜깜해. 어디로 가는 걸까?"
안도: "와! 다시 우체통이 되었네. 녹슬지 않고, 벌레 걱정도 없고… 사람들에게 편지를 전해 주는 내가 제일 좋아."

3. 동화를 회상하며 이야기를 나눈다.
- 동화 속 우체통은 어떤 통으로 변신했었지?
- 우체통이 다시 돌아왔을 때 어떤 마음이었을까?

4. 여러 가지 통 사진과 통 이름 카드를 융판에 붙이고, '통' 노래를 부르며 정리한다('리 리 리 자로 끝나는 말은' 가락에 맞춰).
- 통 이름 카드를 융판에 붙인 후 이 중에서 여섯 개를 골라 노래를 불러 볼까?
♬ 통통 통자로 끝나는 말은, 우체통, 필통, 쌀통, 깡통, 물통 저~금통!

마무리

5. 활동을 평가하고 마무리한다.
- 오늘 소개된 통들은 어떤 것들이 있었니?
- 그중 가장 마음에 드는 통은 무엇이니? 이유는 무엇이니?

확장활동

[펼침 동화 만들기]

*활동자료: 펼침 동화 바탕 틀, 그림도안, 풀, 가위
- 펼침 동화 바탕 틀에 그림도안을 오려 붙이고 펼침 동화를 조작해 본다.

활동메모

- 펼침 동화가 접히는 방향과 펼쳐지는 방향이 서로 잘 맞도록 준비한다.
- 자연스럽고 능숙한 장면전환을 위해서 연습이 필요하다.
- 펼침 동화의 장면 전환은 마치 요술과 같아서 유아들의 시선을 집중시키는 데 효과적이다.
- 교실에 비치되어 있는 여러 가지 통을 함께 찾아볼 수 있다.

13. 해님달님(보자기동화)

이야기제목 (또는 그림책 제목)	해님 달님	시연형태	보자기동화
활동명	요술 마술 보자기!	활동대상	유아, 초등
활동목표	• 보자기를 활용한 전래동화를 감상한다. • 보자기동화를 릴레이 방식으로 재현할 수 있다.		
활동자료	금색 보자기		

활동 방법

도입

1. 보자기 쓰임새에 대해 이야기 나눈다.

– (보자기를 보여 주며) 이게 무엇인지 아니?

전개

2. 보자기를 이용한 동화를 감상한다.

① 보자기를 세모 모양으로 2~3번 접어 산처럼 들고 준비한다.

– (세모로 접은 보자기 한쪽 끝을 잡아 펼쳐 보이며) 옛날 옛날, 깊은 산골에 외딴 집이 하나 있었어요.

② 보자기를 도넛 모양으로 만들고 구멍이 아래로 향하게 양손으로 잡는다.

– 뒷마당을 두리번대던 호랑이는 둥그런 우물을 발견했어요.

③ 두 개의 매듭을 만들어 한쪽 끝은 잡고 위에서 아래로 떨어뜨린다.

– 그러자 하늘에서 굵은 동아줄이 내려왔어요.

3. 보자기동화를 회상해 보고 한 장면씩 재현해 본다.

– 이야기 속에서 보자기가 어떤 것이 되었나요?

– (보자기를 주며) 호랑이 꼬리를 만들어 볼까요?

4. 보자기동화를 릴레이식으로 재현해 본다.

마무리

5. 활동을 회상하고 마무리한다.

- 보자기는 원래 어떨 때 사용하던 물건인가요?
- 보자기는 옛날부터 우리나라 사람들이 많이 사용해 왔는데 보자기를 쓸 때 좋은 점은 무엇인가요?
- 오늘 새롭게 알게 된 보자기의 쓰임새는 무엇인가요?
- 보자기로 이야기를 표현한 것 중에서 어떤 것이 재미있었나요?

확장활동

[떡 하나 주면 안 잡아먹지!]

*활동자료: 콩주머니, 소쿠리, 보자기, 호랑이 그림이 붙어 있는 구멍 난 상자

- 이야기에 나오는 대사를 활용하여 보자기로 콩주머니 옮기기 놀이를 한다.
  - 위험에 빠진 오누이의 엄마를 도와드리자.
    ① 해님과 달님 두 팀으로 나눈다.
    ② 두 명씩 보자기를 잡고 콩주머니를 옆 친구들에게 "떡하나 주면 안 잡아먹지!"라고 말하며 옮기기를 한다.
  - (옮기기를 하다 콩주머니를 떨어뜨리면 처음부터 다시 시작한다.)
  - 콩주머니 옮기기 놀이에서 콩주머니를 떨어뜨리지 않으려면 어떻게 해야 할까?
- 정해진 시간이 끝나면 맨 끝에 있는 호랑이 입(호랑이 그림이 붙어 있는 구멍 난 상자)에 콩주머니를 더 많이 넣은 팀이 이긴다.

활동메모

- 너무 크거나 작은 보자기는 모양 만들기가 불편할 수 있어 크기는 1×1m 정도로 준비하는 것이 적당하다.
- 콩주머니 옮기기를 할 때 아이들이 콩주머니를 떨어뜨리는 것에 대한 두려움을 가질 수 있다. 교사는 아이들을 세심하게 격려하거나 같은 팀 친구들이 응원해 줄 수 있는 분위기를 조성해 주도록 한다.

14. 내 동생 싸게 팔아요(스카프동화)

(임정자 글, 김영수 그림, 아이 세움, 2006)

이야기제목 (또는 그림책 제목)	내 동생 싸게 팔아요	시연형태	스카프동화
활동명	변해라, 스카프!	활동대상	초등
활동목표	• 이야기를 다양한 방법으로 표상할 수 있음을 경험한다. • 스카프 변형놀이를 할 수 있다.		
활동자료	스카프(폭 20㎝, 길이 2m 내외), 신문지		

활동 방법

도입

1. 신문지를 오려 만든 주인공 인형과 인사를 나눈다.

– (신문지로 오린 컷을 보여 주며) 안녕! 내 이름은 짱짱이야. 나 오늘 기분이 너무 안 좋아. *왜?*

– 내가 너무 아끼는 인형이 있는데, 내 동생이 인형을 망가뜨렸어. 내 기분이 어땠을까? *속상했겠다.*

– (속상한 이유를 좀 더 말한 다음) 그래서 난 동생 팔러 갈 거야. 저기 ㅇㅇ시장에.

전개

2. 반복되는 구절을 함께 말해 본다.

– 짱짱이가 시장 가요. 동생 팔러 시장 가요.

3. 스카프동화를 감상한다.

① 스카프로 가게나 등장인물의 특징을 표상하며 시연한다.

– (꽃가게 장면: 장미꽃 모양 / 빵가게 장면: 요리사 머리 띠)

② 짱짱이가 다음 장소로 이동할 때 반복되는 구절을 아동과 함께 말한다.

4. 스카프 변형놀이를 한다.

- 동화에서 스카프가 무엇으로 변신했나요?
- 스카프가 어떻게 변신하는지 놀이해 볼까요?
- (문제를 내는 친구는 말없이, 몸으로만 보여 주고 다른 친구들이 그것을 보고 맞힌다.)

마무리

5. 활동을 회상하고 평가한다.

- 스카프 변신놀이를 한 것 중에 가장 재미있었던 것은 무엇인가요?

확장활동

[스카프로 동화 장면 만들기]

*활동자료: 색도화지, 사인펜

- 익숙한 동화의 장면을 스카프를 활용해 표상해 본다.
  예 '아라비안나이트'의 세 왕자가 활쏘기 하는 장면

활동메모

- 장면이 바뀌는 부분에서 경쾌한 음악을 곁들이면, 간단한 이야기 공연을 할 수 있다.

15. 수미의 소원(순수구연)

이야기제목 (또는 그림책 제목)	수미의 소원	시연형태	순수구연
활동명	변해라! 휴지 심!	활동대상	만 4세~ 초등 저학년
활동목표	• 재활용품에 대해 관심을 갖는다. • 재활용품을 활용하여 인형을 만들 수 있다.		
활동자료	재활용품(휴지 심, 휴지 갑, 요구르트 통), 여러 가지 미술 재료, 가위, 풀, 유성 매직		

활동 방법

도입

1. 재활용품에 대해 이야기 나눈다.

– (휴지 심, 휴지 갑, 종이컵, 요구르트 통을 보여 주며) 여기 있는 물건들은 원래 담겨 있었거나 붙어 있던 것들은 다 쓰고 남은 것들이에요. 이것을 어떻게 버려야 할까요? *분리수거, 재활용품.*

– 그럼 재활용품이 나오는 동화를 들어 볼까요?

전개

2. 동화를 감상한다.

① 등장인물의 성격에 따라 목소리 설정을 달리하여 읽는다.

– 수미 아빠: 힘이 없고 느린 속도의 남성

빼에로 아저씨: 힘 있고 굵고 익살스러운 중년아저씨

② 등장인물의 정서를 반영하여 읽는다.

– (부드럽고 천천히 아빠 목소리로) "그 소원이 이루어질게다."

– (수미가 눈이 휘둥그레지며) "네, 그런데 그걸 어떻게 아셨어요?"

3. 동화를 회상하며 이야기 나눈다.

– 동화 속에 나온 재활용품에는 어떤 것들이 있었니? 휴지 심이요, 상자요.
– 수미가 받은 생일 선물은 무엇이었니? 인형이요.

4. 휴지 심으로 인형을 만든다.

– 휴지 심으로 인형을 어떻게 만들면 좋을지 생각해 볼까?
– 어떤 인형을 만들고 싶니? 토끼요. 돼지요.
– 토끼는 어떻게 표현하면 좋을까?

마무리

5. 자신이 만든 휴지 심 인형을 소개한다.

– 자신이 만든 인형을 소개해 보자.

확장활동

[우리들의 인형극놀이]

• 유아들이 만든 휴지 심 인형으로 인형극을 만들어 본다.
  – 먼저 누가 나오면 좋을까? *토끼요.*
  – 토끼가 나오는 어떤 이야기를 만들 수 있을까?

활동메모

• 동화 내용 중 인형을 만드는 장면에서 실물을 사용하여 보여 주면 더 생동감이 있다.
• 융판동화로도 들려줄 수 있다.

16. 도둑 쫓은 이야기(순수구연)

이야기제목 (또는 그림책 제목)	도둑 쫓은 이야기	시연형태	순수구연
활동명	몸으로 말해요!	활동대상	초등
활동목표	• 이야기를 주의 깊게 들을 수 있다. • 움직임 말을 듣고 몸으로 표현 할 수 있다.		
활동자료	노란 색종이로 만든 나비, 비밀 상자, 움직임 낱말카드		

활동 방법

도입

1. 움직임을 보고 단어를 연상해 본다.

– (손으로 색종이 나비를 나풀거리며) 나비가 지금 어떻게 움직이고 있나요? 동작으로 따라해 볼까요?

– 나비가 움직이고 있는 모습을 어떤 말로 표현하면 좋을까요?

전개

2. 이야기를 감상한다.

① 시작 부분은 천천히 밝은 목소리로 구연한다.

– 옛날 어느 마을에 이야기를 무척 좋아하는 할아버지와 할머니가 살고 있었어요.

② 표정과 몸짓을 적절히 곁들이며 구연한다.

– "옳거니, 이제 이야기 시작했구먼. 훌쩍 내려앉는다."

예 '옳거니'는 손뼉을 치는 동작과 '이제 ~했구먼'에는 활짝 웃으며 기대하고 궁금한 표정으로)

③ 동작을 곁들이는 장면에서 아동들이 참여할 수 있도록 격려한다.

– 소금 장수(교사): "두리번두리번 둘러본다."

할아버지(아이들): "두리번두리번 둘러본다!"

소금 장수(교사): "꿀꺽 삼킨다."
할아버지(아이들): "꿀꺽 삼킨다!"
소금 장수(교사): "조기 조 눈!"
할아버지(아이들): "조기 조 눈!"

④ 마지막 부분은 여유 있는 속도로 단정하게 마무리한다.

3. 움직임 단어를 동작으로 표현하고 알아맞힌다.

- (상자에서 움직임 단어 한 개를 꺼내면서) 선생님이 카드에 적힌 단어를 몸으로 표현하면 어떤 단어를 말하는지 보고 맞혀 볼까요? '레디, 액션!'하면 움직이고, 정답을 아는 친구는 '얼음!'을 외치고 맞힐 수 있어요. 다같이 "레디~ 액션!"
- (한 아동이 두리번두리번 살피는 동작을 한다) 두리번두리번 둘러본다.
- (또 다른 아동이 양옆으로 흔들흔들 움직임을 한다.) 흔들흔들.

마무리

4. 이야기를 회상하고 책과 놀이에서 나온 움직임 단어를 정리해 본다.

- 동화 속에 누가 나왔나요? *할아버지, 할머니, 소금 장수, 도둑.*
- 동화와 놀이에서 나왔던 움직임 말이 뭐가 있었는지 기억나나요?

확장활동

1. [성큼성큼 살금살금 흔들흔들]

*활동자료: 비밀 상자, 움직임 낱말카드

- 유세 팀으로 나누어 움직임 말을 몸으로 표현한다.
  - 팀당 하나씩 낱말 카드를 뽑아볼까요?
  - 어떻게 움직이면 좋을지 말과 함께 표현해 볼까요?
- 세 팀이 서로 의태어 동작 게임을 한다.
  - (자기 팀이나 다른 팀을 호명할 때 동작이 맞지 않으면 진다.)
  - 자기 팀 움직임 말을 먼저 하고 이어서 상대방 팀이 동작하는 거예요. 흔들흔들, 성큼성큼~ 성큼성큼 살금살금~ 살금살금 흔들흔들…

2. [마임극을 만들어요]

*활동자료: 비밀 상자, 움직임 낱말카드

- 세 명 내외로 모둠을 만들고 아동들이 각자 움직임 단어 카드를 비밀 상자에서 꺼내 모둠별로 단어를 연결해 이야기를 만든다.
  - (교사가 '비틀비틀'에 해당하는 동작을 보여 주며) 이건 뭘까요?
  - ('팔딱팔딱'에 해당하는 동작을 보여 주며) 두 번째, 이건 뭘까요?
  - 이제 누가, 왜 비틀비틀 걸어가다가, 그 다음엔 팔딱팔딱 뛰어가는지 이야기로 만들어 볼까요?
- 모둠별로 서로 의견을 나누어 움직임 단어로 이야기를 만들어 보여 준다.

  예 호랑이가 먹이를 찾아 두리번두리번하다가, 소리가 나는 곳으로 살금살금 다가갔더니)
- 관객이 추측한 이야기와 각 모둠이 계획했던 이야기를 들어본다.
  - 이 친구들이 만든 이야기는 어떤 이야기였을까요?
  - 원래 이 모둠이 표현하려고 했던 이야기를 말해줄까요?

활동메모

- 쉽고 재미있는 움직임 단어를 다양하게 준비한다.
  (쫄랑쫄랑, 어기적어기적, 뒤뚱뒤뚱, 비틀비틀, 깡충깡충 등)
- 교사는 움직임 말을 동작으로 어떻게 표현할지, 단어를 연결해서 어떻게 이야기를 만들지 미리 예상해 본다.
- 아이들이 편하게 움직이고 이야기할 수 있도록 공간배치를 한다.

부록

손유희

1. 보고 싶었죠

관련주제: 인사

김성균 작사, 작곡

1 오래간만입니다

양손을 배에 대고
인사한다.

2 정말 반갑습니다

악수

3 너무너무 보고싶었죠

친구랑
부드럽게 포옹한다.

4 눈, 볼, 코코코

친구의 눈, 볼, 코를
가리킨다.
(혹은 자기 눈, 볼, 코 가리키기)

5 랄랄라 랄랄라

양팔 팔꿈치
구부린 자세로 춤춘다.

6 정말 보고 싶었죠

3과 동일

7 랄랄라 랄랄라

5와 동일

8 눈, 볼, 코코코

4와 동일

2. 뜨레풀 노래

관련주제: 인사, 그림책

이송은 작사, 백남희 작곡

1 **안녕 안녕 안녕**

한 손을 차례로 좌우로 흔든다.

2 **뜨레풀 친구들**

양손바닥을 와이퍼처럼 흔든다.

3 **안녕 안녕 안녕**

1과 동일하되 왼손 오른손 위치 바꾼다.

4 **그림**

한 손바닥 위에 다른 손바닥을 올린다.

5 **책**

양손을 책처럼 펼친다.

6 **싹이 쑥쑥**

양팔 겨드랑이 붙이고 양손 검지를 작게 상하로 움직인다.

7 **풀이 쑥쑥**

검지한 손을 하나는 위에서 하나는 아래에서 상하로 움직인다.

8

6과 7 차례로 한 번 더 반복

9 **안녕 안녕 안녕**

한 손을 차례로 좌우로 흔든다.

10 **뜨레풀 친구들**

양손바닥을 와이퍼처럼 흔든다.

11 **안녕 안녕 안녕**

9와 동일하되 왼손과 오른손 위를 바꾼다.

12 **그림**

한 손바닥 위에 다른 손바닥을 올린다.

13 **책**

양손을 책처럼 펼친다.

3. 동화를 들으러

관련주제: 동화, 그림책

1 **동화를 들으러**

손등이 밖으로 오게 양손을 펴서 좌우로 2회 흔든다.

2 **도서관(어린이집, 유치원)에 왔어요**

'도서관'에 한 손을 올리고 '왔어요'에 다른 손을 올려 지붕을 만든다.

3 **문 앞에 서니**

'문 앞'에 한 손바닥 밖으로 보이게, '서니'에 다른 손바닥도 올린다.

4 **(어!)**

양손 귀에 대고 듣는 시늉을 한다.

5 **너무 조용해요**

눈 동그랗게 뜨고 양손을 모은다.

6 **안을 들여다보니**

'안을'에 한 손 '들여다보니'에 다른 손을 올려 반원 모양을 만든다.

7 **아무도 없어요**

양손을 흔든다.

8 **밖으로 나와서**

양 팔을 달리듯 앞뒤로 움직인다.

9 **"얘들아, 동화 시간이야"**

양손을 나팔처럼 입가에 대고 외친다.

10 **동화를 들으러**

1과 동일

11 **유치원에 왔어요**

2와 동일

12 **문 앞에 서니**

3과 동일

13 (어어) 와글와글해요

눈을 동그랗게 뜨되 웃음 띤 얼굴로, 양손은 한쪽 귀에 댄다.

14 안을 들여다보니

'안을'에 한 손. '들여다보니'에 다른 손을 올려 깍지낀다.

15 친구들이 많이 있어요

깍지 낀 손가락을 떤다.

16 "선생님, 이야기해 주세요"

9와 동일

4. 큰 산에는

관련주제: 발성

1 큰 산에는

힘차게 양손 끝을 산처럼 만든다.

2 큰 할아버지가

양손으로 수염 쓰다듬는 시늉을 한다.

3 살고 있고요

어깨에 힘을 주고 양손 주먹을 늘어뜨린다.

4 작은 산에는

가슴 앞에 손으로 작은 산 만든다.

5 작은 할아버지가

양손 엄지 검지로 수염 쓰다듬는 시늉을 한다.

6 살고 있어요

한 주먹 위에 다른 손을 덮는다.

7 큰 할아버지 방귀는

양손으로 수염 쓰다듬는 시늉을 4차례 한다.

8 뿌웅

배에다 두 손을 얹고 엉덩이를 뒤로 쭉 뺀다.

9 작은 할아버지 방귀는

양손 엄지와 검지로 수염 쓰다듬는 시늉을 4차례 한다.

10 뽀옹

엉덩이를 옆으로 살짝 씰룩 뺀다.

5. 내 입속에는

관련주제: 발성

1 내 입속에는

양손 검지를 입가에 댄다.

2 소리들이 살고 있어요

열 손가락을 모두 가볍게 빠른 속도로 흔든다.

3 큰 소리

양손을 한 차례 힘차게 사선으로 뻗는다.

4 작은 소리

입가에 양손을 오므려 댄다.

5 예쁜 소리

양손 검지를 차례로 볼에 댄다.

6 미운 소리

양손등으로 입술이 튀어나올 만큼 양 볼을 가운데로 민다.

7 소리들은

2와 동일

8 입밖으로

3과 동일

9 **나오고 싶대요**

제자리에서 양 팔을 달리듯이 움직인다.

10 **나가고 싶어요**

야호 자세로 크게 외친다.

6. 옹달샘(윤석중 작사)

관련주제: 발성, 발음

'옹달샘'의 1절 가사를 동작과 함께 처음엔 보통으로, 두 번째엔 입만 크게 벌리면서 소리 없이 동작만, 세 번째엔 소리도 크게, 동작도 크게 한다.

1 **(작은 동작) 깊은 산속**

양손 검지로 산을 만든다.

2 **옹달샘**

양손 엄지와 검지로 동그라미를 만든다.

3 **누가 와서 먹나요?**

동그라미를 입가로 올려 마시는 시늉을 한다.

4 **맑고 맑은**

열 손가락을 모두 가볍게 빠른 속도로 흔든다.

5 **옹달샘**

양손 엄지와 검지로 동그라미를 그린다.

6 **누가 와서 먹나요?**

동그라미를 입가로 올리고 마시는 자세

7 **새벽에**

양손 검지 붙여 한 쪽 귀에 댄다.

8 **토끼가**

양손 검지 머리에

9 눈 비비고

검지를 좌우로 비비는 흉내

10 일어나

양손 검지를 아래에서 위로 일으킨다.

11 세수하러

검지를 얼굴 앞에서 상하로 비비는 흉내

12 왔다가

양손 검지를 밖에서 배꼽 근처로 걷듯이 움직인다.

13 물만 먹고 가지요 (3회)

그림 3과 동일

14 (큰 동작) 깊은 산속

양손 크게 뻗어 머리 위로 산을 만든다.

15 옹달샘

양 팔 쭉 뻗어 원을 만든다.

16 누가 와서 먹나요?

큰 원을 마시듯 입에 댄다.

17 맑고 맑은

열 손가락을 모두 가볍게 빠른 속도로 흔든다.

18 옹달샘

양 팔 쭉 뻗어 원을 만든다.

19 누가 와서 먹나요?

큰 원을 마시듯 입에 댄다.

20 새벽에

양손을 마주 붙여 한쪽 얼굴에 댄다.

21 토끼가

양손 머리 위에 댄다.

22 눈 비비고

손등으로, 좌우로 비비는 흉내

23 일어나

양손 주먹을 아래에서 위로 일으킨다.

24 세수하러

양손 넓게 펴서 얼굴을 상하로 비비는 흉내

25 왔다가

양팔 주먹 쥐고 제자리 걷듯이 흔든다.

26 물만 먹고 가지요

그림 ③과 동일

7. 예쁜 컵에

관련주제: 발성, 발음

1 예쁜 컵에

양손을 마주대고 동그란 모양을 만든다.

2 우유를

오른손 엄지를 위로 치켜든다.

3 쪼르르

오른손 엄지를 위에서 아래로 움직인다.

4 꿀꺽꿀꺽 마셨더니

③번 손을 들어 고개를 젖히고 입가에 댄다.

5 키가 자라요

'키가'에 다른손 검지를 '자라요'에 또다른 손 검지를 댄다.

6 쑥쑥 자라요

양손 검지를 수직으로 크게 번갈아 2회 움직인다.

7 예쁜 컵에

①과 동일

8 주스를

②와 동일

9 쪼르르

③과 동일

10 꿀꺽꿀꺽 마셨더니

④와 동일

11 얼굴이 예뻐져요

'얼굴이'에 검지로 볼 찌르기. '예뻐져요'에 다른 손 검지로 볼 찌르기'

12 요렇게 예뻐져요

'요렇게'에 양손 꽃받침

13 예쁜 컵에

①과 동일

14 콜라를

②와 동일

15 쪼르르

③과 동일

16 꿀꺽꿀꺽 마셨더니

④와 동일

17 찌르자 찌르자

'찌르자'에 양손 검지 한 번씩 사선 방향으로 움직인다.

18 이가 아파요

손바닥을 펴서 한쪽 볼에 갖다 댄다.

19 치과에 갔어요

다른 손바닥으로 다른 쪽 볼에 갖다 댄다.

20 이가 다 빠졌어요

위, 아래 입술을 안으로 오므린다.

21 예쁜 컵에

①과 동일

22 커피를

②와 동일

23 포르르

③과 동일

24 홀짝홀짝 마셨더니

④보다 움직임을 작게 한다.

25 잠이 안 와요

한 손을 턱에 고인다.

26 생각이 안 나요

다른 손 검지를 이마에 갖다 댄다.

27 멍해졌어요

두손을 늘어뜨리고 멍한 표정을 짓는다.

28 예쁜 컵에

①과 동일

29 찬물을

②와 동일

30 푸르르

③과 동일

31 벌컥벌컥 마셨더니

④보다 힘차고
큰 움직임으로

32 아이 시원해

눈을 크게 뜨고 양손바
닥을 쳐서 사선 아래로
힘있게 뻗으며

8. 커다란 밤나무에

관련주제: 인사, 발성, 발음

1 커다란 밤나무에

양손을 위로
크게 모아서

2 동그란 밤이

양손을 꽃받침처럼

3 많이 열렸어요

양손을 펴서
안에서 밖으로 펴서

4 나무 밑에 있던

양손을 'T'자 모양으로

5 귀여운 다람쥐가

양손을 포개
좌우 1회씩 까딱거리며

6 포르르 포르르

양손을 좌로 3번, 우로 3
번 달아나는 시늉을 하며

7 올라갔어요

양손을 팔꿈치 부분에서
벌어진 'Y'자 모양으로

8 동그란 밤을

'동그란'에서 양손 힘주
며 한 번 더 모양 만들기

9 한 개

한 손은 검지를 세우고 다른 손은 허리에 대고

10 두 개

눈을 조금 크게 뜨고, 소리도 ⑨보다 크게

11 세 개

눈을 크게 뜨고, 소리도 ⑩보다 크게

12 네 개

눈을 아주 크게 뜨고 소리도 아주 크게

13 (쉿)

검지를 입에 대고 아주 작은 소리로

14 열 개나 먹었대요

눈이 휘둥그레지며 큰 소리로

15 배가 부른 다람쥐는

양손을 배에 대고

16 아! 배부르다

배를 좌우 번갈아 가며 4회 두들겨서

17 부모님

한 손은 손바닥을 위로 하여 올리고 다른 손은 허리에 대고

18 선생님

양손 모두 손바닥이 위로 가게 하여 떠받는 모양으로

19 (호!)

주먹 쥔 손에 입김을 불며 (생략해도 무방함.)

20 참

엄지와 중지를 마찰시켜 '딱' 소리를 내며 (박수로 대체가능)

21 감사합니다

양손을 모아 기도하는 모양으로

9. 손으로 가리고

관련주제: 인사, 역할연기 연습

1 손으로 가리고

한 손의 손등이 밖으로 가게 해서 얼굴의 반 쪽을 가린다.

2 손으로 가리고

다른 손으로 손등 밖으로 가게해서 얼굴마저 가린다.

3 왼쪽으로 가니

양손을 왼쪽으로 민다.

4 아빠가 있네요

양손을 왼쪽으로 밀어서 얼굴이 나오게 한다.

5 "안녕하세요?"

굵은 남자 톤으로

6 손으로 가리고

그림 1과 동일

7 손으로 가리고

그림 2와 동일

8 오른쪽으로 가니

양손을 오른쪽으로 민다.

9 엄마가 있네요

양손을 오른쪽으로 밀어서 얼굴이 나오게 한다.

10 "안녕하세요?"

상냥한 여성 톤으로

11 손으로 가리고

그림 1과 동일

12 손으로 가리고

그림 2와 동일

13 위로 가니

손을 마주 붙여서 머리 위로 탑처럼 올린다.

14 할머니 있네요

손 아래로 얼굴이 나오게 한다.

15 "안녕하세요?"

할머니가 떡을 이고 가듯이

16 손으로 가리고

그림 1과 동일

17 손으로 가리고

그림 2와 동일

18 아래로 가니

양손을 펴서 아래로 내린다.

19 할아버지가 있네요

양손 끝이 턱에 붙게 한다.

20 "안녕하세요?"

수염을 쓰다듬는 시늉을 하며 굵은 톤으로

21 손으로 가리고

그림 1과 동일

22 손으로 가리고

그림 2와 동일

23 활짝 여니

양손을 힘차게 열고

24 선생님 있어요

양손 배꼽에

25 "선생님 안녕하세요?"

씩씩하고 힘차게

10. 예쁜 민지가

관련주제: 역할연기 연습

1 예쁜 민지가

한 손은 손바닥을 보이고 다른 손은 검지만 펴서

2 침대에 누워

검지 편 손을 펼친 손바닥 안쪽에 올리고

3 베개를 베고

펼친 손의 엄지를 접고 그 위에 검지를 올리고

4 이불을 덮고

손바닥 펼쳤던 네 손가락으로 검지를 감싸고

5 잠이 들었어요

감싼 양손을 뺨에 붙이고 눈을 살며시 감으며

6 아침이 되자

눈을 뜨고 다시 원래쪽으로 손을 움직이며

7 이불을 개고

감쌌던 네 손가락을 펼쳐서

8 베개를 치우고

접었던 엄지 손가락도 펼쳐서

9 벌떡 일어나

검지손가락을 오른쪽으로 튕겨나가듯 일으켜 세우고

10 푸푸 세수하고

얼굴을 위아래로 세수하듯 2번 반복하며

11 치카치카 이 닦고

엄지와 검지, 중지를 펴고 위아래로 2번 반복하며

12 짜잔 옷을 입고

양손으로 윗옷 가운데를 잡으며 흔든 후 멈추고

13 도서관(유치원·어린이집)에 가야지

양손을 주먹 쥐고 좌우로 흔든다.

11. 아기 만두(송편)

관련주제: 음식, 스킨십

1 반죽 준비

영아는 한 손바닥을 위로 가게 내밀면

2 주물럭주물럭 반죽을 만들고

영아의 한 손바닥을 양손으로 번갈아 가며 총 4회 주무르고

3 주욱 주욱 반죽을 떼고

영아의 새끼손가락부터 엄지손가락까지 차례대로 하나씩 잡아당기며

4 동글 동글 동그라미 만들고

영아의 손바닥을 교사의 손바닥이 스치듯 원을 그리며 돌리고

5 꾸욱

검지를 펴서 영아의 손바닥 가운데를 꾸욱 누르며

6 고기

다섯손가락 손끝을 모아 영아의 손바닥 가운데를 꾸욱 누르며

7 꾸욱

5와 동일

8 야채

6과 동일

9 접어 접어 꼭 꼭 접어

영아의 손가락을 하나씩 접으며

10 호~ 만두를 익혀요

영아의 손을 양손으로 감싸고 입김을 불며

11 와~ 예쁜 만두다

감싸던 한 손을 들어올리며 펼치고

12 아기 만두 먹어 봐야지

다섯손가락을 모은 채 영아의 손을 먹는 것처럼 표현

12. 둥글둥글한 세상에

관련주제: 인사

1 둥글둥글한 세상에

한 손 주먹 쥐고 다른 손 검지로 주먹 둘레를 돌며

2 울퉁불퉁한 산과

한 손 검지로 다른 손의 튀어나온 부분을 훑으며

3 뾰족뾰족한 나무와

손바닥이 얼굴을 보게 하고 다른 검지를 손가락 사이로 넣으며

4 구불구불한 강이 있어요

손금 따라 2회 그리기

5 그 속에

손바닥 중간에 다른 손가락을 모아 쥐고 힘차게 찍으며

6 귀여운 토끼와

양손을 머리에 올려 '귀여운'에 한 번, '토끼와'에 한 번 까딱하며

7 목이 긴 기린과

양손을 허리에 대고 목을 위로 쭉 젖히고

8 콧구멍이 큰 돼지와

한 손 허리에, 다른 손 검지 콧구멍에 대고

9 엉덩이가 큰 하마와

양손은 엉덩이에 얹고 좌우로 한 차례씩 크게 흔들며

10 구불구불 뱀도 있어요

한 손을 머리 정수리에 얹고 다른 손은 옆구리 아래에 대고 'Z'모양으로 흔들며

11 그 속에

5와 동일

12 나와 우리를

양손바닥이 위로 오게 하여 '나와'에 한 손, '우리를'에 두 손 옆으로 펼치며

13 함께 있게 해 주셔서

한 손바닥을 놓고 다른 손으로 '함께'에 내리친 뒤 그 자세를 유지하며

14 부모님

12와 동일. '부모님'에 한 손.

15 선생님

'선생님'에 다른 손

16 호-

한쪽 주먹 모아 입김을 불며

17 쪽!

손가락으로 '뚝' 소리 흉내

18 감사합니다

양손 기도하듯 모으며

13. 장갑

관련주제: 계절(겨울), 스킨십

1 눈이 내려요

양손을 펼쳐 머리 위에서 손가락을 움직이며 내리고

2 바람이 불어요

양팔을 만세하듯 올리고 좌우로 움직이며

3 아이 추워, 겨울이 왔어요

주먹 쥔 양손을 가슴에 가까이 대고 얼굴 표정은 찡그리며

4 호~ 손이 시려요

주먹 쥔 양손을 입 가까이에 대고 입김을 불며

5 엄마,

양손 주먹 모아 가슴 높이로 내려뜨리며

6 장갑 주세요

주먹 쥐고 모은 양손을 앞으로 뻗으며

7 ○○(아이 이름) 장갑 여기 있네

아이 이름을 부르면서 주먹 쥐고 모은 양손을 감싸주며

14. 조그만 나무에

관련주제: 계절(봄), 과일

조그만 나무에 빨간 앵두가 다닥다닥 열렸네

톡톡 따다가 접시를 싹싹

엄마 드세요 아빠 드세요

친구야, 너도 먹어 나도 냠냠

아이, 맛있어 아이고, 셔!

15. 퐁당퐁당(윤석중 동요)

관련주제: 계절(여름)

퐁당 퐁당 돌을 던지자
누나 몰래 돌을 던지자
냇물아 퍼져라 널리 멀리 퍼져라
건너편에 앉아서 나물을 씻는
우리 누나 손등을 간질여 주어라

16. 쥐가 한 마리

관련주제: 수, 주의집중

쥐가 한 마리, 쥐가 두 마리, 쥐가 세 마리, 네 마리, 다섯 마리
쥐가 여섯 마리, 쥐가 일곱 마리, 쥐가 여덟 마리, 아홉 마리, 열 마리
야옹, 야옹, 고양이 화났지 야옹, 야옹, 고양이 나왔지
쥐가 도망가지. 쥐가 도망가지. 쥐가 어디로 갔나? 난 몰라
쥐구멍이지 쥐구멍이지 쥐구멍에 숨었지, 야옹!

17. 원숭이 한 마리가 침대위에서

관련주제: 발성

원숭이 한 마리가 침대 위에서 팔딱팔딱 뛰다가 뚝 떨어졌다네.
원숭이 두 마리가 침대 위에서 팔딱팔딱 뛰다가 뚝 떨어졌다네.
원숭이 세 마리가 침대 위에서 팔딱팔딱 뛰다가 뚝 떨어졌다네.
원숭이 네 마리가 침대 위에서 팔딱팔딱 뛰다가 뚝 떨어졌다네.
원숭이 다섯 마리 침대 위에서 팔딱팔딱 뛰다가 뚝 떨어졌다네!
(♪ 미오 미오 미오~)

18. 나는 콩

관련주제: 창의적 표현

나는 콩 나는 콩 동글동글 해서 데구루루 구르다가
프라이팬에 들어갔었지
그런데 웬일일까?
어, 어, 어 아이고 뜨거워, 아이고 뜨거워
(냉장고, 화장실, 세탁기)

19. 나는 배

관련주제: 우리말과 글

나는 배, 나는 배.
뚱뚱 배가 불러, 아이 배불러
나는 배, 나는 배
둥둥 떠다니네. 와~ 고래다!
나는 배, 나는 배
사각사각 쭉쭉 아이, 맛있어
나는 배 나는 배.
두 배, 세 배, 네 배, 와~ 많다
나는 배서방, 나는 배서방
튼튼하고 힘센 나는 배서방

출처: 이송은(2001), 『표현력과 창의성을 키우는 손유희 101가지』. 동심.

바른 한국어

개정 맞춤법과 추가 표준어

1) 2011년

① 현재 표준어로 규정된 말 이외에 같은 뜻으로 많이 쓰이는 말이 있어 이를 복수 표준어로 인정한 경우

추가된 표준어	현재 표준어
간지럽히다	간질이다
남사스럽다	남우세스럽다
등물	목물
맨날	만날
묫자리	묏자리
복숭아뼈	복사뼈
세간살이	세간
쌉싸름하다	쌉싸래하다
토란대	고운대
허접쓰레기	허섭스레기
흙담	토담

② 현재 표준어로 규정된 말과는 뜻이나 어감 차이가 있어 이를 인정하여 별도의 표준어로 인정한 경우

추가된 표준어	현재 표준어	뜻 차이
~길래	~기에	~길래: '~기에'의 구어적 표현.
개발새발	괴발개발	'괴발개발'은 '고양이의 발과 개의 발'이라는 뜻이고, '개발새발'은 '개의 발과 새의 발'이라는 뜻임.
나래	날개	'나래'는 '날개'의 문학적 표현.
내음	냄새	'내음'은 향기롭거나 나쁘지 않은 냄새로 제한됨.
눈꼬리	눈초리	• 눈초리: 어떤 대상을 바라볼 때 눈에 나타나는 표정. 예 '매서운 눈초리' • 눈꼬리: 눈의 귀 쪽으로 째진 부분.
떨구다	떨어뜨리다	'떨구다'에 '시선을 아래로 향하다'라는 뜻 있음.
뜨락	뜰	'뜨락'에는 추상적 공간을 비유하는 뜻이 있음.
먹거리	먹을거리	먹거리: 사람이 살아가기 위하여 먹는 음식을 통틀어 이름.
메꾸다	메우다	'메꾸다'에 '무료한 시간을 적당히 또는 그럭저럭 흘러가게 하다.'라는 뜻이 있음
손주	손자(孫子)	• 손자: 아들의 아들. 또는 딸의 아들. • 손주: 손자와 손녀를 아울러 이르는 말.
어리숙하다	어수룩하다	'어수룩하다'는 '순박함/순진함'의 뜻이 강한 반면에, '어리숙하다'는 '어리석음'의 뜻이 강함.
연신	연방	'연신'이 반복성을 강조한다면, '연방'은 연속성을 강조.
휭하니	힁허케	힁허케: '휭하니'의 예스러운 표현.
걸리적거리다	거치적거리다	자음 또는 모음의 차이로 인한 어감 및 뜻 차이 존재
끄적거리다	끼적거리다	〃
두리뭉실하다	두루뭉술하다	〃
맨숭맨숭/맹숭맹숭	맨송맨송	〃
바둥바둥	바동바동	〃

추가된 표준어	현재 표준어	뜻 차이
새초롬하다	새치름하다	〃
아웅다웅	아옹다옹	〃
야멸차다	야멸치다	〃
오손도손	오순도순	〃
찌뿌둥하다	찌뿌듯하다	〃
추근거리다	치근거리다	〃

③ 표준어로 인정된 표기와 다른 표기 형태도 많이 쓰여서 두 가지 표기를 모두 표준어로 인정한 경우

추가된 표준어	현재 표준어
택견	태껸
품새	품세
짜장면	자장면

2) 2014년

① 현재 표준어와 같은 뜻으로 널리 쓰이는 말을 복수 표준어로 인정한 경우

추가된 표준어	현재 표준어
구안와사	구안괘사
굽신*	굽실
눈두덩이	눈두덩
삐지다	삐치다
초장초	작장초

* '굽신'이 표준어로 인정됨에 따라, '굽신거리다, 굽신대다, 굽신하다, 굽신굽신, 굽신굽신하다' 등도 표준어로 함께 인정됨.

② 현재 표준어와 뜻이나 어감이 차이가 나는 별도의 표준어로 인정한 것

추가 표준어	현재 표준어	뜻 차이
개기다	개개다	• 개기다: (속되게) 명령이나 지시를 따르지 않고 버티거나 반항하다. ※ 개개다: 성가시게 달라붙어 손해를 끼치다.
꼬시다	꾀다	• 꼬시다: '꾀다'를 속되게 이르는 말. ※ 꾀다: 그럴듯한 말이나 행동으로 남을 속이거나 부추겨서 자기 생각대로 끌다.
놀잇감	장난감	• 놀잇감: 놀이 또는 아동 교육 현장 따위에서 활용되는 물건이나 재료. ※ 장난감: 아이들이 가지고 노는 여러 가지 물건.
딴지	딴죽	• 딴지: ((주로 '걸다, 놓다'와 함께 쓰여)) 일이 순순히 진행되지 못하도록 훼방을 놓거나 어기대는 것. ※ 딴죽: 이미 동의하거나 약속한 일에 대하여 딴전을 부림을 비유적으로 이르는 말.
사그라들다	사그라지다	• 사그라들다: 삭아서 없어져 가다. ※ 사그라지다: 삭아서 없어지다.
섬찟*	섬뜩	• 섬찟: 갑자기 소름이 끼치도록 무시무시하고 끔찍한 느낌이 드는 모양. ※ 섬뜩: 갑자기 소름이 끼치도록 무섭고 끔찍한 느낌이 드는 모양.
속앓이	속병	• 속앓이: 「1」 속이 아픈 병. 또는 속에 병이 생겨 아파하는 일. 「2」 겉으로 드러내지 못하고 속으로 걱정하거나 괴로워하는 일. ※ 속병: 「1」 몸속의 병을 통틀어 이르는 말. 「2」 '위장병 01'을 일상적으로 이르는 말. 「3」 화가 나거나 속이 상하여 생긴 마음의 심한 아픔.
허접하다	허접스럽다	• 허접하다: 허름하고 잡스럽다. ※허접스럽다: 허름하고 잡스러운 느낌이 있다.

* '섬찟'이' 표준어로 인정됨에 따라, '섬찟하다, 섬찟섬찟, 섬찟섬찟하다' 등도 표준어로 함께 인정됨.

* 'RADAR(radio detecting and ranging)'의 한글 표기로 '레이다'와 '레이더'를 복수로 인정

3) 2015년

① 현재 표준어와 같은 뜻으로 널리 쓰이는 말을 복수 표준어로 인정한 경우

추가 표준어	현재 표준어	비고
마실	마을	• '이웃에 놀러 다니는 일'의 의미에 한하여 표준어로 인정함. '여러 집이 모여 사는 곳'의 의미로 쓰인 '마실'은 비표준어임. • '마실꾼, 마실방, 마실돌이, 밤마실'도 표준어로 인정함. 예 나는 아들의 방문을 열고 이모네 마실 갔다 오마고 말했다.
이쁘다	예쁘다	• '이쁘장스럽다, 이쁘장스레, 이쁘장하다, 이쁘디이쁘다'도 표준어로 인정함. 예 어이구, 내 새끼 **이쁘기도** 하지.
찰지다	차지다	• 사전에서 〈'차지다'의 원말〉로 풀이함. 예 화단의 **찰진** 흙에 하얀 꽃잎이 화사하게 떨어져 날리곤 했다.
-고프다	-고 싶다	• 사전에서 〈'-고 싶다'가 줄어든 말〉로 풀이함. 예 그 아이는 엄마가 **보고파** 앙앙 울었다.

② 현재 표준어와는 뜻이나 어감이 달라 이를 별도의 표준어로 인정한 경우

추가 표준어	현재 표준어	뜻 차이
꼬리연	가오리연	• 꼬리연: 긴 꼬리를 단 연. ※ 가오리연: 가오리 모양으로 만들어 꼬리를 길게 단 연. 띄우면 오르면서 머리가 아래위로 흔들린다. 예 행사가 끝날 때까지 하늘을 수놓았던 대형 **꼬리연**도 비상을 꿈꾸듯 끊임없이 창공을 향해 날아올랐다.
의론	의논	• 의론(議論): 어떤 사안에 대하여 각자의 의견을 제기함. 또는 그런 의견. ※ 의논(議論): 어떤 일에 대하여 서로 의견을 주고 받음. • '의론되다, 의론하다'도 표준어로 인정함. 예 이러니저러니 **의론**이 분분하다.

추가 표준어	현재 표준어	뜻 차이
이크	이키	• 이크: 당황하거나 놀랐을 때 내는 소리. '이키'보다 큰 느낌을 준다. ※ 이키: 당황하거나 놀랐을 때 내는 소리. '이끼'보다 거센 느낌을 준다. 예 이크, 이거 큰일 났구나 싶어 허겁지겁 뛰어갔다.
잎새	잎사귀	• 잎새: 나무의 잎사귀. 주로 문학적 표현에 쓰인다. ※ 잎사귀: 낱낱의 잎. 주로 넓적한 잎을 이른다. 예 **잎새**가 몇 개 남지 않은 나무들이 창문 위로 뻗어올라 있었다.
푸르르다	푸르다	• 푸르르다: '푸르다'를 강조할 때 이르는 말. ※ 푸르다: 맑은 가을 하늘이나 깊은 바다, 풀의 빛깔과 같이 밝고 선명하다. • '푸르르다'는 '으불규칙용언'으로 분류함. 예 겨우내 찌푸리고 있던 잿빛 하늘이 **푸르르게** 맑아 오고 어디선지도 모르게 훍냄새가 뭉클하니 풍겨 오는 듯한 순간 벌써 봄이 온 것을 느낀다.

③ 비표준적인 것으로 다루어 왔던 활용형을 표준형으로 인정한 경우

추가 표준형	현재 표준형	비고
말아 말아라 말아요	마 마라 마요	• '말다'에 명령형어미 '–아', '–아라', '–아요' 등이 결합할 때는 어간 끝의 'ㄹ'이 탈락하기도 하고 탈락하지 않기도 함. 예 내가 하는 말 농담으로 듣지 **마/말아.** 얘야, 아무리 바빠도 제사는 잊지 **마라/말아라.** 아유, 말도 **마요/말아요.**
노랗네 동그랗네 조그맣네 …	노라네 동그라네 조그마네 …	• ㅎ불규칙용언이 어미 '–네'와 결합할 때는 어간 끝의 'ㅎ'이 탈락하기도 하고 탈락하지 않기도 함. • '그렇다, 노랗다, 동그랗다, 뿌옇다, 어떻다, 조그맣다, 커다랗다' 등등 모든 ㅎ불규칙용언의 활용형에 적용됨. 예 생각보다 훨씬 **노랗네/노라네.** 이 빵은 **동그랗네/동그라네.** 건물이 아주 **조그맣네/조그마네.**

4) 2016년(표준어 또는 표준형으로 인정)

① 현재 표준어와 뜻이나 어감이 달라 별도의 표준어로 인정한 경우

추가 표준어	현재 표준어	뜻 차이
걸판지다	거방지다	• **걸판지다** [형용사] 「1」 매우 푸지다. 예 술상이 **걸판지다** / 마침 눈먼 돈이 생긴 것도 있으니 오늘 저녁은 내가 **걸판지게** 사지. 「2」 동작이나 모양이 크고 어수선하다. 예 싸움판은 자못 **걸판져서** 구경거리였다. / 소리판은 옛날이 **걸판지고** 소리할 맛이 났었지.
		• **거방지다** [형용사] 「1」 몸집이 크다. 「2」 하는 짓이 점잖고 무게가 있다. 「3」 =걸판지다①.
겉울음	건울음	• **겉울음** [명사] 「1」 드러내 놓고 우는 울음. 예 꾹꾹 참고만 있다 보면 간혹 속울음이 **겉울음으로** 터질 때가 있다. 「2」 마음에도 없이 겉으로만 우는 울음. 예 눈물도 안 나면서 슬픈 척 **겉울음** 울지 마.
		• **건울음** [명사] =강울음. • **강울음** [명사] 눈물 없이 우는 울음. 또는 억지로 우는 울음.
까탈스럽다	까다롭다	• **까탈스럽다** [형용사] 「1」 조건, 규정 따위가 복잡하고 엄격하여 적응하거나 적용하기에 어려운 데가 있다. '가탈스럽다「1」'보다 센 느낌을 준다. 예 **까탈스러운** 공정을 거치다 / 규정을 **까탈스럽게** 정하다 / 가스레인지에 길들여진 현대인들에게 지루하고 **까탈스러운** 숯 굽기 작업은 쓸데없는 시간 낭비로 비칠 수도 있겠다. 「2」 성미나 취향 따위가 원만하지 않고 별스러워 맞춰 주기에 어려운 데가 있다. '가탈스럽다「2」'보다 센 느낌을 준다. 예 **까탈스러운** 입맛 / 성격이 **까탈스럽다** / 딸아이는 사 준 옷이 맘에 안 든다고 **까탈스럽게** 굴었다. ※ 같은 계열의 '가탈스럽다'도 표준어로 인정함.

추가 표준어	현재 표준어	뜻 차이
까탈스럽다	까다롭다	• **까다롭다** [형용사] 「1」 조건 따위가 복잡하거나 엄격하여 다루기에 순탄하지 않다. 「2」 성미나 취향 따위가 원만하지 않고 별스럽게 까탈이 많다.
실뭉치	실몽당이	• **실뭉치** [명사] 실을 한데 뭉치거나 감은 덩이. 예 뒤엉킨 **실뭉치** / **실뭉치를** 풀다 / 그의 머릿속은 엉클어진 **실뭉치같이** 갈피를 못 잡고 있었다.
		• **실몽당이** [명사] 실을 풀기 좋게 공 모양으로 감은 뭉치.

② 비표준적인 것으로 다루어 왔던 표현 형식을 표준형으로 인정한 경우

추가 표준형	현재 표준형	비고
엘랑	에는	• 표준어 규정 제25항에서 '에는'의 비표준형으로 규정해 온 '엘랑'을 표준형으로 인정함. • '엘랑' 외에도 'ㄹ랑'에 조사 또는 어미가 결합한 '에설랑, 설랑, –고설랑, –어설랑, –질랑'도 표준형으로 인정함. • '엘랑, –고설랑' 등은 단순한 조사/어미 결합형이므로 사전 표제어로는 다루지 않음. 예 서울**엘랑** 가지를 마오. 교실에**설랑** 떠들지 마라. 나를 앞에 앉혀 놓고 **설랑** 자기 아들 자랑만 하더라.
주책이다	주책없다	• 표준어 규정 제25항에 따라 '주책없다'의 비표준형으로 규정해 온 '주책이다'를 표준형으로 인정함. • '주책이다'는 '일정한 줏대가 없이 되는대로 하는 짓'을 뜻하는 '주책'에 서술격조사 '이다'가 붙은 말로 봄. • '주책이다'는 단순한 명사+조사 결합형이므로 사전 표제어로는 다루지 않음. 예 이제 와서 오래 전에 헤어진 그녀를 떠올리는 나 자신을 보며 '나도 참 **주책이군**' 하는 생각이 들었다.

출처: 국립국어원 보도자료. 표준어 추가 목록(http://www.korean.go.kr/).

부록

색인

일반색인

기타

ㄱ

인명색인

기타

작품색인

기타

ㄱ

ㄴ

ㄷ

ㅁ

ㅎ

부록

참고문헌

국내문헌

구인환 외(1990). 문학교육론. 서울: 삼지원.

국립국어원 표준국어대사전(2017). http://stdweb2.korean.go.kr/main.jsp

국립어린이청소년도서관(2009). 어린이 담당 사서를 위한 스토리텔링매뉴얼.

국립어린이텅소년도서관(2011). 어린이 담당 사서를 위한 스토리텔링매뉴얼 2.

김경희(2008). 지구촌 스토리텔러들의 잔치에 가다. 창비어린이, 6(4), 275-278.

김금희(2003). 어린이를 위한 문학을 통한 영어교육활동에 대한 제언. *Journal of the English Linguistic Science Association lr Korea*, *10*, 193-210.

김선(1999). 유아를 위한 연극놀이. 사다리 연극놀이연구소(미간행).

김세희(2000). 유아문학교육. 서울: 양서원.

김옥련·박찬옥(1990). 유아교육개론. 서울: 교육과학사.

기적의 도서관(2017). http://www.bookreader.or.kr/

김현희·박상희(1999). 유아문학교육. 서울: 학지사.

김현희 외(2003). 독서치료의 실제. 서울: 학지사.

네이버 국어사전. http://krdic.naver.com/

다음 한국어 사전(2017). http://dic.daum.net/word/view.do?wordid=kkw000205435&supid=kku000261220

대한기독교교육협회(1974). 한국 기독교 교육사. 서울: 대한기독교육협회.

마쓰이 다다시(1996). 이상금 엮음. 어린이와 그림책의 세계. 서울: 한림출판사. (원서출판 1995).

마쓰이 다다시(2003). 이상금 엮음. 어린이와 그림책. 서울: 샘터.

박선희 · 이송은(1997). 유아를 위한 문학활동. 서울: 정민사.

서정숙 · 남규(2010). 유아문학교육. 서울: 창지사.

서천석(2015). 그림책으로 읽는 아이들 마음. 경기: 창비

석용원(1982). 아동문학원론. 서울: 학연사.

석용원(1993). 유아동화의 구연교육. 서울: 학연사.

신일순(2009). 그림책 놀이 활동에서 다문화 가정엄마와 영아의 경험에 관한 연구. 건국대 교육대학원 석사학위논문.

이규원(2000). 동화구연의 이론과 실제. 서울: 유아문화사.

이송은(2001a). 통합적인 동시짓기 활동이 유아의 동시짓기와 감상 및 교사의 동시 인식에 미치는 영향. 중앙대학교 교육대학원 석사학위 청구논문.

이송은(2001b). 표현력과 창의성을 키우는 손유희 101가지. 서울: 동심.

이송은(2004). 누구나 할 수 있는 이야기 들려주기. 서울: 창지사.

이송은(2007). 다문화가정의 문화이해를 위한 문학 활동 실행연구: 필리핀 모-자를 대상으로. 어린이문학교육연구, 8(2), 129-163.

이송은(2009). 어린이 담당 스토리텔링 운영매뉴얼 개발. 어린이문학교육연구, 10(2), 149-175.

이송은(2009). 동화구연의 이론과 실제: 누구나 할 수 있는 이야기 들려주기. 서울: 창지사.

이송은(2012). 스토리텔링과 책놀이. 서울: 창지사.

이송은(2013). 유아문학의 이론과 실제: 누리과정 생활주제별 문학활동. 서울: 창지사.

이송은 · 전진영 · 김윤경(2016). 세 연구자들이 스토리텔링 탐험기: 그림책으로 아이들과 소통하는 할머니 · 할아버지 세워가기. 교육인류학연구, 19(3), 67-119.

이송은 · 김윤경 · 전진영 · 권옥 · 한선예 · 최형임 · 이춘희 · 한주미(2017). 스토리텔링과 책놀이 2. 서울: 창지사.

이재복(2010). 아이들은 이야기 밥을 먹는다. 서울: 문학동네.

전진영(2014). 영아와 양육자가 공공도서관에서 경험하는 책놀이에 관한 연구. 공주대학교대학원 석사학위논문.

최예정 · 김성룡(2005) 스토리텔링과 내러티브. 서울: 글누림.

한국출판마케팅연구소(2002). BOOKPEDEM 01 어린이책. 한국출판마케팅연구소.

한국출판문화산업진흥원(2015). 책읽어주는 문화봉사단 사업평가보고서(미간행).

한선예(2014). 다문화가정 유아와 어머니를 위한 다문화주의적 문학교육활동의 구성 및 적용. 동덕 여자대학교대학원 석사학위논문.

현은자 · 변윤희 · 강은진 · 심향분(2004). 그림책의 그림읽기. 서울: 마루벌.

홍유진 외(1993). 배우수업II-역할창조와 즉흥 훈련. 서울: 들불사.

외국문헌

Bailey, R. A. & Burton, E. C.(1989). *The Dynamic Infant*. Minnesota: Redleaf Press.

Galda, L. & Cullinan, B. E.(2002). *Literature and the Child*(5th ed.). Belmont: Wadsworth.

Ilin, M.(2003). 백지 위의 검은 것. (박수현 역). 서울: 아이세움.

Jalongo, M. R.(1988). *Young children and picture books*. Washington, D.C.: NAEYC.

Jenkins, P. D.(1980). *Art for the fun of It: A guide for teaching young children*. Englewood Cliffs, N. J.: Prentice Hall.

Ko, S. J. & Lee, S. E.(2013). The effects of picture–books shared reading training for immigrant mothers of young children: An exploratory study. *Asia-Pacific Journal of Research in Early Childhood Education*, *7*(2), 29–46.

Lawrence R. Sipe(2011). *Storytime*. 서정숙 역. 유아교사의 그림책 읽어주기(유아의 문학적 이해 및 문학교육). 서울: 창지사 .

Neuburger, Emily(2012). *Show Me a Story 40 Craft Projects and Activities to Spark Children's Storytelling*, 번역서: 우리 아이를 이야기 영재로 키우는 스토리텔링 놀이 40. Storey Publishing.

Raines, S. C. & Isbell, R. T.(1994). *Stories: Children's Literature In Early Education*. New York: Delmar Publishers Inc.

Rosenblatt. L. M.(1978). The reader, the text, the poem: The transactional theory of the literacy work. Carbondale: Southern Illinois University Press.

Santrock. J. W.(2006). *child Development*(10th Ed.). 곽금주 · 정윤경 · 김민화 · 박성혜 · 송현주 역. 아동발달심리학. 서울: 박학사.

Sutherland, Z. & Arbuthnot, M. H.(1991). *Children and Books*(8th. Ed.). New York: Haper Collins Publishers Inc.

Towesend, J. R.(1996). *Written for Children*. 강무홍(역). 어린이책의 역사. 서울: 시공사. (원서출판 1995).

이 책의 5장~8장에 나온 그림책

강아지똥 권정생 글, 정승각 그림, 길벗어린이, 1996

검피 아저씨의 뱃놀이 존 버닝햄 글 · 그림, 이주령 옮김, 시공주니어, 1996

게으른 잭 이송은 글, 박민희 그림, 국민서관, 2016

곰사냥을 떠나자 마이클 로젠 글 · 헬렌 옥슨버리 그림, 공경희 옮김, 시공주니어, 1994

난 토마토 절대 안 먹어 로렌 차일드 글 · 그림, 조은수 옮김, 국민서관, 2001

날아라 박주가리야 최형임 · 신일순 글, 김성삼 그림, 국민서관, 2016

누가 내 머리에 똥 쌌어? 베르너 홀츠바르트 글, 울프 에를 부르흐 그림, 사계절, 1993

달님은 밤에 무얼 할까요? 안 에르보 글 · 그림, 이상희 옮김, 베틀북, 2000

덜컹덜컹기차 안자이 미즈마루 글 · 그림, 박숙경 옮김, 한림출판사, 2011

데굴데굴 금방울 동화가 있는 집 글, 조영아 그림, 국민서관, 2016

또독 손톱조각 이송은 글, 김선정 그림, 국민서관, 2016

뜰에 뜰에 풀 풀 한선예 글, 민경숙 그림, 국민서관, 2016

맛있는 동그라미 이송은 글, 오정일 그림, 동심, 2009

모두모두 꽃이야(30센티 자를 산 까닭) 신형건(출판인) 글, 김지현 그림, 푸른책들, 2015

모두모두 의여차 이송은 · 한선예 글, 홍하나 그림, 국민서관, 2016

모양나라 여왕의 생일잔치 이송은 글, 이소현 그림, 국민서관, 2016

모치모치 나무 사이토 류스케 글, 다키다이라 지로 그림, 김영애 옮김, 주니어랜덤, 2004

무지개 꽃이 피었어요 마이클 그레니엣 글, 그림, 길지연 옮김, 국민서관, 2002

바닷물고기 덩치 정대영 글 · 그림, 보림, 1994

빠작이의 변신 이송은 글, 조영아 그림, 국민서관, 2016

빨강부채 파랑부채 동화가 있는 집 글, 민경숙 그림, 국민서관, 2016

백일홍 신일순 글, 김성삼 그림, 국민서관, 2016

베트남 설날 떡 이야기 동화가 있는 집 글, 박광명 그림, 국민서관, 2016

봉구야 목욕하자 이송은 글, 김경희 인형, 동심, 2009

부릉부릉 치키 치키 이송은 글, 윤지은 그림, 국민서관, 2016

북극놀이 이영미 글, 전유나 그림, 국민서관, 2016

북쪽 나라 자장가 낸시 화이트 칼스트롬 글, 리오 딜런 · 다이앤 딜런 그림, 이상희 옮김, **보림**, 2003

사윗감을 찾아 나선 두더지 김향금 글, 이영원 그림, 보림, 1996

새앙쥐와 태엽쥐 레오 리오니 글 · 그림, 이명희 옮김, 마루벌, 1999

세상에서 가장 재미있는 버스 동화가 있는 집 글, 김상인 그림, 국민서관, 2016

숨쉬는 항아리 정병락 글, 박완숙 그림, 보림(솔거나라 시리즈), 1995

스무 개의 둥개 수건 이송은 글, 김민정 그림, 국민서관, 2016

아모스와 보리스 윌리엄 스타이그 글 · 그림, 우미경 옮김, 시공주니어, 1995

아씨방 일곱 동무 이영경 글 · 그림, 비룡소, 1998

예쁜 봄 맛있는 봄 최형임 글, 김성삼 그림, 국민서관, 2016

옛날 옛날에(흰 쥐) 휴 럽톤 글, 니암샤키 그림, 공경희 옮김, 시공주니어, 2002

요건 내 떡 동화가 있는 집 글, 김상인 그림, 국민서관, 2016

우산 속 문삼석 글, 아동문예사, 1993

이야기 이야기 게일 헤일리 글 · 그림, 엄혜숙 옮김, 보림, 1996

장갑 에우게니 M. 라초프 그림, 김중철 옮김, 다산기획, 1994

재재콩알 이송은 글, 서미경 그림, 국민서관, 2016

집 나가자 꿀꿀꿀 야규 마치코 글 · 그림, 고향옥 옮김, 웅진닷컴, 1999

커다란 순무 알렉세이 톨스토이 글, 헬린 옥슨버리 그림, 시공주니어, 1997

타잔오빠 김은주, 이송은 글, 서미경 그림, 국민서관, 2016

털보 아저씨의 행복 우산 이송은 글, 배욱찬 그림, 국민서관, 2016

통 통 무슨 통 이송은 글, 백정현 그림, 한국어린이육영회, 1997

팥죽할멈과 호랑이 조대인 글, 최숙희 그림, 보림, 1997

황소 아저씨 권정생 글, 정승각 그림, 길벗어린이, 2001

저 • 자 • 소 • 개

이송은

학력 및 경력 중앙대학교 대학원 유아교육과 박사과정 졸업(문학박사)
경인교육대학교 강사
부천대학교 유아교육과/영유아보육과 겸임교수
국립어린이청소년도서관 강사
한국출판문화산업진흥원 강사
한국사이버평생교육원 '아동문학'제작교수(현)
중앙사이버평생교육원 '언어지도'제작교수(현)
알짜닷컴 민간자격증과정 제작교수(현. '스토리텔러', '책놀이지도사', '노인인지활동책놀이지도사', '손유희 및 율동 지도사')
동화가있는집 연구소 소장(현)
(사)한국책놀이지도사협회 회장(현)

저서 『스토리텔링과 책놀이』(창지사)
『유아문학교육의 이론과 실제』(창지사)
『노인인지활동책놀이』(창지사)외 다수

논문 "2세 영아의 책에 대한 의미탐색"(박사학위논문)
"다문화가정의 문화이해를 위한 문학활동 실행연구: 필리핀 모자를 대상으로"(어린이 문학교육연구 8권 2호)
"어린이 담당 사서를 위한 스토리텔링 운영매뉴얼 개발"(어린이 문학교육연구 10권 2호)
"세 연구자들의 스토리텔링 탐험기: 그림책으로 아이들과 소통하는 할머니 · 할아버지 세워가기"(교육인류학 연구 19권 3호)외 다수

그림책 『통통 무슨 통』, 『맛있는 동그라미』, 『세모야 어디 가니?』, 『배달 대소동』, 『재재콩알』 외 다수
『인성이 자라는 꿈꾸는 동화 시리즈(국민서관)』, 『인성이 자라는 꿈꾸는 동화 오디오북 · DVD』 외 다수

수상 문화체육관광부 장관상(제22회 독서문화상)
색동회 주최 제11회 전국어머니동화구연대회 은상
새세대육영회 주최 제9회 창작동화 공모전 입상, "통통 무슨 통"
서울특별시 주최 제6회 수필 서울이야기 공모전 특선, "새벽 선유도"
한국보건복지인력개발원 주최 온라인콘텐츠 공모전, 〈나도 온라인 명강사〉 최우수상 "치매예방과 인지기능 강화를 위한 도란도란 들썩들썩 노인인지활동 책놀이"(2020년)

신일순

학력 및 경력 건국대학교 교육대학원 유아교육과 졸업(석사)
동화가있는집 연구소 연구원
부천대학교 영유아보육과 강사
숭의여자대학교 아동보육과 강사
경기도 교육지원청 강사
서울시교육청도서관 강사
서초구 육아종합지원센터 강사(현)
한국사이버평생교육원 아동문학 운영교수(현)
알짜닷컴 스토리텔러 자격과정 강사(현)

저서 『날아라 박주가리야』, 『백일홍』,
『인성이 자라는 꿈꾸는 동화 오디오북 · DVD(국민서관)』

논문 "그림책놀이 활동에서 다문화가정 엄마와 영아의 경험에 관한 연구"(석사학위 논문)
"영아와의 그림책놀이 활동에서 다문화가정 엄마의 경험에 관한 연구"(열린유아교육연구 14권 4호))

김미라

학력 및 경력 경원대학 사회체육과 졸업
동화가있는집 연구소 연구원
한국출판문화산업진흥원 강사
파주문산육아종합지원센터 강사
서울특별시교육청 강동도서관 강사(현)

저서 『인성이 자라는 꿈꾸는 동화 오디오북 · DVD(국민서관)』

안혜련

학력 및 경력 경기대학교 일반대학원 유아교육학과 석사과정 수료
동화가 있는집 연구원
평택 육아종합지원센터 동화구연 강사
경기 의왕내손도서관 책놀이 자격과정 강사
경기도 교육지원청 강사
수원시 신중년인생이모작 지원센터 책놀이 자격과정 강사
(사) 한국책놀이 지도사 협회 이사 및 수원 · 경기지회장(현)
수원시/화성시 도서관 독서교실 강사(현)
경기 광주교육도서관 초등책놀이 자격과정 강사(현)
알짜닷컴 스토리텔러 자격과정 강사(현)

저서 『인성이 자라는 꿈꾸는 동화 오디오북 · DVD(국민서관)』

삽화 이소현

학력 및 경력 홍익대학교 미술대학 영상디자인학과 졸업
미술로 생각하기 강사
신세계 문화센터 강사

저서 『모양나라 여왕의 생일잔치』(그림) 『하나와 두리』(글)

동화가있는집 연구소 www.leestoryhouse.com
서울특별시 영등포구 양평로 67 한강포스빌 207호
☎ 02-2632-1582

증보

동화구연의 이론과 실제

누구나 할 수 있는 이야기 들려주기

초판 1쇄 발행 2017년 5월 22일
증보 1쇄 발행 2021년 2월 22일

지 은 이 | 이송은 · 신일순 · 김미라 · 안혜련
펴 낸 이 | 김기섭
편 집 인 | 이초롱
펴 낸 곳 | 창지사 www.changjisa.com
08589 서울시 금천구 가산디지털 1로 83 파트너스타워 1차 9층
전화 (02)719-2211~3
팩스 (02)701-9386
등 록 | 1977년 4월 28일 · 제1-421호

ISBN 978-89-426-1448-6 (93370)

값 20,000원

KOMCA 승인필